# 大正アウトロー奇譚《きたん》

## わが夢はリバータリアン

日本アウトロー烈傳 5

玉川信明セレクション

玉川 信明

Tamagawa Nobuaki

社会評論社

凡例

○本書は一九七七年刊『日本ルネッサンスの群像』（白川書院）、一九七八年刊行『住民運動の原像』（共著、ＪＣＡ出版）を再構成し、補足を加え刊行するものです。

○文中に、今日の観点からは不適切と見なされる表現が含まれますが、発表当時の時代背景や歴史的価値を鑑み、原典を尊重しました。但し、一部の表現につきましては、編集部の責任において表現を訂正しました。

○本文には適時ふりがなを補うことで、オリジナルを尊重しました。また、より広い時代把握のために元号表記には西暦を補いました。

（社会評論社編集部）

大正アウトロー奇譚《きたん》／目次

写真提供　浅草文庫

# 添田唖蟬坊・民衆の怨歌師

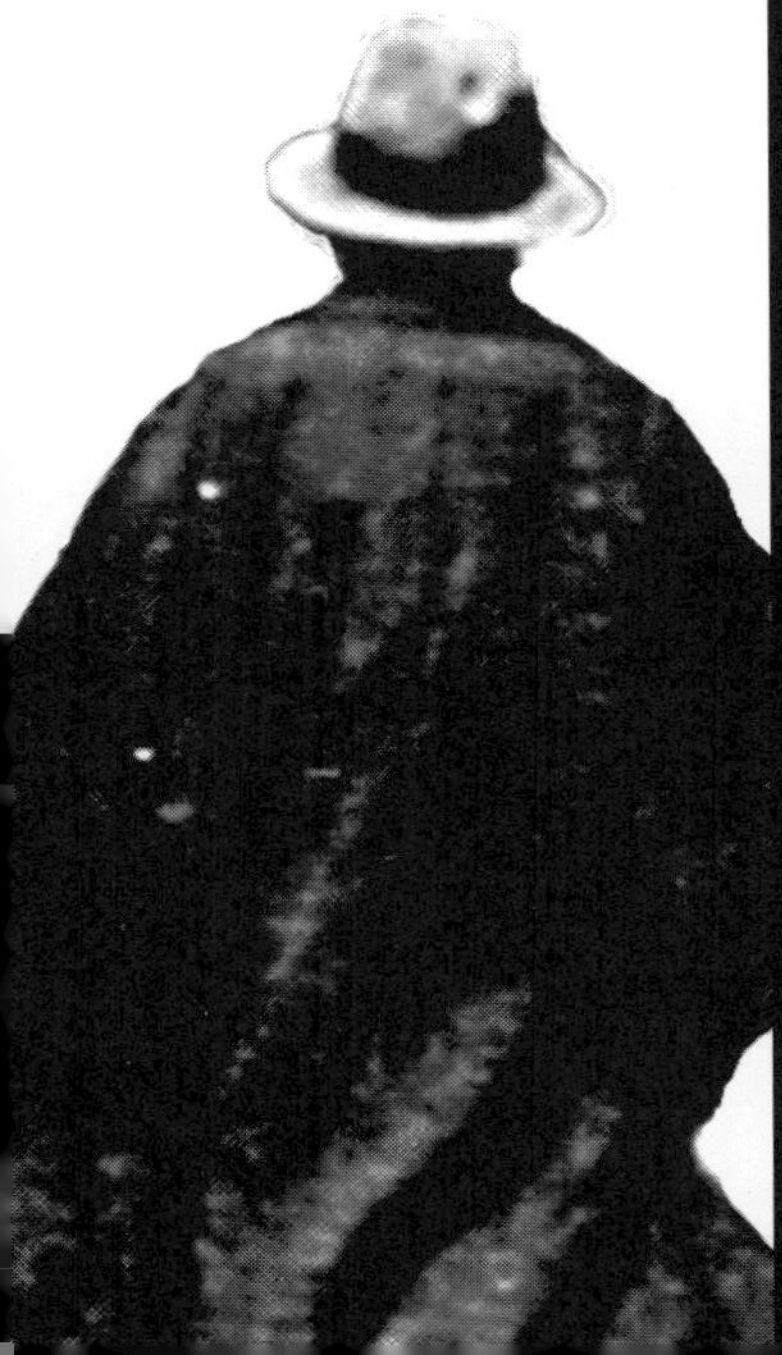

〽民権論者の涙の雨で
みがき上げたる大和胆《やまとぎも》
コクリミンプクゾウシンシテ
ミンリョクキュウヨウセ
若《も》しも成らなきゃダイナマイトどん

演歌とは、艶歌、厭歌、巷の唄。それはここかしこの路傍から生まれて路傍に帰る、心の唄。すなわち底辺庶民層の唄である。

今日でも流しと称する歌うたいが、ギターを弾き、アコーデオンを奏して、酔客の間を縫って歩くが、もとはといえばこんなふうのものではなかった。なるほど底辺庶民の心をかきむしる態においては似通っていても、その昔は実は戦歌《いくさうた》であったといえば驚かれるであろうか？　いや戦歌は大げさにしろ、そもそもの演歌の発祥は、自由民権運動の産物だったのである。

もともと民衆の間には、落首や川柳による政治批判の芽がなかったわけではないが、近代の夜明けとともに民権論者は堂々と意見を開陳に及んだ。それが最高潮に達するのは明治二〇年代（一八八七～）だが、いうまでもなく薩長藩閥政府はこれを弾圧した。民権論者の演説会場は、ことごとく官憲によって蹴ちらされた。お雇い壮士《そうし》の白刃がひらめきもした。手段を選ばぬ官憲のこの妨害が、民権運動を難渋させ、やがて演説に代わるに演歌を生み、新講談、壮士芝居を生んだ、という次第である。

　そのもっとも初期のものが、冒頭にかかげた「ダイナマイト節」であるが、カタカナの部分をいい現わせば、「国利民福増進して民力休養せよ」となるのである。そこには荒々しくも活発な、当時の民衆の解放の響きがあり、演歌の上に自由をつけて、「自由演歌」とも呼ばれていた。ところでこの演歌であるが、その創始の時期からうたい、数多くの作詞をし、弟子を育てた点で、事実上の演歌の大黒柱となった人に添田唖蟬坊《そえだあぜんぼう》という人がある。この人の碑は今、ゆかりの地である浅草寺境内に建っているが、あるいはその息子である『日本春歌考』の著者、添田知道《そえだともみち》さんの親父さんであるといえば肯かれようか――。

　碑の礎石の選文には、「らっぱ節、しののめ節、紫節等に庶民の胸にたぎる詩を吟遊した唖蟬坊添田平吉氏を追慕してこの碑を建てる……」とある。唖蟬坊こそまさに、民衆詩人の中の民衆詩人であったといえる。それがあまりにも民衆の生活に密着していたために、むしろ正系の詩人として遇されてはいないのである。

　唖蟬坊のつくった唄で現在でも知られているものには、例の「炭坑節」（もとは「奈良丸くずし」）に変貌してしまった〽月が出た出た月が出た――などがある。

　演歌はその生い立ちからして、戦闘的な「壮士節」であった。「壮士節」とは自由民権の壮士がうたったから「壮士節」だが、当初は主義主張の発露であるから曲もへちまもない。むしろ曲をぶちこわすごとく、ただがなりまくっていたものらしい。しかし、そこには国を憂え、民の生活を案ずる者の情と熱があった。

この青年壮士連の演説歌にビックリ仰天したのが、十九歳の土方、添田平吉であった。彼は明治五年（一八七二）、神奈川県大磯に生まれた。幼少にして『国史略』『日本外史』など暗《そら》んじ、歌を聞いてもすぐ覚えたというから、生来この世界に向いていたのであろう。しかし当初この少年は船に乗りたくて、機関士をしていた叔父の許《もと》に預けられていた。やがてまた年の足りないままに、浅野汽船台社の船客ボーイになったこともある。

しかし、船乗り生活を送ること二年あまり、横浜に上陸して遊びまわっている間に、なんと船は平吉をおいてきぼりにして出帆してしまった。

仕方なくうろうろしていると、そこへ土方ふうの男がやってきて話しかけてきた。「船なんかもうあきらめて、一緒に俺のオヤジのところへ行かないか」と言うのである。

ついていくとそこは横須賀楠ケ浦《くすがうら》の奥の、陸軍御用のタコ部屋（地獄部屋）であった。ようやくここを脱出して娑婆《しゃば》に戻ったものの、食うすべもなく、やはり横須賀で軍艦のカンカン虫（サビ落とし）をやったり、石炭の積込みをやったりというような人夫仕事を続けている時に、演歌に出会った。

横須賀に住み馴れてからの、平吉の娯楽はたまに浪華節を聞きにいったり、寄席へ入ったりするくらいのものである。その頃、横須賀・大滝町の谷川亭にかかった浪華節は、後に桃中軒雲右衛門《とうちゅうけんくもえもん》になった吉川小繁や、その弟の繁吉が出ていて、平吉はことに小繁が好きであった。

ある夜、また小繁を聞きにゆこうと思って、大滝町の通りにさしかかると、異様な風俗の三人の男が、なにやらしきりと怒鳴っている。周りには人が黒山のようにたかっている。その群衆の間に平吉が割り込んでいってみると、編笠《あみがさ》をあみだにかぶり、白い兵児帯《へこおび》をぐるぐると巻いた若者が、手に手に太いステッキを持ち、代わる代わるにしゃべったり唄ったりしている。

その時は始まってもうよほど経っていたものらしい。一人の演説口調の元気のいい声が切れるのを待っていたように、次の男が言った。「まアァ、この歌を聞きたまえ」と。そして三人声を揃えてうたい出した。それが「――悲憤慷慨亜細亜の前途を観察すれば」といううたい出しなのである。平吉は驚いた。そして吸い寄せられるようにその唄に耳をすました。

〽文運月に進み行き　武運盛んな日本も
治外決権撤去せず　税権回復まだならず
跋扈《ばっこ》無礼の赤髯奴　……

一つには耳になじみやすい七五調のせいもあったが、このアジア政論に、少年平吉の胸は興奮した。そして興味を抱いた。これが「壮士節」といわれるものであった。壮士はうたい終わると印刷物を売るのであるが、その次には「憂世武志」というのをやりだした。これも文字通り世を憂えた歌詞のものだが、船員生活や土方部屋暮らしでようやく世間というものが分かりかけてきた平吉には、ぐんと訴えかけてきた。

――驚異であった。感激であった。

印刷した歌本を買って浪華節もそっちのけにして家へ帰ると、しばらくは夜もおちおち寝つかれないくらいであった。

## 人生観が根底から一変

こういうのを何というのだろう。いわば初恋のスパークにも似て、瞬時にしてひとりの人間をとらえてしまったのである。

「壮士節」めの奴は、ずるずると平吉を引きずっていった。そして歌詞を教師として、人生観を根底から変えてしまった。

歌本にのっていた歌は次から次と、みな覚えてしまった。節まわしも相当なものであり、周りの友人からは君が一番上手だと褒められた。そして東京の「青年倶楽部」から歌の小冊子をとりよせ、横須賀の町の小路〳〵をうたい流して歩く自分自身を見出したのである。

「青年倶楽部」とは、演歌壮士の集まりだった。平吉が演歌を知った前年（明治二三・一八九〇年）に、それまであったものが改称されて、「中央青年倶楽部」となった（場所は京橋新富町）。演歌師たちの回想によると、最初の一声というものはやはり勇気を要するものらしいが、平吉の歌うたいぶりは上々であった。歌本もなかなか売れ行きがよかった。当時、原価四厘《り》の歌本を壮士たちは一銭五厘で売っていたが、平吉は二銭にして売っていた。

その翌年である。自分自身の希望でもあったが、本部からもすすめられて、平吉は上京し、正式に倶楽部に入った。盛んな歓迎を受けた。武骨な壮士連が「ヤア」「ヤア」と笑いかけてきて、平吉をとりまいたのである。そのぶっきら棒な挨拶の中に平吉は、同志的親愛とでもいうべきものを感じ、大いに感激していた。うれしかった。

そのころ、倶楽部には約三十人の壮士がいた。その他、始終、本部に出入りしている壮士連がいるわけで、その中には、かの足尾銅山事件の田中正造や高橋秀臣もいた。

倶楽部員の仕事はいうまでもなく、壮士節演歌の読売《よみうり》であるが、当時はまだ〝読売〟が職業として定着していたわけではない。選挙ともなればこの団体から多数の仲間が出かけて、〝読売〟は一時中止になるといった具合であった。

倶楽部員の運動たるや猛烈果敢であったから、候補者らもこの団体のために莫大な運動費を投じていた。それで平吉らは、関新之助、板倉中《いたくらなかば》、星亨《ほしとおる》など、多く自由党の候補者の応援に出かけていた。

こうした壮士連の中にやがて、書生と称する苦学生たちがまざり込んできた。苦学を余儀なくされた無資産者の子弟にとって、夜間の少時間で金になる演歌は都合がよかったから、苦学熱時代に入ってからは数多くの演歌書生が現われた。

それゆえに演歌もまた、次第に壮士演歌から、書生演歌へと移り変わってゆくわけであるが、彼らは元より貧書生、壮士連のあおりもあって今日に至るも書生といえば、「蓬頭垢面《ほうとうこうめん》、短褐弊袴《たんかつへいこ》」のイメージがある。壮士の方はさすがにそれよりは幾分シャレていたが、それでも大同小異、蛮カラで武骨で、肩をいからし、そり返って太いステッキを振り廻しながら、

〽書生〳〵と軽蔑するな
大臣参議も元書生　ヨサコイヨサコイ

と怒鳴って、大道を闊歩していていたものである。

## 血の雨が降った選挙戦

平吉とても同じことであった。

というより、他の壮士より一際人目を引いていたのが平吉であった。なぜなら壮士はみな手織木綿の着物に、太い白天竺の兵児帯を巻き、黒木綿の五つ紋の紋つきを羽織っていたが、これに太い長い紐をつけて、結んで首へかけていた。これが長いものになると四、五尺もあったが、平吉のはさらに長くて、一尋《ひろ》（六尺。約一・八メートル）もある白い紐をつけていたから大変人目を引いたのである。それで顔なじみの子守などは平吉のことを、「一ひろさん」と仇名をつけた。それが広まって、みんな「一ひろさん」と呼んでいた。

これらの壮士・書生連は、選挙ともなると一斉に血道《ちみち》を上げる。そのころはまだ成金はおらず、社会主義もなく、喫茶店やカフェーもなかった時代であるから、青年たちもまた純情であった。時が至れば、ひたすら自由民権の方向にワッと走った。倶楽部全員が出てもまだ足りない時は、他の各所に散在する壮士連から人員を召集した。それだけ当時の選挙運動は猛烈だったのである。とても今日の選挙の比ではない。

時には暴動のごとき場面があったし、演説会場へまでもピストルをぶっ放す、命がけの運動であった。切り殺された運動員もあり、負傷者もあり、入獄者も多かった。なかには大場菊次郎という猛者《もさ》がいて、大身の槍をしごいて働いたという。

ある日大場は作詞で著名な久田鬼石とただ二人選挙事務所に留守をしていたのであるが、そこへ反対党の連中が押しかけてきた。あわや事務所もメチャメチャの危急の時に、大場は久田を制してただ一人、大身の槍をしごいて呼ばわった。

「こい、片ッ端からデンガク刺しだ！」

これにはさすがの反対党の連中も怖れをなして退却したそうである。こうした文字通り戦争ともいうべき選挙戦に平吉も数回加わっている。

後年の長髪痩身の唖蟬坊をみてもそうであるが、彼を知る誰しもが、優しくておとなしい人だったという。とてもそんな修羅場にいたとも思えない人なのである。そこにいわば半面の唖蟬坊があるが、しかし、彼は体質的に粗野な政治派に与《くみ》することはできない人であった。

当時の演歌師は、双方とも自由民権の側についているといっても二派あって、より政治派と演歌派があった。わが唖蟬坊は、純粋演歌を目指していた。同志・横江鉄石とともに演歌に改良、工夫を加え、次第に壮士節的武骨さを脱していった。演歌にいわば風懐が加わったのである。この点、演歌というものが歌として残るについて、大いに功績をなしたといわなければならない。

## 典型的な外柔内剛タイプ

歌人の安成二郎によると、彼は明治三九年か四十年（一九〇六、七）頃、一度だけ唖蟬坊の歌を聞いたことがあるという。場所は神田神保町の小料理屋の二階で、そこの一室で当時の社会主義者の何かの会合があった。この席で堺枯川（堺利彦）が所望して唖蟬坊にうたわせたのであるが、彼は女のようにやさしい人柄で、女のようにきれいな声の持ち主であったという。黒い着物をきていて、袂《たもと》をまさぐるようにしてうたった。

また別の人によると、唖蟬坊は歌をうたう時にはいつも右手を頬にあてがい、何ともいえない哀切な調子でうたったものであるという。唖蟬坊の本来の素質はやはり、そのような音調のところにあった。いきばらず、激変せず、それでいて人の心のひだひだを抜けて、もっとも底辺に居坐る唖蟬坊の面構えには傲岸不遜《ごうがんふそん》のものがあった。息子の知道さんもそうだが、父子相似の典型的な外柔内剛型の人であった。

歌うたいのくせに、唖の蟬を号にするなど（その他にも不知山人、浮世三郎、おぼろ山人等数多ある）、いかにもその人柄を現しているようで興味深いともいえる。

かくて唖蟬坊は、その後、民権運動の波の引いた後もずっと演歌の灯火を守り続ける。しかし、その間まったく他の仕事に手を出さなかったというわけでもない。一時はレース業の経営をしていたこともある。

これは義兄が、浮草稼業を終わらせ嫁を持たせる意味で奨めたのであるが、半年でお手上げになった。立地条件も悪かったし、唖蟬坊の経営ではうまくゆくはずもなかった。

このころ、唖蟬坊は東京、横浜、横須賀間を流しながら幾度も往来しているが、その姿を少年の日の荒畑寒村《あらはたかんそん》が見知っているという。唖蟬坊が横浜の遊廓を流して歩いていると、ゾロゾロとついていく人の中に寒村がいた。それが寒村のそもそも、唖蟬坊との付き合い初めであった。工場を閉鎖すると、唖蟬坊は妻子を生家に託してまた飄然と演歌の旅に出た。三十歳にしてようやく一家を構え、子もなした唖蟬坊だというのに、その温かいマイホームに定着することを好まなかったのである。女房のタケの方も立派なもので、それならば別れますとはいわないどころか、裁縫、唱歌で学校に勤め、自宅にも弟子をとって、子供をちゃんと育てた。しかもその後、夫が社会主義に走るや、彼女もまた運動の一端に加わるという開けた女性であった。

## 道頓堀に拠点を築く

道順はまず名古屋に行き、岐阜に寄り、伊勢路から大阪に向かった。いうまでもなくこの間、演歌と演説の気ままな旅である。この旅の中で彼は、香具師《やし》やその他、世渡りの底辺階級の人間諸相をみることができた。同じ路傍商ということで、演歌師から香具師に転向する者もあり、彼はそうした以前の仲間を頼って放浪して歩いたのである。

この時の終着点、大阪での話だが、彼は道頓堀で露店の開祖となったという。

大阪へやってきた唖蟬坊は、あちこち演歌の好適場所を物色していたが、道頓堀の朝日座筋向いの空地をよしとみて、うたい始めた。するとたちまち人だかりがし始めた。

そのうちに巡査もやってきた。「ここでやってはいかん」と言う。

これが一度ではない。それでもやっていると、警察に引っ張ってゆかれて、金五〇銭也の科料をくった。持ち合わせがないというと、いったん帰されたものの、唖蟬坊は飯をたらふく食って、名古屋丹前を着込んでまた引返した。

「科料の代わりに一晩泊めてくれ」というわけである。

これには署員も参ってしまって「君、そんなことを言わないで、罰金は分納でもいいんだから……」と再び帰された。そんなことがあって、罰金もお流れになれば、演歌も慣行地として黙認された。その周りに香具師の店がひとつ出、ふたつ出、やがてずらりと夜店が並ぶようになったのである。

この話にはまだ余談があって、後からきたヤキツギ（焼接）屋が、演歌が場所を食っているので「どうもあのゲヒ（髭）は土を荒して困る」と文句をつけたことがある。すると事情を知っているタテ（立・殺陣）師が、「バカいえ、ここはあのゲヒが開いた土だ」とたしなめていたという。当時から啞蟬坊は長髪に八字髭を蓄えていて、その風格からも香具師仲間では尊敬の念でみられていたのである。

大阪では啞蟬坊は「ロシャコイ節」をやって大いに受けた。しかし、内心忸怩《じくじ》たるものがあった。というのは、「ロシャコイ節」は道端の小さな子がロチャコイ、ロチャコイと、まわらぬ舌ではやしたてているのにヒントを得てつくったものであるが、日露戦争をあおる自分の歌に疑問を感じた。当時、日露間が風雲急を告げる中で、唯一の戦争反対の立場をとっていた黒岩涙香《くろいわるいこう》の「万《よろず》朝報《ちょうほう》」の説にも大いに動かされていた。そして再び東京へ戻ると、一層疑問に思い、反戦の立場に傾いていった。

### 反戦演歌とのなれそめ

啞蟬坊の中の反戦が決定的となるのは、社会主義者の堺利彦を知ってのことである。

当時、堺は社会主義を広めるために、演歌の利用を考え、「ラッパ節」で有名になっていた啞蟬坊に相談した。このため、啞蟬坊は新作をたずさえて、元園町の堺の住居を訪ねた。その時彼は、堺を一目みて惚れた。もともと尊敬の気持ちがあったが、着流しに兵児帯を無雑作に巻きつけて、「わたし堺です」と出てきた印象がとてもよかったのである。

この新作「ラッパ節」は「社会党ラッパ節」とも呼ばれ、次々に新しいのが生まれた。

〽名誉〱とおだてあげ
大切な伜をむざむざと
砲《つつ》の餌食《えじき》に誰がした
もとの伜にして返せ
トコトットット

というようなものまで出てきた。

社会主義の徒に加わったからといって、啞蟬坊の体質が一変した、というわけでもない。啞蟬坊のような、表面は柳に風にみえて内面は芯の強い人は、そうそう器用に生き方を変えられるはずがない。ちなみに明治末年ころから、演歌師たちは洋楽の発達とともに、オリン（バイオリン）を持ち始めるが、啞蟬坊は最後まで楽器を持たず素の声でうたっていた。それで結構、人を集めることができた。

したがって社会主義運動といっても、啞蟬坊の場合には、あくまで自分の演歌という武器を利してのものであった。しかもこれがまた、なまじな政治運動より一層効果があった。ふつう演説会というと、「中止！」をくらえばそれで終わりであるが、啞蟬坊の場合は、中止をくうと、そのまま笑いながら、「では演説は中止して、歌をうたいましょう」と演歌をやり始める。それで演説会で「中止！」を二度くらうのは、啞蟬坊だけだ、といわれたものである。

### 「ゼーゼー節」で増税批判

堺らの研究会でも始終、啞蟬坊は、うたわされていたようである。未亡人の堺愛の回想によると、会が終わると啞蟬坊の先導で、山川均、大杉栄、荒畑寒村、愛ら女連も一緒に声を揃えて、「ああ金の世や」や「ゼーゼー節」をうたっていた。ただ堺だけは生来、声は出ても耳が悪いのか、ちっともメロディが出てこなかったということである。「ゼーゼー節」というのは、

〽背には子を負ひ太鼓腹かかえ　ノーヤ
それで車の　ナンギナモンダネ
トツアッセー　あとを押す　マシタカゼーゼー

というので「ゼーゼー節」なのだが、これをちゃんと文章に直すと、「咄《とつ》、圧制、増したか税々」である。当時、日露戦争に勝ちはしたが、経済状況は逼迫《ひっぱく》していて税は増すばかりであった。それを直接的に表現すればやられるので、カタカナで囃子ふうに使って、意味をぼかして使っていたのである。

明治四〇年（一九〇七）十二月、唖蟬坊は東京社会新聞の西川光二郎らと東北から北海道にかけての遊説旅行に出かけた。その時も各地で演説の後に自作の演歌をうたい、大歓迎を受けた。そのことで、獄中の堺は手紙を送って、「社会党の事業は千差万別でなければならぬ。彼のごときは実に独特の一新方面をひらきえたもの」と称賛している。

この時の旅行では旭川まで行ったが、行く先々で貧民地帯や施療院の類を視察し、タコ部屋の人間が牛馬同様に売買される実情も調べてきた。少年時、タコ部屋の経験を持つ唖蟬坊には、それがびんびん響いてきた。生きた学問である。怒りをかりたてられたことである。その体験的同情心と怒りが、さらに新作を生み出した。それゆえに、彼の歌には生活者の汗のにおいがあった。

秋田雨雀《あきたうじゃく》は、青年時代に、あのやさしい、長髪の唖蟬坊が、理由もなく警官にひかれてゆくのを度々見たというが、そうした姿は「われわれの生活に強い影響を与えた」と言っている。なまじ手を振りあげない少言実行のところが、かえって周囲の者に士気を振い起こさせた。留置されての唖蟬坊も同じである。彼は一向にへばることもなく悠々としていた。その叛骨《はんこつ》と諧謔《かいぎゃく》の精神は衰えを知らない。

ある時、弟子の長尾吟月と一緒に拘置されたが、ブタ箱の看守が立派なヒゲをはやしている。それをひねっては、「ああん、こりゃ」と威張るわけだが、こっちは少しも恐れ入ることはない。唖蟬坊の方も、同程度の立派なヒゲを持っていたからである。向こうがひねればこっちもひねる。とんだヒゲくらべが始まった。それで看守が口惜しがって、「貴様がいくらヒゲの自慢をしたって、格子の中じゃないか」と言った。それを聞くと唖蟬坊は、「ほほう」と笑ってからこう答えた。「そっちからみれば、こっちは格子の中かも知れないが、こっちからお前の方をみれば、お前の方が格子の中にみえる」

こんなこともあったそうである。「どこの署だったか、また一緒に拘留をくって、翌朝、署長室へ呼び出されたと思ったら、その署長というのが先生の俳句の弟子でね。大変、恐縮して椅子をすすめられた。なにしろ黙って一晩拘留されてるなんてなれたもンでしたよ」

吟月の言う署長というのは、入谷署の署長のことだが、事実、署長は、唖蟬坊が開いていた句会の弟子であった。

## いろは長屋の句会

唖蟬坊が句をやったについては、理由がある。それは明治四三年（一九一〇）に妻のタケが死亡したことによる。もともと病弱のタケは、貧に身をすりへらし、長女を産んで間もなく、二十九歳の若さで他界した。唖蟬坊にはそのことがいたくこたえた。夜中になると、やるせなさが胸をしめつけてどうにもならない。どうしたらいいのか、自分でわからなかった。そうした淋しさの日々を多少なりとまぎらすために句会を開いたのである。

タケに死なれてみてとたんに困ったのは、息子の知道のことである。一時、母の家に預けておいたものの、やがて年をとって面倒をみきれないというので一家を構えて引取ることになった。それがその後ずっと厄介になった、下谷山伏町のいろは長屋である。

山伏町というのは、有名な横山源之助の『日本の下層社会』(一八九九)にも出てくるような極貧の町だが、そこの四畳半一間(それが四八あるからいろは長屋である)の長屋を四円五〇銭で買って入った。

入っていきなり、驚くべき風景をみた。

長屋の入口の少しばかりの空地で、住人たちがむしろを敷いて、ろうそくの灯で野天バクチをやっていた。いっぱい人だかりがしていた。そこに手入れがあって、たちまち大乱闘である。やがて、みんなしょっぴかれて警察に連行されていったが、この時、周囲から頼まれて唖蟬坊がもらい下げに行った。それで初めて、かねてから尾行に「オヤジがぜひ逢いたいと言っている」という入谷署の署長の新井井風に会ったのである。

こうして入居早々、唖蟬坊は長屋の住人と友人になったのであるが、唖蟬坊によって長屋の弊習は徐々に改まっていった。当時、『うき世』という雑誌があったが、そこの記事に、「臥龍窟主人、貧民窟に俳句行政を布く」と書かれたこともあった。彼は初めて手に入れた、この小さな巣を「臥龍窟」と名付けたが、付近の貧民とも時には夜を徹して句会を開いたりしていた。

そうした底辺での生活感情が、そのまま彼の作詞の土壌であり、材料となった。

タケを亡くした唖蟬坊は、その後、数日間の結婚の真似ごとらしきことはしたが、ついに死に至るまでの三十余年間、独身で通した。ただし、演歌師というものは、今の歌手と同じく女に大変もてたものだそうである。女にもてたくて、わざわざ演歌師になるのもいた。そのため女性問題がしばしば起きて、それがむしろマジメ演歌師の悩みの種ですらあった。そうした中にあって、唖蟬坊はとりわけもてたそうであるから、あえて結婚せずとも……ということになったのであろう。また、そうでなくとも演歌と遊廓は縁つながりであった。

遊廓街のネタは、街頭瓦版的存在でもある演歌の取材場所であった。そして、なにより大事な稼ぎ場所であった。昔は遊廓を新内（新内節《しんないぶし》）や声色（声色遣《こわいろづかい》）などが流して歩くと投げ銭をした。それにならって、演歌がきても二階から投げ銭が飛んできた。当時の同志である小生夢坊《こいけむぼう》さんの話によると、それをいいことに、よく唖蟬坊とは吉原へ繰り込んだそうである。なにしろ、手ぶらでいって、歌さえうたえば遊んでこれるのだから、これほど調法なことはなかった。

ただし、演歌壮士の中にはプライドの高いのがいた。二階で歌を聞いていた花魁《おいらん》が、懐紙に金を包んで投げ与えたら、当の壮士は真ッ赤に怒って妓楼《ぎろう》の玄関に怒鳴り込んだという話がある。「我輩は芸人ではないぞ！」と。番頭が平あやまりに謝ると、その男は、「いや、気に入ったら本を買うだけでいいんだ。この本を」と片手の歌本をゲンコツで叩いてみせたというからおかしい。

## 演歌師と遊女の親近感

演歌師と遊女との間には遊ぶというよりも、同じ底辺層の人間同士としての親近感があった。

それで遊女の足ぬき（自由廃業）のためには、積極的に手を貸し、なかには楼主の雇う用心棒との間で命がけの争いをした、などという演歌師も現われてくる。「ストライキ節」（後に東雲節《しののめ》）には、遊女の自廃をひやかした部分もあるが、それはむしろ自廃さすだけはさしておいて、後は面倒をみないキレイ事師への皮肉のことばであった。

やがては時代は下って大正時代になっても、演歌師と遊女との結びつきは同じであった。そうした協調関係が、もっともあらわにみえるのは、大正三年（一九一四）の「私娼撲滅反対運動」である。この運動は唖蟬坊と小生夢坊さんが中心になって押し進めたもので、夢坊さんによると、当時、浅草名物の十二階（凌雲閣。通称、浅草十二階。関東大震災で倒壊）下には数百軒にものぼるような淫売屋があった。これは私娼である。そして当時の警視総監である丸山鶴吉が美句を片手に、「私娼撲滅令」なるものを出して一掃しようとした。

これに唖蟬坊らが怒った。

例え淫売であれ何であれ、生活がかかっている以上、彼女らにとっては生業《なりわい》である。むろん、やめたいものはやめればいいが、後の面倒をみないで急廃しろとは無理な話である。土台、私娼だって人間であるはずのものが、「撲滅」とは何事か！　こういう人間を犬猿視するような不浄役人に断固抗議する――ほぼそういった理由で反対した。

そして、寄席の東京亭を手始めとして、各所で「私娼撲滅」反対の演説会を開いた。この運動は結局は敗けてしまったが、土地の女たちには神様みたいに思われて、感謝を受けた。なかには積極的に運動の拠点として、自分の家を使ってくれという者も現われた。そのうちの一軒を借りて〝自由倶楽部〟の看板をかかげた。そこには大逆事件後、ようやく蠢動《しゅんどう》し始めた『近代思想』の大杉栄や「青踏」の伊藤野枝《のえ》らが寄ってきた。

野枝は、夢坊さんのマント、帽子を借りて、男装して吉原など徘徊していたそうである。

このころから吉原と浅草が演歌の主舞台となるが、底辺の娯楽の集積場としての浅草が選ばれたことは当然のことであった。その十数年後に勃興したプロレタリア文化の前史には、浅草における伊庭《いば》孝《たかし》、獏与太平ら黒き一統のオペラを通じての大衆文化の時代があったのだが、さらにその以前にもう一つ前史があって、啞蟬坊らの活動があったというわけである。

いわば啞蟬坊は浅草オペラの呼び水であった⁉

そうした浅草での啞蟬坊の功徳を慕って、啞蟬坊を知る川路柳虹、秋田雨雀、安成二郎、尾崎士郎、小生夢坊の有志らが浅草に碑を建てようというので、昭和三十年（一九五五）十一月二八日、浅草観音境内弁天山のところに啞蟬坊碑が建立された。碑面には卜占《ぼくせん》の徒風に帽子をかぶった啞蟬坊の肖像と、自ら民衆の心をうたって完成したという紫節が刻してある。

つきいだす鐘は上野か浅草か
往き来も絶えて
月にふけゆく吾妻ばし
誰を待つやら恨むやら
身をば欄干に投げ島田　チョイトネ

## 民衆娯楽に視野を広げる

演歌をもって街頭にあまり立たたくなった唖蟬坊は、逆に前より一層演歌のために忙しくなった。演歌の新作と発行、演歌組合青年親交会の設立、小誌「演歌」の発行と各誌への執筆、講演会等々である。このうち大正七年（一九一八）に設けた青年親交会というのは、婦女を誘拐するなどとかく悪評をこうむる、演歌界の改善のためのものであった。この会を踏台として演歌という職業を公認のものとさせ、そのことで演歌師の刷新と場所の開放運動に結びつけて成功している。

また一般の演歌認識を改めてもらうためと、演歌者の技能向上のために発行した雑誌『演歌』（大正八年刊）は、その後もずっと続刊された。大正十一年（一九二二）には『民衆娯楽』と改題されて、さらに広く民衆娯楽の問題に視野を広げていった。同人には息子の知道（筆名・さつき）らを加えていたが、知道はその頃はもう二十《はたち》、親父の関係で堺の「売文社」の玄関番をしていたのであるが、そこをストライキを起してやめて後、みようみまねで演歌の新作をつくって、大いに当てていたのである。

しかし、大正十二年（一九二三）九月、関東大震災に出遭って焼け出されるや、避難をかねて東北地方に旅泊を続け、仙台で久々に演歌をうたったりしていた。だが、これを最後として彼は演歌を引退する。演歌のことは同志の倉持愚禅（一九二九年、東京市会選挙に当選）に任せ、自分は単に顧問となった。そして二年後には東京も離れ、桐生に山居して正相正体を念じ、米食を廃し、松葉を用いる、という独特の健康法に基付く半仙生活を始めた。

唖蟬坊は大震災を境として、すっかり内省に傾むいてしまったのである。

この唖蟬坊の急変についてだが、自身は挨拶状を配ってこう言っている。「これは決して逃避ではありません。真の人間生活に衝き入ろうとする、新しい強い信念の下に於いてであります」。以前よりもかえって強気の精神で、新生活に取り組もうとしていた。

## 大震災の焼土の果てに

しかし、そうした決意に陥らせたこと自体に理由があるはずである。それは何か、ということになるとむずかしい問題である。だが当時の状況からすれば、必然的という見方もとれる。なぜなら罹災《りさい》者三四〇万人、死者九万人余のこの大災害は誰にとっても大きな衝撃であったには違いない。はるか彼方まで見渡せる焼土に立てば、啾啾《しゅうしゅう》たる哭声《こくせい》のうちに、世の果の悲哀が感じられたであろう。そこに大杉ら社会主義者の虐殺である。

この大杉栄虐殺の復讐を決意して田中勇之進は、主犯・甘粕正彦《あまかすまさひこ》の弟五郎を襲って失敗し、和田久太郎は、時の戒厳司令官・福田雅太郎大将を狙撃して果せず、捕えられている。小生夢坊さんに初めてうかがったのであるが、かつて同志であった荒畑寒村は東京ホテルで自殺未遂行為をやっているし、文芸方面では宮嶋資夫《みやじますけお》や今東光《こんとうこう》が厭世の末、坊主になっている。唖蟬坊と仲のよかった西川光二郎も直接運動を去って、童話を介して精神的になっていった。

もともと唖蟬坊は明瞭な社会主義者だったわけではない。しかしアナ・ボル論争を通じて、次第に権力主義的ボルが旗色を濃くしてゆくのをみているだけでも、残る城は〝精神世界〟、ひいては〝仏教〟への道ということになっていったのは当然のことではあるまいか？

そして、再び東京に戻り、当時東京市外長崎町に住まいを構えていた息子の知道のもとに身を寄せていたが、昭和六年（一九三一）になって漂然と流浪流寓《るろうりゅうぐう》の旅に出た。旅に出たといっても、何も今さら始まったことではない。が、今度のは演歌の旅と違って、四国遍路の仏心の旅である。しかも延々長引き、最終的に遍路の旅を終えて東京に舞い戻ってきたのは、昭和十四年（一九三九）十月というから、通算八年あまりの長い旅人生活だった。この間、唖蟬坊は四国八十八カ所霊場を三回半、九州一円、中国筋の仏殿仏跡をテクテクと順番に参拝して歩いた。

この遍路に旅立つに至るまでの心境経過は、複雑で、自身説明しがたいと言っている。要は一切の苦厄《くやく》を脱して透明の境地に入るべく旅立ったもので、きわめて自然の推移であったとも述べている。

遍路の道中はそれ自体、人生模様であり、季節にも四季があれば、お遍路にも四季があった。ことに一日の行脚を終え、宿に着くともなれば、老若男女のにぎわいに加わらなければならない。なかには「走り遍路」といって、小団体を組んで急いでまわるのもあり、乗物のあるところでは大部分、乗物にのる。しかし、唖蟬坊のはそんな急ぎの旅ではなく、自ら進んで選んだ修業の旅である。乗物を奨められても言下に断わって、双脚で歩き続けた。

南無大師遍照金剛、南無大師遍照金剛――大師の御跡を慕わんと、霊場から霊場へ、今日も旅、明日も旅、の連続である。一時は死ぬかと思った。死んでもよかった。だが死ななかった。こうして長い長い行雲流水《こううんりゅうすい》の旅を終えた時には、彼もすでに六八歳の高齢に達していた。

## 残念な「新体制」への傾斜

彼の桐生時代の語録によると――

「大自然に向って目を開くは智の初めである」

「元来生命は不断の活動の流れである。外面的にも内面的にも不断に活動的な状態に置かれている」

「人生、充たされないほど苦しいことはない。金のない苦しさよりも、魂の充されないのは更に苦しい」

というが、自己のことばに忠実に生を送ったといえる。その結果、ますます仏道の深奥へ入っていったのはいいとして、今日からみれば啞蟬坊の精神性向が、そのままやがて戦争への足ならしともとられる、国政翼賛の方向に傾いていったのは残念なことである。彼は昭和十五年（一九四〇）秋に、「進め新体制」という長詩をつくっている。「新体制　新体制　殻を破って生れた新体制……」というものである。

啞蟬坊を問題とするなら、この辺のところであろう。やがて終末に近付いた老境の歌とはいえ、添田啞蟬坊の全人間像にとって、それはどう意義付けられるのか、一考されるべきである。それは啞蟬坊の真像とどうかかわりあうのか？　かつて日露戦争を謳歌したことがあるように、演歌の現実密着姿勢は、他方では偏向的現実ともつながるということか――。

しかし、そのこととは別に、全体的に啞蟬坊が生きた人生の教える意味は大きい。さらにあえて危険な言い方をすれば、戦争へのなにがしかの共感の言葉を含めて、唖蟬坊という人間像には貴重な金脈が秘されていると思われる。なぜなら唖蟬坊において土俗性ともいうべき生えぬきの性格と、人間みな兄弟の宇宙的人間愛の両者がモロに混合されているからである。

それは日本の中の偏狭的民族主義者とも違い、根なし草的コスモポリタンとも異なる。個にして全というべきか、古くは宮崎滔天《みやざきとうてん》から近くは竹内好《たけうちよしみ》に至るまでの、理屈ではない、体質的な総合的、一元的性格の流れに属する人物であったといえる。

唖蟬坊のそうした真正さを証明するごとく、昭和十六年（一九四一）には浅草で、五、六〇人による盛大な「唖蟬坊を囲む会」がもたれた。その顔ぶれの一部を列記すると、次のようである。斉藤昌三、山崎今朝弥、白柳秀湖、安成二郎、岩佐作太郎、百瀬晋、沖野岩三郎、柳田泉、尾崎士郎、橋浦時雄、近藤憲二、神崎清、榊山潤、山本周五郎、宮地伝一郎……

唖蟬坊をとりまく、これらの多彩な顔ぶれから、ほぼ共通項が得られるはずのものであるし、私の認めたい意味の気持ちのいくらかなりと理解していただけるかと思う。

彼は戦争も押しつまった昭和十九年（一九四四）二月八日、さらに流転の旅を続けるべく昇天した。

参考『唖蟬坊流生記』（添田唖蟬坊）

# 獏与太平・夢を食い続けた男

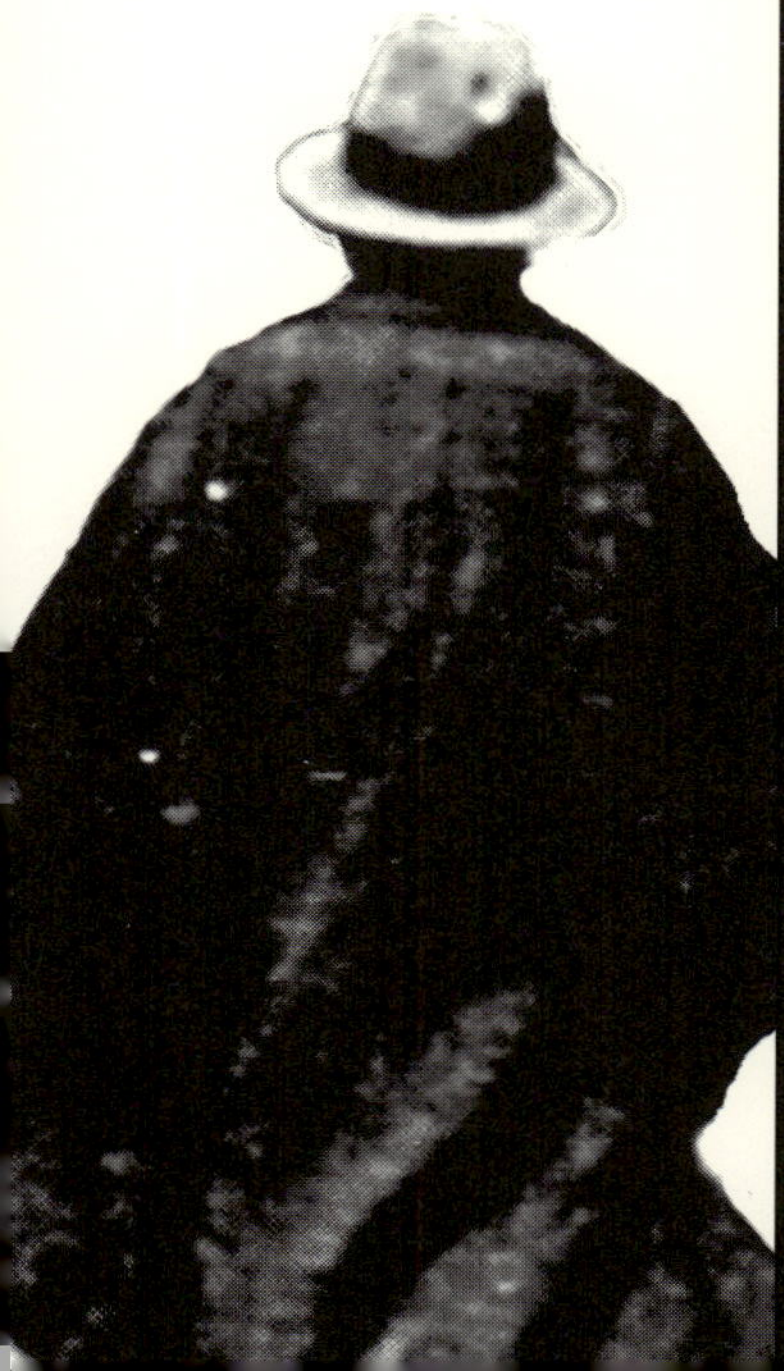

〽島へおいで、島へおいで
島は平和だ
喧嘩なんかすこしも
ありませんから……

舞台は街の広場である。行きかう人々によって合唱が始まり、やがて赤い帽子に黒いマント、紫の服を着たトスキナと称する怪青年がソロを唄いながら、舞台の中央に現われる。まわりにいっぱい人が集まってくる。その中をぐるぐるまわりながら、おもしろおかしく演歌師のように唄ってきかせる。人々は笑って聞いている。ところが怪青年、唄い終わったところで「これどんなもんです」と時計やら首飾りやら財布やらを取り出してみせる。

人々はやっと気がついて、「それは俺のだ」「私のだ」と取り返そうとつめよる。だが、怪青年は「ドッコイおいらは官許のスリよ」とばかりにスリの鑑札をみせるので、人々は地団駄踏んでくやしがるがどうにもならない。

これが浅草オペレッタの傑作と、いまなお伝えられている『トスキナア』（二幕）のプロローグである。作者は獏与太平《ばくよたへい》（本名・古海卓二《ふるうみたくじ》）、時は大正八年（一九一九）、いわゆる「十二階アップ、東京スイ」（登る up 見る see）浅草オペラ全盛時代の出しものである。この『トスキナア』の中で唄われるのが「島へおいで……」の「トスキナアの唄」で、当時のファンの間では繰り返し唄われた。大学教授からそば屋の小僧まで、一種浪漫的情趣に浸り、みな酔ったようになって唄っていた。

ただし、このオペラ初演当時は観音劇場で興行されていたが、そこでは超満員御礼というわけではなかった。反対に入場客は少なく、さすがの傑作も散々の目にあっていた。というのは、併演の文士劇のせいで、佐藤惣之助、辻潤《つじじゅん》、小生夢坊《こいけむぼう》、陶山篤太郎らの演ずる『どん底』（ゴーリキー、大泉黒石訳といわれる）では、客はなにがなにやら分からなかった。役者の中には、朝から微醺《びくん》を帯びている者もある。ベルが鳴ると一斉に、舞台へ飛び出して行くのであるが、各々調子っぱずれに、勝手に唄いまくっていた。

セリフだってめちゃくちゃ、甲高い声でわめきちらす者、口の中でボソボソつぶやいているだけの者、息を合わせるどころか、きっかけもクソもない恐るべき芝居であった。とうてい入場料をとって見せられる代物ではない。しかしこれはまだいい方であった。第一回目（『どん底』は第二回目）の辻潤作『虚無』となると、表現派式の長い詩劇で、およそ浅草には似つかわしくない奇抜なものであった。おそらくこの『虚無』の方もそうだろうと思われるが、『どん底』の舞台監督をつとめていたのも獏与太平である。

こうして獏は一館の中で天上と地獄を同時的に現出せしめていたのであるが、その後も音楽に映画に文化運動に活躍し、名前の通り夢を食って生きる獏のごとき生涯を送ったのである。わけても映画監督時代は意気盛ん、当時流行の傾向映画の尖端をいったかのごとき感がある。水のように変転目まぐるしく、火のように熱い人生を貫いた。

この獏与太平は、明治二七年（一八九四）、福岡県八幡市に生まれた。父親は最初は鉄工業、後には材木屋を営んでいたというから、なんの文化的環境もないわけであるが、彼は体質的に文化的志向を持っていたらしい。その〝出発点は……〟というのも変であるが、彼は高等小学校を卒業して、八幡製鉄所に働いている折に（十六歳）、作業中に誤って左手の人差指を切断している。この事故で少くとも彼の眼は、外側だけを凝視しているようにはできていなかったと推察される。

**演歌からオペラへ**

与太平とオペラとの結びつきは、そもそもは演歌ということであるらしい。与太平は、やがて労働者の生活を脱して関西日報の記者となる。ここで彼は関西方面の演歌師の大立者、渡辺迷波と相知る。迷波によって演歌の作詞を覚え、延長するところでオペラとなった。もともとが音楽好きである。それで帝劇の宝塚進出第一回公演の際に、台本を懸賞募集したのに応じて『コサックの出陣』というのを書いたところが、一等に当選して華々しく上演された。

これが契機で彼はオペラを志し、再び上京して浅草界隈を徘徊するようになるが、ここでまたして幸運なことに舞踊家の石井漠と知り合う。いや、幸運であったのは石井に会えたということより、むしろオペラの時代に出くわしたということであろう。その頃（大正六・一九一七年）、浅草オペラ生みの親といわれる新劇の伊庭《いば》孝《たかし》が、初めてオペラを持って石井漠らと浅草に乗り込んできた。

伊庭孝はそれまで赤坂のローヤル館でイタリア人の舞台監督、ローシーが指導したローシー・オペラをやっていたが、根付かず、浅草での開拓を目ざして常盤座で創作オペレッタを出し始めた。それに同調して石井漠《いしいばく》もまたオペラ座旭歌劇団を率いて、オペラ専門館に踏みきった日本館で公演を開始した。獏与太平は、ここで座付作者格となった。獏与太平というペンネームもこのときにつけたものであるが、結果的にいって浅草オペラは大成功であった。

考えてみれば、帝劇や赤坂で失敗したオペラが、ごった煮の臓物のような町・浅草で受けるなど、まことに不可思議千万なことであるが、いずれにしろ浅草オペラは田谷力三《たやりきぞう》らのスターを生み、その後大正十二年（一九二三）の大震災に至るまで繁栄を続けた。この間にあって獏与太平は色々な歌劇団（日本バンドマン一座、常盤楽劇団、新星歌劇団、根岸歌劇団など）に所属して、数多くの台本を手がけ、かつ舞台監督もつとめたのである。

ときに獏与太平、まだ二十代前半のボンボンである。その意味では、浅草の青春すなわち与太平らの青春と重なっていたということであり、両者あいまって時代を形作っていた。いや、大正半ばという時代的青春状況が彼らの青春と重なり、浅草という地域の青春を醸成していたという方が正確かもしれない。それほど時代と浅草とは、密接な関係にあった。

なぜならその頃、大正八年（一九一九）を中心とする数年間は、初めて民衆的規模での社会主義の季節であり、アナキズムやサンジカリズムが主導権をとって大いに活発だったからである。大正六年（一九一七）にはロシア・ロマノフ王朝が倒れ、大正七年（一九一八）には米騒動が起こり全国に波及し、大正八年には普選運動大いに拡大する中で、アナキズムも活発になっていった。そして、大正九年から十年（一九二〇、二一）にかけて日本のアナキズムは信友会、正信会など労働組合を軸として最盛の時期を迎える。

浅草も、社会のこうした動きとは無縁ではありえなかった。浅草とロマンチシズムといえば谷崎潤一郎、川端康成、高見順、浜本浩等の諸作品を通して容易に肯定される人も、浅草とアナキズムとなると奇異に感じられるやもしれない。しかし、事実は真なりで、大正のオペラ華やかなりし頃には、浅草とアナキズムとは夫婦《めおと》関係にあり、浅草のオペラを荷っていたのはこれら黒い一統にほかならなかった。

第一、浅草にオペラを持ち込んだ伊庭孝なる人物は、星亨《ほしとおる》を刺殺した伊庭想太郎の伜であるが、彼は当時の最も尖端をゆく大杉栄、荒畑寒村《あらはたかんそん》らの『近代思想』の仲間に属していた。いまその雑誌をみるに、彼の「本当に瞞《だま》されている男」「ある男と女郎との対話」等いくつも文章がみえる。浅草へ入った動機そのものも、最初から思想的要因によるもので、彼は仲間が集まると大気炎をあげて言った。

「浅草は貴族のものでもなければ、特権階級のものでもない。浅草こそは人民大衆のものである。われわれが浅草でオペレッタをやっているのは、過渡期の一手段であって、やがてはグランド・オペラを人民大衆の中に持ち込む前提運動なんである」

当時、まともな芸能人が、浅草の小屋なんぞへ出れば、大変なことのように思われていたのに、伊庭孝らは逆に意気揚々と乗り込んできたのである。

## 警察が楽屋に眼光らす

そういうわけで、貘与太平また、当時はアナキズムの圏内に棲息していた。彼は関西日報時代にすでに社会主義者として行動していたようで、同日報主筆、斉藤弔花《さいとうちゅうか》の友人、徳富蘇峰《とくとみそほう》とは意見を異にしてよく議論していた。まして東京へ出てくればなおさらのことである。一説によれば、堺枯川（堺利彦）の研究会にも顔をのぞかせていたというが、そうではなくてただ売文社の玄関番をしていた小生夢坊と知り合い、一緒に多くの仕事をしている。

伊庭孝とは石井漠と知り合った翌年に顔をあわせ、たちまち意気投合して親友の間柄となっている。伊庭を通じては大杉一派ともつながりがあった。ただし、社会主義者との交際が激しくなるにつれて、当局の眼も厳しくなり、与太平は米騒動時分には浅草を逃れて一時広島に移っていた。広島では芸者たちにオペラを仕込んでいた。が、半年いただけで帰京、今度はピアニストの沢田柳吉《さわだりゅうきち》や竹内平吉、小生夢坊らと常盤楽劇団をつくって登場した次第である。

この観音劇場で、彼は『トスキナア』などにかかわるが、いまではそれはもう半ば伝説化してしまっている。出演者たちは舞台を降りるや、楽屋で人生論、芸術論をたたかわし、クロポトキン、バクーニンを論じていた。当時、ショパンを弾けるのは彼が唯一人といわれていた沢田柳吉も出演していたが、彼はタキシードでは民衆を侮辱するとばかりに、着流しで出たり、それでも格好がつかないとなると、その上に大道具の半てんをはおって演奏していた。

こうなれば土地の警察が目を光らすのも、むりはない。ときおり、私服がやってきては、楽屋の模様を内偵していた。

ある日、観音劇場の楽屋口に「犬猫刑事ノ類入ルベカラズ」という貼札がレイレイしく掲げてあった。およそオペラの楽屋口にふさわしくない、過激な文字である。これを発見した象潟《きさかた》署の刑事は青筋たてて怒鳴り込んできた。「犬猫刑事とはなにごとだッ」怒鳴られた一人がその場は素直に恐縮して「すみません。早速改めます」と返事をした。だが、翌日になるとなんとそれは、「刑事犬猫ノ類入ルベカラズ。これを犯すものは頭の上から水をぶっ掛けられるべし　獏与太平」と書き改められ、堂々と署名までしてあった。

抵抗もこの節の堅苦しいキチキチのと違い、余裕があり、ユーモラスでさえあった。例の『トスキナア』にしても、みな楽しそうに唄っているが、下から読めば一目瞭然アナキストのひっくり返ったものである。内容も詳しくはわからぬが、スリを官許にするなど、〝財産とは盗奪なり〟のプルードン流の思想をもって、描いていたものと思われる。財産など、私有できるものではないとばかりに……？

ただし、これら数多くの作品は、必ずしも獏与太平ひとりの頭から生まれたというわけのものでもなかった。当時、浅草の小屋者や遊芸人は六区（浅草六区）のどこかに必ず溜り場を持ち、そこに集まって議論をしていたものである。オペラの文芸部や作曲指揮者、ピアニストたちは伝法院裏の角のカフェー・パウリスタの二番テーブルをクラブにしていた。そこへ行けば必ず誰かがとぐろをまいていて、金がなくともコーヒーやライスカレーに、こと欠かなかった。

いわばクロポトキンの〝相互扶助〟を地でいったものであるが、このパウリスタの二番テーブルの前衛的雰囲気から生まれたものが、むしろ浅草オペラの佳作だったといえる。『トスキナア』また然りである。まずパウリスタのテーブルの葉巻の煙の中で醸成され、貘がそれをまとめ、みんながまた補い、竹内平吉が作曲し、小生夢坊が未来派風の装置で舞台をつくった。恐るべき辻潤らの浅草文士劇が生まれたのも、この席においてであった。

与太平は小柄なからだに赤いルパシカを着て絹の靴下をはき、いつも胸のポケットに葉巻を二、三本のぞかせ、からだを斜めにして細身のステッキを振りまわしながら二番テーブルに現われた。なかなかシャレ者である。ただし、これは、彼のレジスタンスのスタイルでもあった。当時、葉巻や絹の靴下は最高に高価なもので、大臣か財閥でなければ使わないとされていた。

それをわざと収入の大半を投じて、金さえあれば俺だって大臣くらいのことはできるんだと、みせびらかしていたのである。イキな抵抗の仕方も心得ていたものである。

**闘いを求めて映画に進出**

結局、与太平は大正六年から十年（一九一七〜二一）まで、足かけ五年間の間に、二十本あまりの作品を書いている。その後の映画でも早撮りの名人で、都合八十本ぐらい作っているといわれるが、彼はアイデアが決まってとっかかるとなると、一気呵成に完成させる型である。それだけの才と同時に、気性の激しいタチであった。作と同時に舞台監督も数多くつとめているが、いったん仕事が始まったとなると、そこらじゅう怒鳴りまわって指揮していた。

ある進行係が、なにかしくじったところ、不真面目だといって、観音劇場の風呂場で叩き殴って、そのうえ服を着たままだというのに、湯舟の中に突っ込んでしまった。

与太平の作品の中には軍国主義を諷刺した『ネオ・ミリタリズム』のようなものや、若い哲学者の煩悶を描いた無言劇《パントマイム》『虚無より暗黒へ』があったが、彼はその中で自己を通していたのである。表面はいかにも楽しげで、夢幻的な娯楽を装いながら、そのどこかで彼は必ずひとつ抵抗を試みていた。それがいわば彼の良心の証《あか》しであった。その意味では、彼はミーハー層の底辺娯楽にありながら、誇り高い芸術家の生を生きていた。

彼がせっかく盛りあげた浅草オペラを去ったのも、それが理由であった。彼はオペラではもういいたいことがいえないと判断するや、映画の世界に新しい戦線を求めて、去っていった。

これから彼の映画時代に入るわけであるが、そのきっかけとなったのは、大正十年『大本教・伏魔殿』（全六巻）によってである。なんでまたこんな映画をつくったのかというと、ちょうどそのとき、皇室を誹謗した罪で大本教《おおもときょう》が弾圧され、教祖・出口王仁三郎《でぐちおにさぶろう》の写真が連日、新聞をにぎわしていた。そこで帰山教正《かえりやまのりまさ》、大正映画の原島本太郎なる人物が、これに目をつけてたまたま浅草の飲屋で出会った与太平に、一晩でシナリオを書かせ、監督も引き受けさせたという次第である。

脚本家の内山惣十郎という人の回想によると、ある日、与太平が突然やってきて、「映画監督ってどんなことをするのか？」と説明を求めた。内山は以前、撮影所でメシを食っていた経験から、映画製作の手順を詳しく説明すると、その後一ヵ月ほどして大本教の暴露映画を作りあげた。これにはびっくり仰天した。いかにオペラ作りの経験があるとはいえ、映画はズブの素人。それがいきなり映画監督をしたということは驚ろくべきことで、与太平の超心臓と才能にたまげてしまった……。

しかもこの映画、三幸プロダクション作品と銘打ち駒形劇場で封切りしたが、大当り超満員だった。封切当日、大本教信者数十名がなだれ込み、大混乱。これが新聞にとりあげられて大変な宣伝となった。

## 無頓着だった私生活

これ一本で彼は映画界にデビューした。そして、映画人としての貘与太平（映画に入ってからは本名の古海卓二を名乗る）については、評論家の竹中労さんも大変評価しているが、実子巨氏《ひろし》（聴力障害者新聞発行者）、前妻の紅沢葉子《べにさわようこ》さん（元女優）におうかがいしたことなど合わせて記してみると、映画監督といっても経済生活の面は大方、紅沢におんぶしていたようである。

そもそもの二人の馴れ染めは、伊庭孝の新星歌劇団のスターであった紅沢が、かたわら『活動倶楽部』なる雑誌を手伝っていて、そこで与太平と知り合った。常盤楽劇団を解散して後の与太平は新星歌劇団に合流して、舞台監督をつとめていたから、二人が近付くのは容易であったといえる。しかし、この結婚は、紅沢の方からいわせれば、初めから気が合わないままに一緒になっているので、早晩、破綻するのは目にみえていた。二人とも気が強く、とうてい和解し合えない関係にあったのである。

結婚して間もなく、紅沢が谷崎潤一郎の『蛇性《じゃせい》の淫』で共演した岡田時彦（これも大杉に心酔していた）と恋愛関係になるや、なおさらのことであった。そうでなくも、いわゆる夫としての古海（獏）はまるでダメ男、ひたすら自分の世界で生きているだけだった。（後年はそうでもないらしいが）金銭感覚がまるでないうえに、行く先々でケンカばかりしてやめてくる。古海は浅草時代もそうであるが、映画界に入ってからも同じ箇所での勤めは二年と続かない。ほとんど毎年のように勤め口を変えていた（その頃、小プロダクションがたくさんあった）。

それで結婚したものの、紅沢は家を出たり入ったり、結婚歴十五年のうち、七年ほど生活をともにしただけである。しかし、わずか七年にしろ結婚生活が続いたのは女の方からいえば子供ができたせい、男にすればやりくりを全部まかせられたことが大きな理由であった。

『大本教・伏魔殿』で当たりをとった古海は、今度は一族郎党を引連れて京都の牧野教育映画製作所に入社した。そのときのことであるが、宿は監督夫婦にしか付かないのに、親分肌の古海は十何人か全部宿に泊めて大きな顔をしている。一ヵ月経って紅沢が給料をもらいに行くと製作所の会計が困っている。「宿屋のツケ、酒代、それに女郎買いの分まで請求がきているんですがどうしましょう」「それは引いていただくより仕方ありません」というわけで、最初の月から一文なしになってしまった。

古海の生活感覚は、万事そんな調子であった。しかも桿馬《かんば》（荒馬）のようなきかん気の正義漢である。気に入らないことがあると、すぐケンカになる。牧野はその年にケンカしてやめてしまった。理由は古海がロケに行っている間に、東京から連れていった肺病やみの男を牧野が首にして、しかも手当も旅費も出さない。怒り狂った古海は「牧野省三に与う」という公開状を「大阪朝日」

に二日も連載して手当をとってやり、自分も辞表を出した。

古海は飛び出したものの、井上金太郎、二川文太郎《ふたがわぶんたろう》、鈴木澄子らは残った。これら古海組の残党が、後にマキノ映画の黄金期を創りあげるのである。その意味では古海卓二一統の都落ちは日本映画史の一つの流れを創ったことになり、そうした古海の間接的影響も評価されねばならぬことになる。

**帝キネとけんか別れ**

古海卓二（獏与太平）のもっとも初期の佳作では、『巣立し小鳥』（大正十三・一九二四年）、『行路』（大正十四・一九二五年）がある。二つの作品とも牧野教育映画を去って後、帝国キネマへ入ってからだが、前者は従来の帝キネと全然、異なったスタイルと内容であったので、非常な好評をえた。当時の『キネマ旬報』の批評で絶賛されている。後者は悪麗之助の脚本で、モスクワ映画博覧会に出品されている。会社の方では内容が暗すぎるから当たりっこないと言っていたが、予想が外れて大いにヒットした。

これで古海卓二は社会的にも新進監督として認められたが、『行路』の出演者である紅沢にとっては「地獄の苦しみ」であったという。なぜなら作品中、母親役の紅沢の回想シーンがあるが、母親が男をこしらえて夫と子供を捨てて家出をする。その相手の男役が岡田時彦で、雨の中を追いかけたりなんかして結局、男に捨てられてしまう。つまり脚本の悪麗之助は二人の事情をよく知っていて、わざわざそういう筋書きを作っているのである。演じる方の二人は、平気な顔で演技をしていたものの、内心は針のむしろであった。

他方、カメラをまわしている古海卓二であるが、紅沢が扮装《メーク》を落として部屋に戻ってみると、すでに待っていて、「岡田はさすがだネ、あんないい役者はいないねえ」と本当に感に耐えたという顔付きでもらしていた。古海は典型的な直情径行《ちょくじょうけいこう》型であるが、そういう得体の知れない変なところもあったのである。その後も紅沢と岡田との共演は何本も撮っている。

帝キネ芦屋はその年の暮れにやめている。これもケンカ別れである。その頃、いつも暮れには一日だけ、三社競映といって帝キネ、松竹、日活作品を松竹座でかけていた。これに古海は、『愛する人々』という自分のお気に入りの作品を出したいと会社側に申し入れてあった。それをやはり古海の作品ではあるが、会社側は別の作品を出した。これに、古海は烈火のごとく腹をたてた。何しろ当時、古海はゼニのとれる監督として芦屋ではいい羽振りであったから、向うところ敵なしである。

それでやにわにピストルを持ち出して……という話があるのはウソで、ピストルではなくてステッキを持って千日前の事務所に殴り込んだ。もうそこらじゅうを叩きまわって、ガラス窓は割るは、電話器は引きちぎるは、めちゃくちゃに暴れまわった。むろん酒精《アルコール》は大分入っていたが……。

幸い人間にはケガはなかった。みんな驚ろいて逃げてしまったからである。芦屋映画というのは興業師兼ヤクザの連中がやっていた。そのヤクザ連が、ビックリして這這《ほうほう》の体で事務所を抜け出したのである。

古海は浅草のペラゴロ（註・大正時代のオペラ好きな若者）時代からケンカ早いので有名であった。何しろ始まったとなると、とたんにその辺にあるものをつかんで相手の頭にぶつけてしまう。そして巡査が慌ててかけつける時分には、雲を霞とズラかってしまって見えない。新婚妻とすれば、「なんていう人と結婚したんだろう」といく度、思ったか知れないという。しかし、このときはまだ青年客気の世界である。それが例の大杉栄が虐殺された震災後となると、ぐっと模様が変わってきた。当代の風雲児とまでいわれた大杉の死は、アナキストに大きなショックを与えたのである。

演歌の添田唖蟬坊はこれを機にして急速に隠棲の境地に入ってゆくし、作家の宮嶋資夫は以前にまして狂暴となり、同志の和田久太郎、村木源次郎は復讐戦と称してテロリズムに走った。古海卓二とても同様である。大杉の虐殺後は、頭が変になって狂っていると噂された。紅沢も古海のそんな話を聞いて、岡田とのことがあるし戦々恐々としていた。いわば千日前事務所襲撃も、古海のそんな精神状況の延長のことであった。

紅沢はこのときも会社へ行って、「どうもすみません」と謝ると、向こうは、「本来ならば表沙汰にするところであるが、今回は穏便にしておこう。だがやめてもらいますよ。あんたは惜しい女優さんだが、一蓮托生ですよ」とばかりに追い出された。暮れの二五日だというのに、またしてこれで文なしの元のルンペンに戻ってしまったわけである。

子息の巨氏によると、古海は家にあるときはむしろ物静かで学者みたいなところがあったし、大勢の輩下に囲まれてワアワアだんらんするのを好んでいたとか。だがいったん、ことがあると、彼の血の気はジェット機のごとく急上昇していった。

## 持合せた近代人の眼

しかし、ここで注意しておかねばならないのは、古海は必ずしも主義主張や、浪花節精神だけで争っていたのではないということである。彼の人間的実像は、多分に左翼というよりは右翼的体質のものであるが、半面、当時としてはビックリするほど近代人であり、合理論家であった。映画製作はぶっつけ本番のやっつけ仕事のようにみえて、方法意識はちゃんと持っていた。そうした近代人としての眼で当時の映画界をみれば、ガマンにならないものだらけだったのである。

牧野教育映画で『小さき勝利者』を撮っていたときに、ケンカになったのもそれである。この映画では当初、古海がメガホンをとっていたが、衣笠貞之助《きぬがさていのすけ》の女形が気に入らないと、牧野に本物の女優を要求した。それが入れられないとあって、彼は製作の途中で放り出して帰ってしまった。仕方なしに女形の衣笠が代わって振袖を振りまわして監督し、ここに、名監督・衣笠貞之助の誕生となったのであるが、古海はそうした人物であった。

阪東妻三郎《ばんどうつまさぶろう》の『邪痕魔道』（昭和二・一九二七年）を撮ったときも、同じである。『邪痕魔道』（週刊朝日連載）は全関西映画協会で一〇〇〇円の懸賞に当選した作品であるが、これを阪妻プロが映画化することになってついでに監督も作者にまかせたのである。それで二人は会ったが、阪妻も豪勢な性格で、たちまちのうちに意気投合し、撮影に入る前の両者は毎晩お茶屋に通って騒いでいた。

それがいざ撮影となって、大ゲンカである。というのは、なんといっても阪妻は、天下の阪妻である。大写しを数多く撮って、しかも撮る前には監督が「大将、おアップいただきます」と声をかけなくてはならない。そうしないと、機嫌が悪い。ところが、そういうのは古海はダメである。映画として必然性がないならと断る。それで二人はつかみあいの大ゲンカをやる。これもまた、古海の近代人的一面を現わしている話といえよう。

大体、この人の書いたものを読んでみても、頭の回転がいい。古海に散々悪口ついている紅沢もそのことは認めていて、「監督の中で一番頭がよかった」と言っている。

さて大騒動で撮った『邪痕魔道』であるが、撮るも撮ったり二十四巻。これは現在でも長尺の作品であるが、昔ならなおさらのことである（当時は六巻ものが多かった）。この長い作品の中に阪妻のアップがたった一回しかないというから、結局、古海が阪妻とのとっつかみあいで勝ったということであろうか？

それはそれとして、結果的にはこの作品は大変評判をとった。やはりモスクワ博の出品作に選ばれている。大井広介氏の『チャンバラ芸術史』によると、後篇ことごとく立ちまわりで〝チャンバラ日本記録〟を打ち立てているそうである。

それで阪妻も古海を引きとめたくなって、右太衛門プロにいこうとするのを「あそこはつぶれるよ」と暗に居残りを奨めた。そういわれると、古海はなおさら意地になって、「つぶれるようなところなら自分の力で盛り上げてみせる」とばかりに飛び出した。後に、再びヨリが戻って共作の仕事をするのであるが……。

## 「傾向映画」の渦の中で

昭和初頭の独立プロなんぞ、右太プロならずとも景気が悪く、軒並み傾むいていた。古海が『邪痕魔道』を撮っている時点で、すでに金融恐慌は深化して、四月には有名な鈴木商店が倒産している。昭和三年（一九二八）に入ってからは一層のことである。翌四年（一九二九）十月、ニューヨークの株式取引所で株価が大暴落となるや、世界恐慌となった。この状勢を前にして、アナキズムとの論戦において勝利したマルクス主義が急速に台頭し、文芸方面ではプロ文学が盛んとなる。映画においても同じことであった。

もっとも、まだ社会主義の何たるやも、まだ多くの人には十分に分かっていない時分で、「プロレタリアというのはなんや」「貧乏人のことじゃよ」「ふうん、そんなら俺だってプロレタリアや」てな調子で、独立プロの経営者も残らず社会派傾向映画に関心を寄せていった。マキノ映画にしても正博（雅弘）満男（光雄）の兄弟ともプロに共鳴して、「傾向映画」に熱中し始めた。そこからまた「プロキノ」（プロレタリア映画同盟）が生まれてくる。その逆ではないのである（という見方をとる竹中労さんの意見には、私も全面賛成である）。

ここに至って古海とすれば、わが世来れりの感慨だったのではないだろうか？

なぜなら古海とすれば、映画への出発当初から（さしずめ『巣立し小鳥』がそうであろう）傾向映画といえば傾向映画を撮ってきた。いや、さらにさかのぼれば浅草オペラ時代だって、内容的には傾向オペラをやっていた。

ただし、古海も傾向映画の時代を迎えて、変わったことは変わった。思想的には次第に流行のマルクス主義に近付き、作品もより社会性（階級性）を濃厚にしていった。それが最も尖鋭に現われてくるのは昭和四年（一九二九）、ヨーロッパ視察旅行から帰って後のことである。

ヨーロッパ視察といったって、本人に金があるわけがない。当時、古海は三〇〇円も月給をとっているのに、半分は居候を養うのに使っていた。貯金なんか一銭もない。久保養郎という金持ちで「大阪新日報」の記者に、全部出してもらって行ったのである。予定ではドイツを中心にスウェーデン、フランスの映画界を見てまわり、帰りにはアメリカへ寄って一年後に帰ってくるはずであった。ところが、この旅行も途中でスポンサーの久保とケンカして、半年あまりで帰国している。

そして欧州視察みやげに帰国後、右太プロで撮ったのが、時代劇『日光の円蔵』（八巻）である。このとりあわせを奇妙に思うのは当時も同じで、「外国映画界を視察してその記念作に時代劇映画を撮影するのは氏をもって嚆矢《こうし》とする」などと新聞に書かれている。筋書きは、貧しい農民の味方として武士階級を捨てた日光の円蔵の階級性を説いたものであるが、これが内務省の検閲にひっかかり、ズタズタに切られ、あられもない姿となって封切された。

これに対して、むろん生みの親の古海は、激怒した。古海は直ちに当局へかけつけたが、すでにとき遅く、骨を抜き手足をもぎとられの手術の後であった。それで「虫ケラ検閲官」という抗議文を書いているが、これを読むと検閲官の当たりも悪かったらしい。運悪く『日光の円蔵』は無智な検閲官にひっかかってしまったのである。しかも、翌年さらに検閲がエスカレートされて、同じく右太プロでつくった『戦線街』は、五ヵ所一二六メートルにわたって大切除された（このときのことであろうか、古海は検閲官にイスを投げつけて留置されている）。

幸いにして二本とも興行的には当たり、古海は一層奮起して『国定忠治』を撮り、金子洋文原作『剣』を撮っていった。しかしここに、彼とすれば二つの問題があったと思われる。

一つはなんといってもイデオロギー的に過ぎて生硬な表現が多く、やられるのが当たり前といったところがある。『日光の円蔵』では円蔵が馬子《まご》の忠次に、「支配階級の横暴と悲惨な百姓の生をみるにみかねて、侍という有閑階級を自ら捨ててしまって、農民運動の真先に立ったが……」などと言ったりしている。

これはいわば映画作家、古海のマイナス点である。そして、その背後にはアナキズムからマルクス主義への移転があった。古海ははっきりそう言っているわけではないが、帰国後に「イデオロギー十戒」なるものを示して、その②でこう言っている。「ふたつの違った憎むべきものがある。一つはアナキズム、一つはニヒリズムだ。プロレタリアはけっしてそこへそれてはならない。それは弱い。そして恥だ――」。そうしたマルクス主義的発想が、直ちに台詞の生硬さと結びついた。

にもかかわらず、やはり彼の作品に生命感を与えていたのはアナキズムであり、ニヒリズムであった。アナキズム、ニヒリズムはマルクス主義のように人間疎外的なイデオロギーではなく、人間それ自身に、かかわる世界であるから芸術と和解しあえる。またそれをとる作家はいかに逃れようとしても、本来的な性向と結びついているから、どこかでやはりアナとニヒルの尾が残る。そのことがかえって、作品を生かすことになる。これが二つ目の問題である。

古海が映画界で尖鋭《せんえい》に闘ったことも、前者よりも後者の精神において、可能であったはずのものである。当時の映画評で、「現在、映画界で、アジ・プロ映画で闘っているのは、古海卓二たった一人だ」（谷口順一）と書かれている。このたった一人しかいない映画人を、逆に後ろから砂をひっかけていたのはプ、ロ、キ、ノの連中である。彼らは、傾向映画など所詮は資本家企業内のもので、プロレタリアのものではないと小賢しくも大きな口を叩いていた。

そこでまた古海は、企業家、検閲官に加わうるに、味方であるはずのプロキノ派の批評家とも論戦しあわねばならなかった。

**突如、映画界を去る**

結局、古海は体質的にもマルクス主義者にはなり切れず、昭和七年（一九三二）には再び阪妻と組んで、虚無的な游侠映画『変幻七分賽』（前後篇）を撮っている。そしてこれを最後に彼は長いスランプにおちいる。昭和八、九年、各一本しか撮っていない。昭和十年（一九三五）以降は数はふえるが、内容的にはすでに往年の才気も気迫もなく、プログラムピクチャーをこなしているだけであった。その揚句に古海は映画界から消えた。

昭和十二年（一九三七）のある日、古海は突然、映画をやめると言い出して、まわりの者がいくら思いとどめようとしてもがんとして聞かない。口に出したらすぐに実行するのが彼の性癖であった。またたくまに荷物をまとめ、家族を引連れて故郷、八幡市の黒崎の実家（彼は養子である）へ帰ってしまった。

古海卓二はなぜ映画をやめたか？　それは周囲の者が当人に尋ねても答えようとしないので判然としないが、やはりオペラをやめたときと同じように、映画ではもういいたいことがいえない、という判断によるものでないか？　「映画はもうダメだ」と息子に嘆いていたそうである。いいたいことがいえないような場では、彼は生理的に生きようがない。彼は九州人らしく情熱を感じないなにかをなす、ということはできない性分である。

ひとつには妻の紅沢との離婚も原因していたろう。紅沢とは昭和八年（一九三三）にいよいよ破局が近付いて事実上離婚、正式には翌年、捺印している。マネージャー役を務めていた紅沢がいないのでは、陸に上がった河童同然、急速に彼は仕事をしなくなった。と同時に人生への失望も感じた。古海は紅沢にはある種の断ちがたい気持ちがあったらしく、離婚のときには日本刀を振りまわして暴れた。結局、彼は、仕事と家庭の両方の問題から下郷したものと推される。

ここから、彼の最後の人生が始まる。だが正直なところ、終わりの人生は世間的にはパッとしなかった。ただし、それは以前の生活の華やかさにくらべての話であり、彼自身は郷里へ帰ってなお文化運動に活発に動きまわり、自身も懸命に仕事をした。帰郷した時には彼は四十三歳、いくらなんでもまだ隠棲するには早過ぎる年齢であった。

古海は最初郷里では鉄工所を営んでいた。これもハッスルして七、八人の規模のものを、二十五人に増やしたとか。昭和十七年（一九四二）には火野葦平《ひのあしへい》らと北九州文化連盟を起し、戦後は九州書房を設立して代表取締役となっている。お手のものの腕前を発揮して、自立演劇団や映画研究サークルの指導もしている。

しかし、彼自身は昭和二三年（一九四八）に書房が解散して以降は、小説家として第三の人生を生きようとしていた。彼は例によってせっせと仕事をした。早撮りの名人は早書きの名人でもあったらしい。ある人が古海の家へ遊びに行くと、「小説を書いているんだ」というのでみると、机の上にうずたかく二、三千枚の原稿が積まれていたという。それらをもって一挙に中央進出をはかる気でいた。

だが今度ばかりは、浅草オペラや映画のときのようには成功しなかった。昭和二五年（一九五〇）五十六歳、彼は再び上京したが、三ヵ月滞京しただけで福岡に引返してきた。この間、昔の浅草仲間である小生夢坊らが雑誌社に小説を紹介してくれたが、編集者からすれば採用がむずかしかった。結局、当人は小説の面では描かれる人物（火野葦平の『革命前後』そのほかにモデルとして登場している）ではあっても、自ら作家たりえなかったことになる。

## どこまでも夢を食う男

しかし、作品のいくつかは、子息の巨氏が編まれた遺稿集によって読むことができるが、十分楽しめるし、なによりもオペラ、映画時代と同じく、大衆娯楽の中に一本筋を通そうという姿勢がうかがえるのはうれしいことである。なかに「浅草オペラの父」などというのがあって、盟友・伊庭孝を描いているが、この稿でも引用したような〝ヴ・ナロード〟（註・V narod「人民の中へ」の意）の弁舌をふるっているのである。その意味では、ここになおバクヨタありの感がする。どこまでいっても獏は獏ある。

戦争中といえども変わりはなかった。
ここに浅草で『オペラ評論』を編集していた、高田保《たかだたもつ》の書いた戦中の想い出がある。それによると彼は、敗戦の年の七月に軍に引っ張り出され、西部軍の報道部に入った。戦局はすでに終わりに近付いている。すっかり観念して九州の現地へ着いてみると、そこには火野葦平はじめ、劉寒吉、岩下俊作、長谷健その他『九州文学』の同人がずらりとそろっていた。うれしくなって、たちまち互いに「やあ」「おう」ということになり、明日をも知れぬ運命はどこへやら、最初の晩から大いに飲み合った。
そのうちに、誰かが唄い出した。

〽島へおいで、島へおいで
島は平和だ
喧嘩なんかすこしも
ありませんから……

「えッ」と高田保は面食らってしまった。それはまさに自分の浅草時代の青春歌だったたから。九州の連中はたちまち大合唱である。だが気付いてみれば、なんの不思議もない。同人の中には、作者の獏与太平もいたのである、「よう、獏さん……」高田は興奮して、立て続けに獲与太平の肩をいくつも叩いた。それから「獏さん、いまでもあの頃の魂を持っているか?」と聞くと、貘は眼を細めて笑っていった。「三つ子の魂でね」戦争の真っ只中にあってなお、貘は「トスキナア」の精神で生きていたのである。高田保はとたんに愉快になって、精一杯の声でその合唱に加わって唄い出した……。

いい話である。かたわらには佐官、尉官の将校連中もいたが、知らぬが仏である。やがて警報が出て燈火が消されたが、なお真っ暗闇の中で、「トスキナア」の唄の合唱だけが続いていたという。

その青春の代名詞でしかないような貘与太平が昭和三一年（一九五六）八月には、「身体の調子が悪く、このハガキも左手で書いている……」と同人の青雨之介に便りを送っている。青が早速、訪ねてみると、右半身不随という状況で臥《ふ》せていた。以来五年間、貘与太平は注射、特効薬、漢方草、マッサージとあらゆる治療法を試みてみたが、さしてよくもならず、病状は一進一退である。当人も「この病気は一朝一夕には治りはしないよ」と持久戦を覚悟に療養に努めていた。

それが昭和三六年（一九六一）四月十日午前八時になって、長年の療養に終止符を打ち、波瀾多き人生を終えて、あの世とやらいうところに逝ってしまった。生涯、夢を食って生きた男が、さらに永久《とわ》の夢を見つづけるために、永眠してしまったのである。貘与太平は生前に遺言を書いていて、それには、「戒名も墓もいらない、焼いた骨は捨ててよい」とあったそうである。それでも遺族は、遺言通りするには忍びなく、世間並みの型通りのことはすました。

参考『映画に生きた古海卓二の追憶』

# 大泉黒石・混血の戯作者

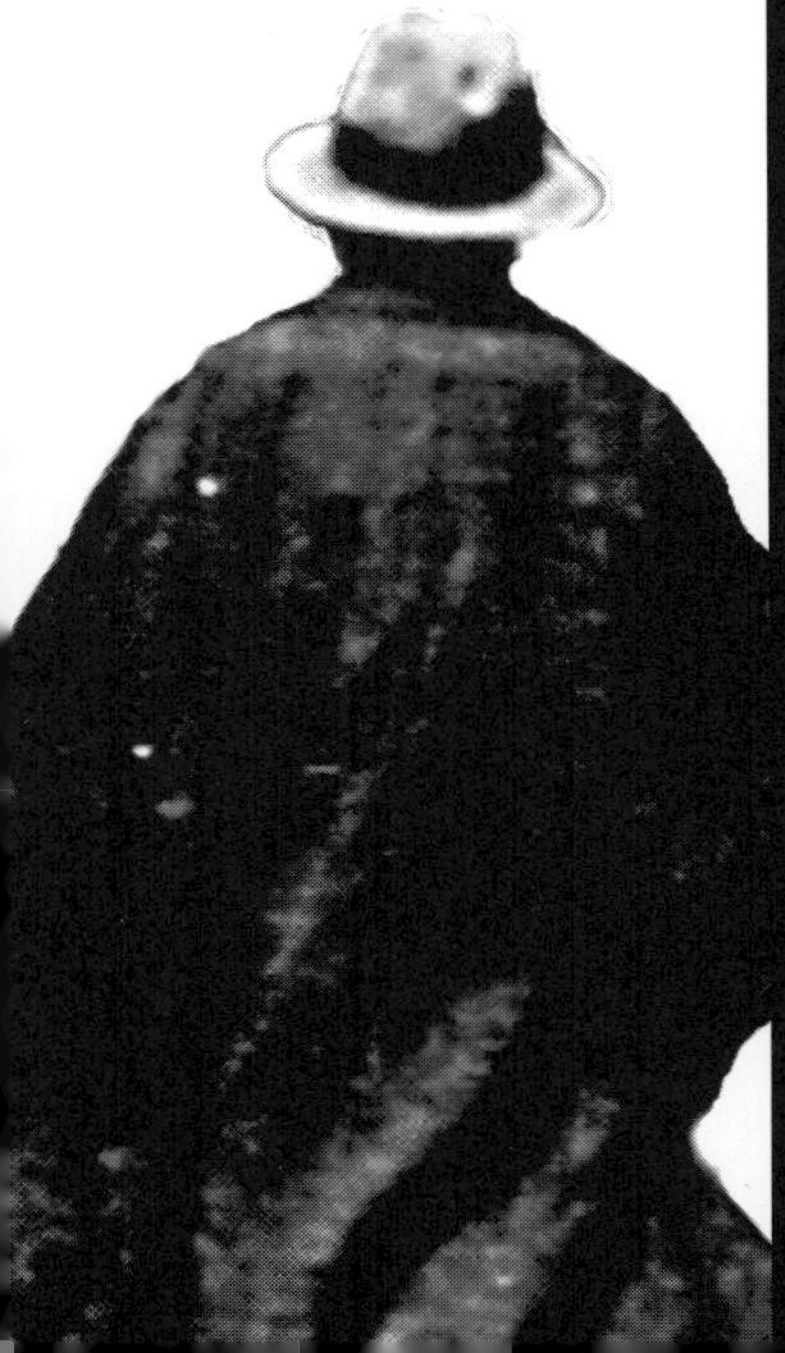

大泉黒石《おおいずみこくせき》（本名清、ロシア名キヨスキー）は、モスクワの小学校に通っている折に、その頃まだ存命中のトルストイに会って、可愛がってもらったことがある。

黒石の亡父はトルストイと同じ村のヤスナヤ・ポリヤーナの出だが、ある日医者の伯父がいつになくめかしこんでやって来て、「クリスマス前に一度、村へ帰って患家をまわる必要があるが、お前も行かないか」といった。キヨスキーはすぐに行くと答えた。そして伯父と一緒に馬車橇《そり》に乗って出かけたが、村に着いて、患家まわりの途中、やせ犬を引っぱったみすぼらしい一人の老人に出会った。

この老人を見つけると伯父は、帽子に人差指をあてがって挨拶した。おかしなことをするなと思っていたら、これがかの有名なロシアの文豪レオ・トルストイであった。もともと伯父はトルストイの家も訪ねるつもりだったらしく、挨拶が一通り終わると、トルストイ爺さんの後にくっついてゆるゆる随《したが》っていった。

家に着くとトルストイ爺さんは、「キヨスキー」といいながら、その片腕をつかまえて自分の膝の方へ引き寄せて置いて、顔の検査を始めた。それから「ステパノに似ているね」といって、ちょっと抱えるマネをした。

キヨはその二ヵ月後に再び村の農家でトルストイと会って、一緒に死んだ農夫の面倒をみたりなんぞしているが、トルストイのいったステパノというのが、大泉黒石の実の父親である。ただし、その時には、父親はとうに死んでいて、村中の先祖の墓に入っていた。爺さんが「お父さんの墓へ行ったかい」と尋ねたので、キヨスキーは黙ってうなずいてみせた。

大泉黒石――といったって、いまの若い人はむろん、多少文学をかじる者もほとんど知るまい。あるいは、俳優の大泉滉《あきら》氏の実の父親といった方がわかりいいかもしれない。だが、この人・大泉黒石は、大正末年の日本文壇に彗星のように躍り出てもてはやされ、やがてその測り知れないスケールを備えた異端者ゆえに、再び彗星のごとく文壇を去っていった数奇の異才であった。

自ら「国際的居候」を名乗る黒石の父親は、アレキサンドル・ワホウイッチといって、ペトログラード大学出の法学博士であった。黒石が生まれた当時は、中国・天津の領事館にいて、ロシア皇太子が訪日の際に随員として一緒に長崎にやってきた。そこで知人を介して、黒石の母の恵子を知った。

恵子（ロシア名 keita）は下関の初の税関長、本川某の娘で、ロシア文学の熱心な研究家であった。それでロシア側から日本側へプロポーズがあると、すぐさまに応じた。むろん周囲は大反対だったが、しかしそれにも拘《かかわ》らず恵子は反対を押し切って、ワホウイッチの懐に飛び込んでいった。間もなく生まれたのが清だが（明治二六・一八九三年）、恵子は清が生まれて一週間目に「おばあさまに難儀をかけずに、大きくなって下はれ」といい残したまま昇天してしまった。

したがって幼時の清は祖母に育てられたが、あらためて清が実父の顔を見たのは、小学校も三年になってからのことである。

その時分、親父のワホウイッチは、漢口の領事館にいた。領事館の小使いでもしているのかと思ったら、「わしはここの領事じゃ」と答えたので驚いた。法学博士の親父は、「わしは二十八で博士になった。お前もわしを見習え。そうすればアレキサンドル・ネヴスキー勲章をゆずってやる」ともいった。子供のキヨスキーはそれをうけあったが、その言葉に安心したのか、親父は間もなく亡妻ケイタの後を追って他界した。

キヨスキーはとうとう、両親のない孤児になってしまった。混血児の上に、親がいないとあっては一層定着性に欠ける。ここから黒石は否応なしに、国際放浪の人生に見舞われざるをえなくなった。ただしその時すでに、両親がそろっていたって満足な人間に育つことがないと自覚していたので、親がなくとも、不自由だとも寂しいともなんとも感じなかった。

ただ途端に困るのは、生活上の問題である。親父の亡き後、叔母のラリーザによってモスクワの伯父の家に連れてゆかれた。そして、キヨスキーは土地の小学校に三年間通うが、最初の半年は言葉が分からず、とんと話せなかった。

このモスクワ時代に、キヨスキーは伯父と郷里のヤスナヤ・ポリヤーナへ行ったのである。しかし、キヨスキーは伯父の妻のターニヤが嫌でしょうがなかった。そこへパリにいた叔母のラリーザから、パリの中学に入りたければ迎えに行くといってきたので、さっさと荷物をまとめてモスクワを離れた。

パリではローマ教会の学校のサン・ジェルマン・リセに席を置いたものの、毎日、寄宿舎の二階からノートル・ダムの屋根ばかり眺めていた。そのうちに各国の少年たちによる不良団にまきこまれ、酒を呑んでドンチャン騒ぎをしているところに警察に踏み込まれて、学校は追放ということになってしまった。もうその頃には、後年の黒石の素質が充分できあがっていた。

## 〝目的の否定〟の根底

退学させられる際に、友人の母親の問いにキヨスキーはこたえていった。
「志望なんぞあるものかね、おばさん。俺は死ぬまで志望も目的もないんだよ」と。志望だの、目的だのといったそんなありがたいものは、もっと小さな国に買いに行くがいい。わが広大なるロシアには漠々たるステップのごとき世界があるばかりで、すべては無につながる。結局、黒石はその少年の日の言葉を、生涯にわたって貫いてゆく。

アルベール・カミュならば〝希望の否定〟は哲学と体験の問題であるが、大泉黒石にとっては〝目的の否定〟はなによりも現実と血筋の問題であった。そしてさらにその上に、老荘を中心とする中国的教養や、日本的戯作者精神が重層的に重なっていくところで、ますます自身の特異な像を創りあげていった。

いや、そうした血筋や教養以外にさらに自らが引き出したものとはいえ、容赦ないむき出しの現実との格闘や、ロシアと日本との間を往ったり来たりのデラシネ（根なし草）的生活の中で、彼の精神世界は、日本人には寄りつくこともできない容易ならぬ果てに行ってしまったのである。

パリのリセを追い出されたキヨスキーは、間もなく曾祖母が死んだというので長崎に帰り、ついでに長崎の鎮西学院中学を卒業した。が、やがてまた「俺はロシアで出世するんだ」とばかりに、日本を飛び出してしまった。

モスクワでは、十五も年上のユダヤ女コロドナと同棲していた。コロドナはちょっとのろまな上に美人ではないが、子供の時から面倒をみてくれていた女中なので、半分バカにしつつ親しみを感じていた。叔母の手前は学校へ通っていることになっていたから、スイスから学資が送られてくるが、その金はコロドナの帽子や指輪に化けた。そして、自分は学校へは一向に出席せず、劇場ばかりに入り浸っていた。

## ロシア革命を体験

そんなある日、露都にドンパチと銃声が聞こえ、たちまち騒々しくなった。

一九一七年三月十二日、ロシアに革命が起きたのである。

キヨスキーは学校からの帰途、モスクワ大学の学生に包囲を受け、革命団に加わるよう強制された。それでやむなく一行に加わって、裁判所を襲撃して黒自動車をぶんどり、砲煙の下をくぐって縦横に飛びまわった。アドミラルスカ街頭では二〇〇に余る市民の死骸がごろごろしていたが、その上を車をきしらして走り、車の上からバンバン射撃した。痛快なのと怖いのとで一杯であった。

やがてその「赤い月曜日」に夜の帳《とばり》がおりる頃、キヨスキーは大学生と別かれてコロドナの家へ戻ったが、帰った途端に、コロドナの家のまわりは巡査隊によって火に包まれてしまった。驚いて、とにかく伯父の家へ逃げようと、コロドナと一緒に家を抜け出た。そして、ネヴァ河のアレキサンドル橋を渡ろうとした時に、「止まれ」の声を聞いた。見ると一人は六十前後のよぼよぼ兵士、一人は若僧である。

「どこへ行くのか？」というから出たら目をいうと、今度は若僧がつっかかってきた。それで「俺は大学生だ、人民の味方の大学生だ」と、自動車の上で分配にあずかった木綿の赤いリボンをみせてやったが、老兵士の方が妙に、女にでれでれしている。挙句に「美しい皇后様、行って寝ようぜ」といきなりコロドナの体を抱こうとしたので、コロドナは恐ろしい腕力で兵士を突き倒した。

同時にここだと思ったから、キヨスキーは若僧の銃を力まかせにひったくってたぐりつけた。

「キヨスキー、早く、早く」

いわれて、慌てて銃を捨てて逃げたが、今度は騎馬隊と労働者隊のものすごい銃撃戦の中にまきこまれた。

もう深夜に近い時間である。キヨスキーはのろまなコロドナを引張って、なんとかして伯父の家に辿り着こうと、雪を蹴ってかけ出した時にコロドナは雪の上につんのめった。あわてて抱え起こそうとして彼女のこめかみに手を触れると、指に血が流れてきた。

彼女は、こめかみの少し上の頭骨を、流れ弾でぶち抜かれていた。しかし、彼女は死に際にキヨスキーの長靴をしっかりつかんでいたので、離れることができない。仕方がないのでコロドナをつかまらせたまま、十メートルばかり引きずって行ったものの、どうにも続かぬと思ったから、むりやり離してひとりで逃げ出した。そして、ようやくの思いで、伯父の家に辿り着き、垣根を破って中に躍りこんだ。

翌日モスクワを逃れた。それからロシアにバイバイして日本にまた舞い戻ってきた。

戯作者《パロディスト》の黒石は、このロシア革命における生死にまつわる体験を戯作者らしく、一向に深刻味もなく、むしろおどけた調子で書き綴っている。しかし、そのことをあまりストレートに受けとってはいけない。正直のところ、黒石は自己の生活を語るのには巧みではあっても、精神状況を描くには不得手であった。したがってロシア革命でも、批評的な言葉はなにも語っていない。そこにはロシア革命を肯定も否定もしないニヒリズムの態度がある許《ばか》りである。

いみじくも革命に参加して銃を撃ちまくり、そして人民軍の兵士を台尻でたぐりつけた行為そのものに、黒石が現われている。アナキズムもマルキシズムもあるものか。下らないアナ・ボル論争なんぞやめちまえ、両者に関心あって両者とも否定せざるをえない黒石の内心は複雑であった(中学時代には、熱心に社会主義作家、木下尚江を読んでいる)。しかし、ここでは少なくとも、ロシア革命を承認しない者としての、黒石を評価しない。

日本へ帰ってきた黒石は、今度は京都へ出て第三高等学校に入った。科目は理科を選んでいる。三高を中退して、一高へ再入学した時にも同じく理科である。ここに黒石の一つの顔があるのである。彼は機械工学に強く、数学を得意とした。黒石は合計四男五女の九人の子供をもうけたが、ことに長男淳《きよし》の教育には熱心であった。淳氏の話によると父親は代数の問題を前にして、自分の仕事も放り出して、「どっちが早く解けるか競争しよう」と解いていたという。

三高中退の理由は、授業料滞納で退校せよと迫られたせいである。学資は学校へ行っている限りはそれまで、叔母が送ってきていたが、叔母のスイスに建てた学校が閉鎖の憂き目に遭ったので、送金が絶えた。黒石は自分の生涯を通じて、これほどに効目《ききめ》のある打撃はなかったと語っている。彼は今度こそ、本物の現実世界に向き合わざるをえなくなった。

仕方なしに最初の間は、鼻たれ小僧の英語の面倒をみてやったりしていたが、そのうちに妻のみよの問題があったりして、京都を離れ、東京へ出た。

## 胸底の虚無と屈折

黒石の心中をはかるのに、少くとも文章面に現わされた限りにおいては、混血という事実はほとんど問題になっていないようにみえる。もともと精神構造の丈夫な黒石は、混血であることをむしろ諧謔《かいぎゃく》的にとらえて、読者の笑いを誘っている。その問題について尋ねた二人の息子さんも、「そんなものは超越していたでしょう」と話しておられた。

しかし、ぼくには少なくとも若き黒石には、混血であることの虚無と屈折がないわけがないと思われる。結婚を通じてわずかに洩《も》らしている言葉にもそれがうかがわれる。彼の妻となったみよは、幼ない頃からの知り合いの、遠縁の娘であるが、彼女について黒石は、「俺はとても髪の黒い女を、細君に持てまいと覚悟をしていた」と述べている。

一緒になってからも、おみよのことが気の毒でならない。なにしろ彼女は親類縁者に見限られて、自分の懐へ飛び込んできた窮鳥であったから。おふくろのケイタと同じ苦労を、もう一度、みよに繰り返させているようなもンだと、秘かに唇をかんでいたのである。外へおみよと連れだって歩く時にも、通行人が目をそばだてるというので、気付かれないように間を置いて歩くというような、細かい心遣いもしていた。

東京へ出るきっかけとなったのも、正式に結婚したというのに、まわりの者の離婚策があることを知って駈け落ちしたのである。

東京での黒石は一高へ籍を置いたものの、先立つものは金である。間もなく子供が生まれて、親子三人分の金を捻出しなければならない。そのためにこれから数年間の労働者時代が始まる。しかし、なんの手職もない黒石はロクな仕事に就けない。そればかりか、勤めても気短かでケンカ口論しては、じきにやめてしまう。

一番最初に働いたのは、石川島造船所である。黒石は毎日定刻に遅れて、造船所に通った。仕事は帳簿付けの書記の仕事にまわされたが、現場のヅク（鋳鉄）の方の仕事が面白くて、そればかり見物していた。とうとうある日、技師に見つかって、「仕事をしろ、仕事を！」と卓の前に突き飛ばされた。

その挙句に今度は親方が小脇に帳簿を抱えてきて、「これはなんだ」と帳簿の表紙をつついた。「それはドイツ文字で、〝職工精勤調〟と書いてあるんだ」と説明すると、「誰が毛唐《けとう》の文句で帳簿をつくれといったんだ」と怒鳴りつけられた。

結局、石川島はクビである。月末になって担当者が「用事があるからこい」というので、給料を上げてくれるんじゃないかと楽しみにしていったら、「今月で出社に及ばず」と、アッサリ会社を追い出されてしまった。

それから間もなく黒石は、浅草の今戸へ引っ越した。仕事がなくて困っていると、女房のみよが親類の皮屋を頼っていって、そこへ行けといったのである。皮屋では大きな薬液のかめに皮をつけて、踏みこんでいた。豚の皮は厚いから、足で踏まないと充分浸みこまない。黒石は真冬にもかかわらず、素足になって膝まで浸って仕事をした。かたわらではみよが子供を背中にくくりつけて、かめの媒染液をかいいの先でかきまわしていた。

しかし、この皮屋の親父は親類にもかかわらず、強欲爺で月末になっても給料をよこさない。黒石はまたしてムカッ腹たてて、商売もンの生皮を叩き売りしてここをやめ、次には屠牛場《とぎゅう》の牛殺しになった。仕事に貴賤はないとはいうものの、大変な職に就いたものである。黒石ならではの感がする。

もっとも浅草という地域からすれば、牛殺しと縁があっても不思議はないのである。浅草から吉原土手をぬけて箕輪の方へ行くと当時屠牛場があった。そこへ人のつてで稼ぎに行ったのであるが、新入りで、「お前さんに一番ラクな仕事をやってもらう」といわれたのが牛の殺し役であった。黒石は牛を殴りつけて殺すのが一番軽い役とは驚いたものの、逃げ出すこともならず仕事についた。

牛は田ンぼの中をぞろぞろと連れてこられた。屠牛場の前へくると、何かを察してひと暴れする。それをむりやり入れると一度おとなしくなるが、セメント塗りの池の前へ引っ張ってこられるとまた暴れて、今度は真剣に逃げようとするのである。牛もやはり、自分の運命を知っているものとみえた。それを周りから十人ばかりの男どもが飛びかかって押さえつけ、瞬く間に棒杭にしばりつける。これで屠殺の準備完了である。

そして牛が並んで屠牛人が揃うと、各々八キロばかりの鉄の棒を持ち、下腹に力を入れて一斉に牛の眉間に打ち下ろす。そうすると牛の眉間にたちまち弾痕のような穴があき、そこから黒血を噴き出してドッと倒れる。

金銭《かね》の値というものの分からない黒石には後年、再びこの時にまさる極貧時代がやってくるが、文壇登場までの貧乏時代も相当にひどいものであった。寒空に足袋もはかずにつんつるてんの袷《あわせ》一枚で出歩いたり、本来ならこちらから寄進せねばならぬはずの天理教に借金をしにいったり……。たばこ好きの黒石だが買う金もなく、道端のモク拾いしては吸っていた。ある夜一文なしの男が、乞食のたばこを盗んで吸っている夢をみた。

しかし、そうした貧乏生活にあっても、彼は文学を忘れてはいない。忘れていないというより、京都時代からすでに文学を志していた。自分にはそれしか生きる道がないと思っていた。それで上京してからもなんのツテもないままに「新小説」の春陽堂へ出かけたり、早稲田の中村星湖《せいこ》を訪れたりしているが、誰も相手にしてくれない。ただふっと思いついて、豚の皮の利用法を「実業の世界」に持ち込んで運よく原稿料にあずかることができた。

しかし、彼とすれば、むろんそんな実用原稿を書くことが本意ではない。もっとまともな文学の方向にゆきたかった。やがてそのチャンスが、大正八年（一九二〇）に訪れたのである。

## 彗星のように文壇へ

大泉黒石の「俺の自叙伝」をとりあげたのは、『中央公論』の滝田樗陰《たきたちょいん》である。滝田樗陰といえば『中央公論』の全盛期の名編集長であり、彼の乗った人力車の止まるところ新作家が生まれたといわれるぐらいの人であった。この樗陰が大正八年八月、読物作家の田中貢太郎とともに現われた大泉黒石の原稿を「面白い、面白い」と最大級の言葉をはなちながら読んでいた。樗陰は数奇な運命をたどった黒石の「俺の自叙伝」を読むなり、大いに喜び、来月号に続編を書いて持ってくるように勧めた。そして事実、編集者としての滝田のカンは当たり、前後五回連載された「俺の自叙伝」は、読者に圧倒的な好評をもって迎えられた。

黒石はたちまち有名作家となった。なに逃しろ掲載翌月の九月にはもう朝日新聞が顔写真入りで大きくとりあげて、各方面で引っ張り凧になっていた。当時、樗陰の下で編集部員を勤めていた木佐木勝も、その日記で、「新聞に出るのが早いのにも感心したが、黒石もどうやら『俺の自叙伝』で一躍、世に出たという感じだ」と書いている。

有名作家ともなれば、いつまでも浅草の廃屋に住んでいられない。早速、家を探して、雑司ヶ谷の三条家と背中合せの大きな冠木門《かぶきもん》のある家に移り住んだ。門の内には化物並みの大銀杏があって、その枝には赤ん坊のおしめが干してあった。もう以前のようには簡単に、夜逃げもできない身分になってしまった。浮沈絶え間のない黒石は、その後も景気のいい時には書生を数人置いたり、雑誌を出したり、女中を二人も置いたりしていた。

近所には有名無名の文士があちこちに住んでおり、辻潤《つじじゅん》や福田蘭童《ふくだらんどう》が遊びにきた。辻潤とは大正五年（一九一六）に知り合っている。当時辻潤は「新しい女」伊藤野枝に去られて、一転してそれまでの生活を投げうち、浅草での美的浮浪者の生活を送っている時分であったから、黒石とは容易に知り合えた。黒石には友人は少なかったようであるが、それでも辻潤ら一統のニヒリズムとデカダンスの仲間には自分と同じ血の匂いを発見して、親しく付き合っていた。後には二人で組んで長崎へダダ派の講演旅行にも出かけている。

しかし、黒石の人気の広がるにしたがい、やっかみと危機を感じ始めたのは、それまでの読み物作家である。紹介者の田中貢太郎《こうたろう》や村松梢風《むらまつしょうふう》は、素性の知れない紅毛碧眼《こうもうへきがん》のトンビに油揚げをさらわれて、失地回復に躍起になりだした。

その頃、肥大し始めたマスコミの側からいえば、国際放浪の体験と、途方もない雑学の持ち主である黒石はそれだけでも魅力があったが、筆は速いし、字はきれいだし、期日には必ず間に合わせたので、これほど都合いい書き手はなかった。

後に黒石は文壇、爆弾、青年団……と、ダンのつくものにロクなものはないとくさしているが、狭隘《きょうあい》な日本文壇は黒石のような得体の知れない怪物を、容易に入れようとはしなかった。黒石が読み物からさらに小説まで手を延ばし始めると、既成小説家も加わり、連合して黒石の進出を阻んだ。久米正雄《くめまさお》もそのうちの一人で、彼は「俺の自叙伝」のでたらめを指摘し、特別号に黒石の小説が入ることを知ってしかめ面をしていた。

もっとも黒石の奇言奇行ぶりもひどくなってきて、周囲には次第に不評が集まってきた。田中貢太郎や村松梢風は「黒石はウソツキの天才ですよ」と怒っていたが、そのうちにどんな噂が聞かれようが黒石の奇才を買っていた滝田樗陰までも、疑問を持ち始めた。滝田がいつか黒石を相撲に招いたところが、その後で黒石は、国技館で滝田が両国（力士）に声援していたら、両国嫌いの隣りの客とケンカとなり、帰りにその仲間に袋叩きにあった、などとしゃべり歩いていたのである。

樗陰はさすがに呆れて、「どういうつもりでそんなことをいうのか、まったく見当がつかない。近頃、黒石が恐ろしくなった」といっていた。

### 作家生命は終わったのか

そのことをメモしている木佐木自身、最初から彼を眉つばのように思っていたが、ますますその正体が分からなくなってきた。村松の話だと「ある人が黒石のところへロシア人を連れていって話をさせたところ、黒石は全然ロシア語が分からなかった」ということであった。そんなバカなことがあるはずもないが、『中公』の方ももう完全に黒石追放のペースに乗ってしまった。

大正十三年（一九二四）頃、黒石はフランスへ外遊するといって、樗陰や友人を集めて送別会まで開かせた挙句、どこかへ雲隠れしてしまったこともある。黒石のウソがばれたのはある日、『中公』の社員が池袋駅で、電車から降りてきた黒石とホームでバッタリ会ったからだ。すると黒石は慌てて人混みの中をくぐり抜け、階段をかけ上がって姿を消してしまった。その話を聞いた樗陰は、「またして一杯喰わされた」と口惜しがった。

もともと体質的にそういうところがあるのだが、大正十二年（一九二三）、大震災後の虚無とダダの社会の一般的風潮の中で、黒石はますます自己を虚構化していった。辻潤や高橋新吉や宮嶋資夫らと同じように、狂おしくも誠実に生きていたともいえる。それゆえに、大正十二年で黒石の作家生命が終わってしまったとする「木佐木日記」は、編集者とすれば皮相に過ぎるのであって、もう少し時代を超える眼が必要だったのである。

事実、「この四年の短い歳月」（木佐木日記）以降に、黒石は続々と優れた作品群を発表している。黒石の「俺の自叙伝」以後の大ヒット作は『老子』（大正十一）だが、これ以外にも『人生見物』（大正十三）、『黒石怪奇物語集』（大正十四）、『人間廃業』（大正十五）等々と続く。ことに映画に関わり合っている時分の長屋話である『人間廃業』は、密度の高い傑作である。これほど巧みに江戸弁を用い、しかも長屋的実存ともいうべき日本的虚無を、野放図な笑いに変えて描いた作品は稀である。

混血にして長崎人である黒石が、江戸前の諧謔や啖呵に興味を持ったというのは、恐らくは上京して、生っ粋の江戸っ子、辻潤と知りあったことが大きく作用しているのであろう。しかし、初発的にはどうであれ、黒石の精神構造そのものの中に、戯作者精神を受け入れる場所があったのである。というより戯作調においてしか、自己と日本を抉《えぐ》る術がなかったのである。

その意味では、黒石の戯作者精神はなまなかのものでなかった。同時に戯作調は、単なる作品手法の問題でしかなかった。

## 内包された繊細な精神

そのことを著者自身が、『現代ユウモア全集』の一巻で書いている。俺の作品をニヤニヤ笑いながら書いたくすぐりや、ひとりよがりの駄洒落の作品と同日に談じられたのではやりきれん、と。十返舎一九《じっぺんしゃいっく》はさぞ面白い人物であろうと思っていた読者が、東海道筋のある宿屋に訪ねたところ、謹厳居士だったのには面喰ったという話があるが、黒石もそれ式だった。その内包された精神世界には、コチコチの固いものがあった。

大泉滉氏に、父・黒石の女性関係を尋ねたところ、「そんな女をつくるなんて、器用な人ではないんですよ」と一言の下にはねつけられてしまった。長男・淳氏の語られる黒石像もその作品世界で想像されるようなものとは、まるで異なる。むしろ、いかにも文学者らしい、繊細さと神経質さを持った黒石がそこにいる。

たとえば、飲食いもの飲みものといった食生活にも相当うるさい。たばこなんかでも巻方を調べて、固いものは絶対吸わない。朝方、起きると何を拝んでいるのか、毎朝東方に向かって合掌していたという。奇妙なのは、玄関を出る時にどちらの足から出るのが正しいのか、間違えるとチョチョと足を整えて、それから出かけていた。性格的には子煩悩で、絶えず子供を抱き上げてはほおずりしたり、話しかけたりしているのである。

長男の淳氏が府立六中を受験する時にも、ちゃんとついてきた。その途中、電車の中で歴史の問題を教えてくれたが、それがたまたま出題されてしかも答えが違っていた時には、黒石は「スマン、スマン」と泣いて詫びていた。息子が六中を落ちたことを、いかにも自分の責任のようにとっていた。代わるに青山学院に入学すると、金のない時分だったので、どうするのかと思っていると、「よっしゃ、まかせとけ」と、自分の商売道具の蔵書を全部売ってしまった。

しかし、こうした黒石の家庭における日常的世界は、昭和七、八年（一九三二、三）までである。それ以降は酒杯をはなすヒマもなく、次第に文筆と家族から遠ざかってゆく。滉氏の親父の想い出といえば、まず酒と貧乏と夫婦ゲンカの三つしかないという。

昭和十年（一九三五）頃の滉氏は、貧乏で小学校へゆく前に働いていた。一本四銭でナットウを仕入れてきて、それをザルにかついで六銭で売り歩く。しかも学校から帰ると、今度は町工場へ手伝いにいって、一日五〇銭小遣いをもらってきた。中学校も転々として移り、最初入った暁星中学は三ヵ月、次の明治学院中学は一週間しかいなかった。明治学院は別の理由であるが、暁星中学は武道の道具が買えなくて退学、最後の中野学院中学も月謝未納で二年後に中退した。

## ひと味違う貧乏ぶり

家も転々として移った。夜逃げである。昔は今みたいに前払いではなく後家賃だから、支払日が近付くと一家はこっそりその家を抜け出す。滉氏は子供心に引っ越しとは、夜するものだと思っていたという。引っ越しといったって別に大した物もないし、大八車を借りてきて、後は子供たちがてんでに荷物を持てばそれで終わりであった。しまいには大八車も必要なくて、子供たちが身のまわりの物を手にぶらさげるだけで足りた。

しかし、こうした極貧にあって、黒石は貧を一向に苦にしていなかった。「堂々としていて、大したもんだったですよ。むしろ威厳がありましたネ」その貧乏ぶりを聞いていると、余裕があるばかりでなく、ユーモラスでさえある。そこにはすっかり尻を割ってしまったものの、底抜けの哄笑《こうしょう》すらあった。

何も食べるものがなくなると、道端に生えているアカザでもたんでも摘んできて、おみおつけにしたりして食べていた。大泉家には〝遠征〟という言葉があって、「今夜は遠征にゆこうか」となると、子供たちはバケツを持ち、少し離れた土地のじゃがいもなんぞ掘りに出かける。畑どろぼうである。その際、傑作なのは、ほたるの時期だと、黒石は「こっちの方にほたるがいるぞォ」と声をかけて畑の中に入ってゆく。もし通行人でもあると今度は、「あっちの方にほたるがいったぞォ」とどなって逃げてゆくのである。

もっと悲しくも滑稽なのは、下落合で作家、林芙美子《はやしふみこ》の隣りに住んでいた時のことである。林芙美子は当時、文壇的には成功して、立派なレンガ造りの家に住んでいた。その生垣越しの隣りに黒石の家があり、その時分やはり夕飯の食べられない日があった。すると黒石は、夕方になってお茶碗の音がしなきゃおかしがると、著やなにかで茶碗の音をたてさせ、「いただきまーす」「ごちそうさまあ」とわざと子供たちに声をはりあげさせていた。

昔の文士の貧乏ぶりは似たりよったりのものだが、同じ貧乏でも大泉黒石のそれは日本人離れしていてひと味違うのである。

質屋なども上得意客であったが、入れる質草がなくなるとしまいには大きな鉄釜まで持ち出していた。質屋の親父はそんなものでも、同情票でいくらか貸してくれたそうである。そしてたまに原稿料でも入ろうものなら、喜んで米を俵で買って玄関にこれみよがしに置いておいた。酒樽を玄関に置くというのならわかるが、米俵を置くという黒石の感覚《センス》がなんともおかしい。

## 孤独放浪の世界へ

こうした夫を持ったみよは、大変な苦労の連続であった。彼女自身文学を解し、性格的にのんびりしているところがあったから、一緒に耐えてこれた。しかし、年を経るにしたがいアルコールの度が上がり、生活万端において狂いじみてくると、烈しく争って黒石にぶん殴られたりしていた。黒石はいくら貧乏しても、食べるものがなかったりすると、やにわに腹をたてて御膳をひっくり返してしまう。しかも御丁寧なことに、後のものがそれを拾って食べられないように、火鉢の灰にまぶしてしまったりする。

黒石はこんなふうだから、滉氏を除いて家族全体が黒石と対立するようになってきた。恐らく天涯孤独の黒石にとって家庭とは、唯一の精神的よりどころとなるはずのものだったが、それがそうはならず、再び彼は孤独放浪の世界に追いこまれてゆく。

昭和十年(一九三五)以降ぐらいの黒石は、もうほとんど家に寄りつかなくなってしまった。家におらず、どこへ行くのかといえば、大抵は山にこもっていた。黒石は『峡谷をさぐる』『山と峡谷』『峡谷行脚』などの山の本を四冊ほど出しているが、山といっても峡谷や峡谷の温泉場が好きで、よく歩いていた。山峡へゆけば、群馬県猿ヶ京の相生館の親父のように、いくらもロハで逗留させてくれるところがあった。

ますます迫ってくる社会的危機と戦争への足跡の中で、黒石はもうまったく仕事をすることもなく、各地の山峡を巡り歩いていた。それがむしろ老子の後裔としての黒石の本来の在りようだったかもしれない。

ただされからぬ黒石の足跡は、戦中戦後ともなると、なおわかりにくくなる。

しかし、昭和十八年(一九四三)になって、想い出したように彼は本を書いた。『草の味』(大新社)である。この本は食べられる草を列記したものだが、食糧難の折からよく売れたらしい。もともと黒石は路傍の草も食べていたし、山中では一層、詳しくなっていたはずだから、そのような本を書いたとて不思議はないが、それにしても旧来の日本人の食糧感覚からすれば変わっている。

ただし黒石はこの本で食用草を挙げるのみで、なにも文学者らしい感想を語ってはいない。それは山峡温泉記についても同様であり、他の文学者のように、自然に託して自己を述べるというようなことをしていない。不思議なことである。このことについて由良君美《ゆらきみよし》さんは、「書房の注文もあろうが、文学者でなくなることのできる黒石というものがいたのではないか」と大変うまい解釈をしておられる。同時に、「それ自体黒石の虚無の現われでしょう」ともいわれる。

ぼくもほぼ同じ考えであるが、ここでは特に後者を強調しておきたい。なぜなら、なにもいわないことでむしろ黒石の心中の、無数の言葉を聞く思いがするからである。沈黙もまたひとつの態度である。ことに、あの戦争下にあっては。黒石は、旧左翼を含めて一斉に戦争賛美の歌をうたっている下界の模様を眺めながら、心に「ザマみろ、いわんこっちゃない」と叫んでいたに相違いない。

## 日本の破滅を見抜く

黒石はすでに大正十五年（一九二六）の昔にいっている。

「日本人が幾ら不逞思想の洋服を着て、危険哲学の靴をはいて、船来の問題に熱中しようと、ひとと肌ぬげば、先祖代々の魂があらわれて、鼻の穴から吹き颪《おろ》す神風に、思想の提灯も哲学の炬火も、消えてなくなるにきまっているのだから世話はない」

「日本人の教育はパンの略奪や剰余価値や偶像破壊の理屈から始まっちゃいない。……いったん緩急あらば義勇公に奉じて、占領してやるから旅順港を出せ！　と腕をまくらせるのも此の根だ」

黒石の眼は日本のほぼ二十年先を見越して、適中していたのである。日本の知識人のニセモノであることを、黒石ほどはっきり自覚していた人は稀ではないか⁉

ここで思うのだが、黒石とは一体何国人なのであるか？　彼は若い頃に、「ロシアにくると日本へ帰りたくなるし、日本に一年もいると、たまらないほどロシアが恋しくなる。俺は二つの血に死ぬまで引きまわされるんだろう。そして最後に引っ張った土が俺の骨を埋めるに決まっている」とうそぶいていたが、少なくとも彼は日本の「此の根」に対しては徹底的に対決していた。

その限りでは、「俺は日本人なんかじゃない」という意識があったはずである。黒石は子供の頃から「毛唐の」「露助の」と悪し様に呼ばれ、そんな悪口をへとも思わなかったので、自ら自分の「毛唐ぶり」を戯画化してみせたのであるが、そのことで彼は日本人の「此の根」を認めているはずもなかった。

戦争中のこととて、黒石と滉が歩いていると、子供たちはアメリカ人と間違えて二人に石をぶつけたりする（そうでなくとも二人は、横須賀の憲兵隊にスパイ容疑で何度も捕えられたりしていた）。その時に黒石は息子に向かって、「ガマンしろ、ガマンしろ」といい、さらに「お前は日本人じゃないのだぞ、誇りを持て！」と耳打ちしていた。その父親の言葉を聞いて息子は、深い意味はわからずとも感動して胸をふるわせていた。

いくらか横道にそれるが、戦争中のあの一億総便乗の中にあって、一番まっとうにして戦争非協力の態度を貫ぬいたのは結局、それまでにニヒリストだのデカダンスだのとさんざん悪口つかれてきた、辻潤や武林無想庵や大泉黒石らの黒き一統ではなかったろうか？（むろんその中に永井荷風を入れてもいい。）もしそうだとすれば、それほどに強い生き方をとらしめる〝ニヒリズム〟だの、〝デカダンス〟だのといわれるものの正体は一体何なのか、ということになる。

そのことの問をこれまでの戦争下の知識人を語る場合に、まるで抜かされてきた気がする。今からでも遅くはないから、一個の独立した思想問題として検討さるべきではないか。

――ところで戦後の黒石であるが、彼は敗戦となるや山から下りてきて、得意の語学を駆使して、横須賀米軍の通訳を勤めていた。相変わらず酒は浴びるように呑んでいた。一説によると、旧海軍が田浦山中に埋蔵した重油ドラム缶を掘りあて、物置に自前の濾過装置を設けてこれを精製し、「キヨスキー・特製ウイスキー」と称して、呑み暮らしていたという。重油ウイスキーはちょっと匂いが残っていたが、戦争中に局方アルコールを呑んでいた黒石であってみれば、なんでもなかった。

そして戦争中はひたすら黙し続けた黒石は、戦後にはなにか発言してもよさそうなものだが、ここでもなにも述べていない。他の知識人のように時局に応じて、ペラペラ跡なでしたがるような人物ではなかったのである。しかし、小説を書きたがってはいたらしい。戦後いつの年か、作家の新田潤《にったじゅん》が黒石を訪ねると、「小説を書きたい、小説を書きたい」と洩《も》らしていたそういった後、「だけどあれじゃあ書けないよ」と、黒石の酔いどれ振りを語りながら笑っていた。

米軍の通訳は四年くらいしかしていないし、その後どうしていたのか皆目わからない。一時期四年ほどの間、かつての愛読者であった女性と同棲生活を送っていた。そして昭和三二年（一九五七）十月二十六日、享年六十四歳で逝去した。黒石は酒精の雲に乗って、文字通り羽化登仙の境地をいってしまったのである。

参考『俺の自叙伝』（大泉黒石）

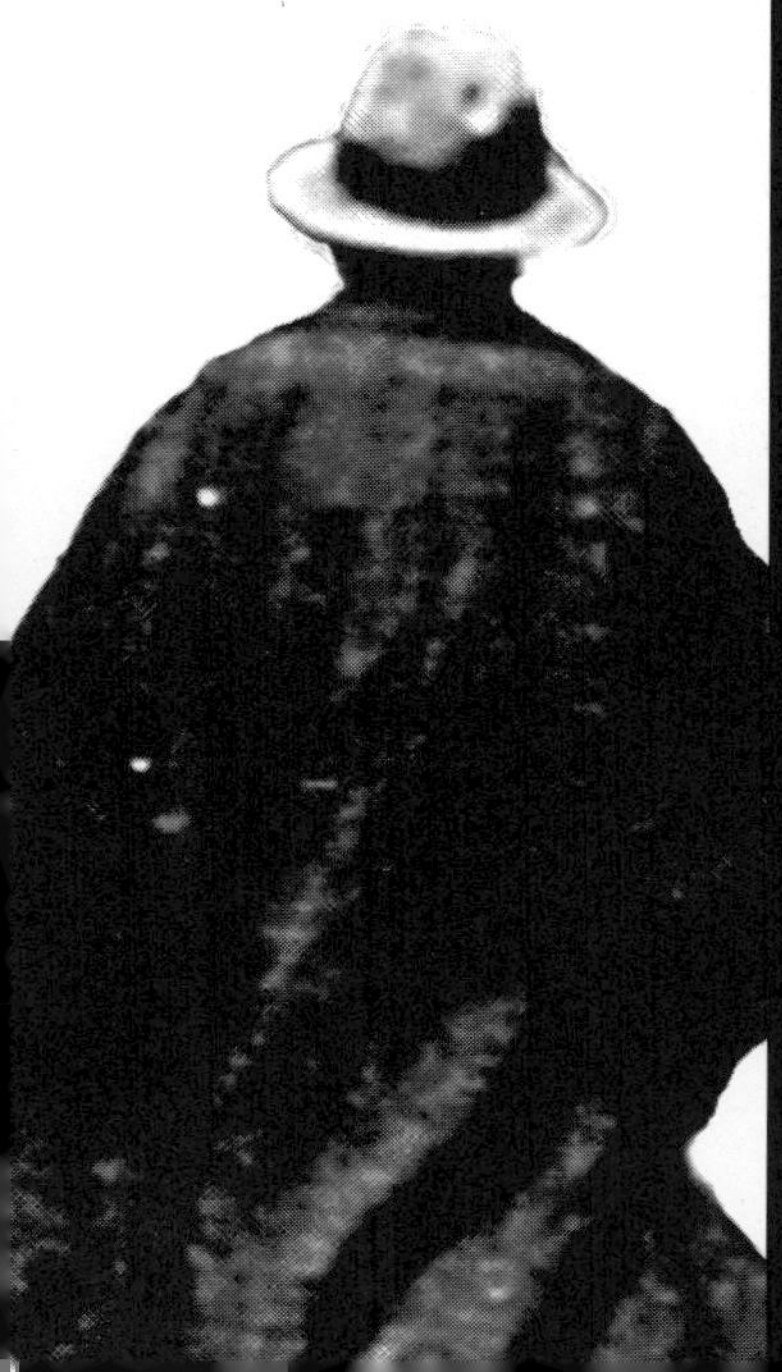

# 武林無想庵・女と文学のコスモポリタン

同じ北海道生れの作家・伊藤整《ひとし》も言っているように、女と放浪の文士・武林無想庵《たけばやしむそうあん》を解くことはむずかしい。彼の行動にはどうにも理解しがたい面が多いのである。しかも彼自身もようそのことを説明していないのである。

確かに、彼は多くの文章を書いた。しかしそれは多く生の呻《うめ》きそのものでしかなかった。依ってくるところのものについては、ほとんど何も語っていない。というより、いってしまえばそれは同じく伊藤のいうように作家的技量の問題であって、彼は表現において人を得心させる技術を持っていなかった。

無想庵に比して、辻潤《つじじゅん》の方がまだわかりいい。なぜなら辻潤の方が、自分の内面を巧みに語る術に優れていたというだけでなく、彼の生涯は、家が没落したり、妻の伊藤野枝と別れたり、気が狂ったりといった具合に、理由を知るに足る節目というものがあって、複雑なようでいてかえってわかりやすい。それが無想庵となると、まるでのべったらで、全体がずんどうの芋虫みたいな感覚なのである。

それで無想庵を理解すべくさんざん迷わされるのであるが、ここにひとつヒントを挙げることができる。それは妹の光子であるが、彼女の存在を糸口とすれば、もつれにもつれた彼の人生全体を解く手掛りになると思われる。

無想庵自身、「妹への愛によって結婚することもなく、あたら三十年を棒に振ってしまった」と書いているが、そのことの意味はやはり大きい。

そして、そのことの意味を知るためには、そもそも、彼の出生にまで遡らねばならない。武林無想庵は、もとは三島磐雄（後に盛一と改める）といい、四歳の折に養子となって武林姓を名乗った。

実父の三島正治は長く札幌の教育界につくした人であるが、若年時、郷里の新潟から北海道に渡り、武林盛一の写真館に夫婦で内弟子として住み込んだ。そこで生まれた最初の子が、磐雄である。ところが、子供のない盛一の妻かねは、磐雄が可愛いくて可愛いくてならず、強引に自分の養子にしてしまった。そして養子縁組が決まると、とり返されるのを恐れるかのように早々に札幌を立去り、船に乗った。

東京に着いた磐雄は、典型的な御屋敷町である麹町で優雅な暮しをしていた。その後、北海道の実家の人々に会ったのは二十二年後の、明治三〇年（一八九七）十七歳の時のことである。磐雄はここで初めて実の親をみたばかりか、実の妹と弟のあることを知った。その妹が四つ違いの、光子である。

光子は頭はいいし器量のいい子であるが、不幸にして腰関節炎を患って、足が不自由である。その治療のために、二年後に上京して日赤病院に入った。それが磐雄が光子を愛し始めたきっかけとなったのである。

むろん最初は、愛の意識もあるはずがなかった。ただ多感な一高生としての、「可愛想に」という憐愍《れんびん》の気持ちだけであった。アコーディオンの上手な磐雄は、病院に行っては鳴らして妹をなぐさめていた。それが高じていってやがて光子を愛するようになった。光子が退院し武林の家へきて一室で二人きりになった時、思わず光子のうなじを抱きかかえて熱い唇を重ねてしまった。

それで終わればよかったものが、話し合いがついて光子は東京にとどまることになった。彼女は、近所のミッションスクールへ入学することになったのである。そのことで磐雄は一層接する機会が多くなり、ある日、横になった光子を抱いて肉体の一番柔らかな部分に触れてしまう。そのことを学友の歌人、川田順《かわだじゅん》あての原稿風の手紙の中で次のように打ち明けている。

——兄妹じゃないの？　とたしなめるような小声がいった。……が、なすがままにまかせられた僕自身の指先は、却ってそばから促がしたてるような、微妙な、蠱惑《こわく》的な、或る粘液をさえヌラリと感じた。

——兄妹じゃなぜいけない？　と、行くところまで行かなければ承知しない、やみがたい、苦しい本能の声が反問した。

彼女の唇はもう答えなかった。

そして、この原稿の終わりで「川田君、これが僕の罪悪史の第一頁だ」と結んでいる。

この光子は後にアメリカに留学し、帰国後わけ知りの競馬界の顔役の奥さんになったそうであるが、無想庵はかくして拭い去ることのできない、性愛の強烈な感覚を植えつけられてしまう。

その甘美な印象は脳のひだひだに喰い込み、忘れがたい、やみがたいものとして定着し、その後のいずれの女との交渉も不完全なものに終わらせてしまう。

キンも八重子もそうであった。

寺島キンというのは、本郷座の芝居茶屋にいた女であるが、無想庵は友人の日本近代劇の先駆者、小山内《おさない》薫《かおる》の関係から、芝居に出入りするようになって知った。坪内逍遙《つぼうちしょうよう》が一目みて同席の者に、「女優になる気はないかね」ともちかけたそうだから、相当の器量よしだったのであろう。キンは出戻り娘で、おキャンというよりは蓮っ葉娘のようであった。

このおキンに惚れてせっせと通い、遂にものにし、やがて京都へ恋の逃避行となる。だが、京都へ着くや彼女は「私、天津の知り合いの料理店へ行きますわ」とばかりに日本を飛び出してしまった。彼が青年の一時期、京都新聞社に記者として勤めていたいきさつはこれであった（その時、初めて無想庵なるペンネームがつけられた）。一年ほどで京都新聞を退社して、郷里出身の林八重子と結婚した。しかしこれもうまくゆかない。もともと病の床にある養父を安心させるために結婚したもので、好きで一緒になったわけではない。やがて二年足らずで結婚を解消してしまった。

## 絶望の中をさまよう

武林無想庵が初めて比叡山にのぼり、天台宗の秘本といわれる『摩訶止観』を読んだのはこの時である。無想庵はこの頃すでに、自己のデスペレートな生活にピリオドを打つべく決意していたのである。

叡山では、九歳の時から二十年間、山にこもって下りたことのない学僧、飛田孝正師から止観の入門書、「修禅要旨小止観」の経を教わり、結伽趺坐《けっかふざ》の修業をした。比叡山上の教王院宿院で、妻八重子の実家からの要求に応じて離縁状を書いた。八重子との間に生まれた子供の死は、すでに聞いていていた。

この無想庵が読んだという『摩訶止観』であるが、『天台小止観』とともに岩波文庫に入っているので読むことができる。要するに、坐禅の作法と坐禅の用心を説いたものである。その解説をみるに『摩訶止観』は、印度、中国、日本を通じて、仏教史上初めて集大成されたものであり、かつ以後もこれに勝る懇切な坐禅の指導書は世に現われていないとある。

その説くところに依ると、止観のための前段階として環境の整備と欲望の抑制を強く要請している。「持戒清浄なれ」「静処に閑居せよ」「色欲を呵せ」といった具合にである。それで山を下りた後も、無想庵はしばらく「遮断生活」と称して、ひたすら門戸を閉していた時期もあるが、性根は収まらない。なおそれ以前に比して一層ひどくなるといったふうである。それで辻潤には、お前のは「摩訶止観」ではなく、「マヤカシ観」だろうなどと冷やかされていた。

事実、この頃から無想庵の生活環境と精神状況は、悪くなる一方であった。明治から大正へ元号があらたまった当時の無想庵は、向島の幸田露伴《こうだろはん》のところに出入りする一方、山本露葉と毎晩のように吉原の林屋という引手茶屋を根城に、流連荒亡に明け暮れていた。

山本露葉というのは、エッセイストの山本夏彦の実父である。その露葉の父は東京の三大高利貸しの一人として知られ、遺産三十万円を継いで遊びに遊んでいたのである。

しかも大正翌二年（一九一三）、養母のかねが没したとあって、絶望のどん底に追い込まれた。かねは養子の磐雄を猫可愛がりに可愛がって、母なしでは生きられないまでに育ててしまった。その結果、無想庵の生活はますます、荒《すさ》んでいった。自分でも書いているが、養母かねの死後、中平文子と知り合って渡仏するまでの六年間は、酒と乱行の連続であった。目を覚ましては呻苦し、酒を飲み、寝て起きてまた繰り返す——。そんな時の相手は、多くダダイスト辻潤であったようである。

無想庵の古い交友といえば多く学校の関係から、谷崎潤一郎、小山内薫、川田順と大変毛並のいいのが多いが、一方、ダダ、アナ系の辻潤、宮嶋資夫、大泉黒石らとも付き合っていた。なかでも辻潤とは大いに気が合って、彼の行状の多くはむしろ辻潤から触発されたものではないか、と思えるくらいである（註・『放浪のダダイスト辻潤』参照）。

ふたりが連れ立って飲み歩く時には、互いにデタラメの英独仏語をごちゃまぜにし、鳥のようにさえずり交わしながら歩いた。

飲み屋がみつかるとすぐ飛び込むが、一杯飲むか飲み終らぬうちに、「アナザー軒へゆこう！」ということになる。ところが次の店へ入って三十分もしないうちにまたして、どちらからともなく「アナザー軒！」の声がかかる。またまた次の店である。そのために辻潤は一時、「アナザー軒」のあだ名がついていた。

要するにふたりとも一所にじっと腰を落ち着けて飲むことのできないハシゴ酒である。そのハシゴ酒もひどいもので、ふたりは席の暖まるひまもなくアナザー軒廻りするので、根気よく停留所廻りをしているようなものだった。

落ちゆく先はきまって新宿か御宿《おん》か、また吉原なら小格子といったところであるが、はなはだしい時には一晩に十五、六軒も飲み屋に立ち寄っていた。

## 〝本能賛美論〟を紹介

ただし無想庵とすれば、酒風呂につかっているような毎日でも、文壇的出世の機会もつかんでいる。

というのは、一番最初山本露葉の出していた「モザイク」に翻訳し始めた、ロシアのアルツィバーシェフ作『サーニン』（当時は『サニン』）を完訳して、それを植竹書院の叢書の一冊として出した。それが、読書界に評判をとって、大当りしたのである。唐木順三のような一流の知識人が『サーニン』を読んでの衝撃を語っている。

大正四年（一九一五）、『近代思想』に出た広告によってみると、「原稿紙九百五十枚の大作、全六号四百余頁　定価九十銭」とあって、このときすでに五版の案内が出ている（この広告の横に、同じ文庫の一冊である辻潤訳『天才論』の広告がある）。大した売れ行きであった。内容的にセンセーショナルで、読書界では一時〝サーニズム〟なる語が流行したものである。

作者のアルツィバーシェフは〝本能賛美論〟者であって、ここに登場する虚無主義者ふうのウラジミール・サーニンは多くの女と交渉があって後に、実の妹とも通じてしまう。作者自身は、トルストイに心酔して、一九〇五年の第一次革命鎮圧後の息詰まるような世界にあって、真摯な思いで生命を礼讃し、ひいては本能礼讃を行っていたのであるが……（当世の言葉でいえば一種ポルノ小説であった）。

といえば、直ちに無想庵自身の体験、つまり光子とのそれが思い出されるが、実はこの後にもう一人の〝サーニン〟が生まれているのである。

それは、磐雄の実母が死んで後の後妻に生まれた弟妹のうち、常子というのがあったが、無想庵はこの、つまり異母妹である常子とも仲良くなってしまった。無想庵は大正六年（一九一七）に郷里の札幌に戻って正月を迎えるが、この時、まだ女学生であった常子の学習の面倒をみてやっていて思わず抱いてしまった。

そして常子もまたその後、教育熱心な親によって、東京に留学させられるが、やがて玉のような男の子（光章）を産み落とした。いうまでもなく異母兄・無想庵の子である。この子は直ちに親類筋に預けられたが、長じて航空兵として南海の空に赴むき、昭和十九年（一九四四）、桐の箱に納まって帰国した。

あるいは無想庵もどこかで、自分の放蕩《ほうとう》流転の生活に終止符を打ちたかったのかもしれない。その証拠に無想庵は何かことあると、比叡の山に上っている。いわば自力では得られない静寂の環境を求めて、仕事と読書だけの自分に打ち込んでいた。

しかし、いったん崩れた生活は、またすぐにブーメランのごとく円を描いて元に戻ってしまう。大正八年（一九一九）頃の無想庵はさらに加速して、もう自暴自棄の状態に陥っていた。毎日毎日が絶望的で落ち着かず、いたずらに盃ばかり重ねていた。家の中で、茶碗や小さじを投げて打ちくだいたり、家具を壊したりする狂暴な日が続いた。まわりでは「無想庵発狂す」の噂も流れていた。

それというのも、またして女のせいである。彼は妹常子の問題に加え、光子の女子学院の友人である鎌倉の呉服商の若夫人に惚れて悶々としていた。家にいても何ひとつ手につかない。仕方なしに外へ出る。外へ出れば酒を飲む。飲めばよからぬところへ足を向ける。あびるほど飲んで飲んで一文なしになって帰宅するとすぐ寝床に潜り込む。そうして鎌倉の奥さんのことばかり思っている。

そんなことの繰り返しであった。

自身気が狂ったかと思った。

ここに至って無想庵は決然として覚悟を定め、家を捨て、同居していた辻潤を追い出し、放浪の旅に出た（その前年、宮下町の二三〇坪の家は他人に売却し、当年八月光子は渡米した）。

目的地は比叡山であるが、初手に鵠沼海岸の東屋という割烹旅館に陣取って、しばし滞在していた。当ては、いうまでもなく、鎌倉の若夫人にまみえるための方策である。そしてここで夫人との絶望的快楽ともいうべきランデブーを愉しみ、思いも遂げて、夫人に見送られつつ比叡の山に旅立った。この時の愛欲生活を描いて彼の傑作の一つとなったのが、「ピルロニストのように」てある。その末尾のくだりで、

「――虚無だ。虚無だ。一切が虚無だ……。破壊、破壊……破壊の外に人間のなすべき事はない

……」と悲鳴にも似た絶叫の言葉を叩きつけている。

光子の学友といえば、無想庵は福田と久子とも親しくなり関係を結んでいる。と久子は女子学院の秀才であるが、無想庵の書斎に出入りしているうちに結ばれた。彼女はその後親の関係で名古屋に去るが、無想庵のことが忘れられず生涯を独身で過ごした。

そんな兄をみて妹の光子は、「兄さんは女を弄ぶ人だが、けっして愛する人ではないと思うわ」といったとか――。光子の言は当らずとも遠からずで、無想庵は四十歳という男盛りの肉体をもてあまし、愛欲の海の只中に船を浮かべて日々翻弄されていた。

## 文子とパリに旅立つ

まったく偶然のことであるが、例の東屋に逗留している最中に女性がふたり室《へや》に訪ねてきた。そのうちの一人が中平文子を名乗った。

中平文子、武林姓のあと、宮田姓に改めたといえば多分御存知の方も多いであろう。典型的な妖婦型才女で、世界を股にかけて生きたスーパーレディである。七十三歳の高齢で、海抜三〇〇〇メートルのヒマラマの高地にある、不老長寿の国、フンザ王国へ出かけてマスコミに話題をまいたこともある。若い頃にも「中央新聞」の記者として、体当たりルポをいくつも書いて巷間《こうかん》に評判をとっていた。

そうでなくとも文子は（弟の健次さんに若い頃の写真をみせてもらったが）、大した美貌である。無想庵は鎌倉の若夫人はどこへやら、たちまち一杯機嫌になって、能弁に仏文学について語り始めた。無想庵は行動も派手だが、学識も大変なものである。当時においても、日本の〝アナトール・フランス〟と騒がれていた。

そのうちに文子が尋ねた。

「先生、パリへいらっしゃるって本当？」

「ウム、北海道の土地が売れたんでね」

聞くと、一人だけじゃなくて、辻潤をお伴に連れて行くという話である。

「まあ、辻さんいいことしたわね、私もパリへ行きたいな――」

それに対して無想庵はすぐに答えた。

「行きたけりゃ、辻をやめて君を連れていってもいい。ぼくは同行者は誰でもいいんだ。どうです、君、いきませんか？」

この無想庵のウソとも本当ともつかない言葉に、文子は直ちに乗ってしまった。憧れのパリへロハでゆける。到着するまでは無想庵と同伴ということになるが、なあに向こうへ着けば直ちに別れればいい。男の気持ちが変わらないうちに約束だけ取りつけておこうと、からだの結びつきをもって証拠としておいた。文子はフランスへ行ってからは彼と別れて、一人でいろいろ勉強して、帰ってきてから女優になろうという魂胆であった。

その意味では無想庵は、初手から謀られていたわけである。しかも、文子は男出入りが多くて、実家からも遠ざかっていた。が、今度ばかりは違うとばかりに厚かましくも帝国ホテルで盛大な挙式を行った。出席者は谷崎潤一郎、佐藤春夫、改造社の山本社長……当時の斯界《しかい》の有名人が大勢集まり、ふたりの仲人役には島崎藤村夫妻をたてた。

生活的には無能力者の無想庵は、すべて文子のなすがままにさせていた。文子は文子で、こういう世間をあざむく演出にかけては、ひときわ優れた手腕と度胸を持っていたので、どんどん勝手に、ことを運んでいった。

かくて大正九年（一九二〇）春、武林無想庵は長年の独身生活に別れを告げ、八月には新婚の文子と一緒に横浜丸に乗船して、一路フランスに向かった。その後に、いかなる運命の星に行き当たるやも知らずに……。

### 異郷でコキュの嘆き

それでもふたりが渡仏した最初の一年半くらいは、優雅な生活を愉しむことができた。なぜなら一つには、文子の大誤算があって、パリについてから女の子が生まれた。旅行の途次でも堕ろすべく努めたのであるが成功せず、結局生まれてしまった。赤ん坊は生まれたら生まれたで可愛いもので、名前をイヴォンヌ（日本名、五百子）と名付けて、ふたりで養育することになった。お蔭《かげ》さまで文子の俳優修業は、フイになってしまった。

しかし、二人のわずかな時間の幸福を支えたものは、何といっても金の力である。文子は浪費癖が激しい上に、無想庵の原稿はなかなか金にならないときている。どんどん預金は減り、渡仏三年目に文子の親にイヴォンヌをみせるために帰国して、再び渡仏した時には、もう銀行預金は底をついていた。金がないとあっては、文子は黙っていない。ここから俄然、無想庵の人生が変わり始める。

文子は金策すべく、イヴォンヌを連れてロンドンへ行った……。やがて日本料理店「湖月」の支配人、九州出身の川村泉という男を資本家として連れ帰ってきた。川村とケプレル街で、「パリ湖月」を開こうというのである。しかし、その文子を停車場に迎えに行くと様子がおかしい。イヴォンヌを抱いた川村の先に立って歩く文子の着物の裾がチラホラして、時々トロリとしたなまめかしいまなざしを川村に送る……。

無想庵は、自分がコキュになったことを直感した。コキュ（Cocu）とはフランス語で、「妻を寝とられた男」の意である。しかしそれを知っても無想庵は、何もいうことができなかった。とがめるだけの才覚も金銭もすでになかった。それに何よりもとがめだてするには、娘のイヴォンヌと妻の一向に衰えぬ容姿が恋し過ぎる。

しかもコキュは、この一度にとどまらなかった。翌大正十四年（一九二五）「湖月」の経営がみごとに失敗するや、今度は文子は、北海道の素封家の養子になる農政学専攻の留学生Yと、南仏ニースで同棲生活に入った。それもまた無想庵としては腹を立てることもならず、ただ悲壮な思いで眺めているばかりであった。

だが、そうかといって、じっとしておれるほどの無想庵でもない。二人を追って、のこのこニースへ出かけた。そして同棲している豪勢なホテルにやって来て文子に出会うと、小言をいわれて、翌日にはホテルを追い出されてしまう。

「来てしまったものだから仕方ないけれど……今晩はお部屋を一つ頼んできてあげるから、一晩だけここに泊まっていいとして、明日の朝は早速どこか近所の安いパンションを探して引越してもらいたいよ」と。

哀れにっぽん文士、武林無想庵も形無しで、近所の安パンションにこもって、ひとり自分の無能さかげんを恨んでいた。

二人は四月には、ゼノア→ミラノ→コモ湖→ベルンと行くが、無想庵もその後を追って諦めることもならず、移動していった。この中で、やはり無想庵の作品として著名な、『Cocu のなげき』を書き始める。一つには当時のフランスの文学思潮のせいもあったが、無想庵としては、この陋《ろう》劣《れつ》な自己を描いてゆくより他に文学の道はなかった。

悪い時には悪いことがつきものである。この頃、Yの甘言にのって四五〇〇円の金を借り、担保として札幌の五万円評価の土地を入れておいたのであるが、白紙委任状と実印を渡していたため、まきあげられてしまった。まさに、踏んだり蹴ったりの運命である。だが無想庵としては、現実の進行するがままに、ひたすら絶望に耐えているよりほかなかった。

**ピストルで撃たれた文子**

事件はまだ続く。

農学士と別れて、再び川村とヨリを戻した文子は、今度はモンテカルロで料理屋を始めるが、翌大正十五年（一九二六）一月二日、モンテ・カルロのレストランで痴情のもつれから川村にピストルで撃たれた。幸いにして左頬を負傷しただけで、生命に別条はなかったものの、夫の無想庵は妻の負傷の手当てに大わらわであった。

何とも女々しい話の連続である。

フランスには、〝シャンジュ・シュバリエ〟といってパーティの踊りの途中の掛声がある。この掛声がかかると踊り手は、即座に相手を変えねばならない。フランス国パリはまさに〝シャンジュ・シュバリエ〟の土地柄であって、そこにある人々は明け暮れ、アムールとか、アベック・クーシエとか、うわ言のようにいいながら、その掛声がいつかかるやも知れないことを気にしながら暮らしているのである。

無想庵夫妻の場合もいわば、それであった。そのもともとの性格にフランス的状況が、おおいかぶさって、ふたりは愛欲の浪に翻弄されていたのだ。

しかし、この有名なモンテ・カルロのピストル事件をピークとして、一家に一応の小康状態が訪れる。昭和二年（一九二七）の武林家は、夏をモンブランの一部のエイギェット山中で過ごし、秋になってニースのサン・バルテロミイに移り、新しいアパートを借りて、家具などをそろえたりしている。間もなくそこを離れて、さらにクロード・キャーニュに戻るのであるが。

その頃のことであろうか、同じくフランス放浪を試みつつあった詩人の金子光晴が無想庵を訪ねている。その時、無想庵はひとり暮れ方の部屋に電燈もつけずに、しょんぼりと窓の傍《そば》の椅子に腰かけていた。

「ヨーロッパは、われわれ東洋人には、何としても寒々しいところで、日が暮れるか暮れないうちにどこの店もしまってしまう」

と金子がいうと、無想庵は、

「そうね、日本の祭りや、縁日のような殷賑《いんしん》といったものはないね」

とあいづちを打った。続けて「糞面白くもないところだ」と金子が吐き捨てるようにいうと、

「しかし、よいところもあるよ」

と満更でもなさそうなことを言いながら、からだからは言いようない落魄《らくはく》の感じを漂よわせていた。

## 強制送還の扱いで帰国

パリに友人の辻潤が来た時には、むろん逢いにいっている。ふたりはかなり離れた時間を持ちながら、いまさら話さねばならないことは何もなかった。それでオスカー・ワイルドなど著名文士の眠るパリ第一の墓地、ペール・ラシェーズを訪れて、その陽当たりのいい草原に寝転んで生活の些事《さじ》をだべりあっていた。

仕事とすれば、春秋社と契約して、「エミール・ゾラ全集」を刊行すべく、訳業に向かっていたが、生活の窮乏は依然として改善するべくもない。昭和九年（一九三四）の一月四日には、遂に無想庵は妻子をフランスに置いて日本へ政府送還ということで戻ってきた。

この時の事情を知っている松尾邦之助さんの話によると、あくまでも女々しい無想庵は、欧州航路の靖国丸がいる埠頭で、帰るのがいやだとごね出した。自分は飢渴にひんし、帰国の旅費もなくて強制送還扱いにしてもらいながら、いざとなって帰りたくないといい出したのである。そ

れで無理矢理タラップに追い上げると、また下りてくる。そんなことを二度、三度、繰り返して、やっとのことで乗船させたという（註・『エコール・ド・パリの日本人野郎』参照）。

## 人生放浪の〝根〟は何か

こうして五十路をとうに過ぎてなお、苦の娑婆に不恰好に悶えている無想庵は、時にはあの少年の日の純粋な楽しさを想い返さなかっただろうか？

磐雄が北海道から転居した明治十七年（一八八四）頃の麹町あたりといえば、まだ到るところに江戸時代の面影をそのまま残していた。近所には旧旗本のナマコ壁や、武者窓のついた古色蒼然たる門構えの家がある。住まいしている主も由緒ある家柄の者が多かった。磐雄はこうした典型的なお屋敷町で、牧歌的ともいえる楽しい少年時代を送っていた。

無想庵が、いくら無頼ぶってみても、どこか品の良さを感じさせる理由はこれである。と同時に、彼をして後年、息の根も止まるほどに人生を曲げてしまったものも、この小市民的坊っちゃんの世界であったといえる。

無想庵がこうなったについては、いろいろの条件が考えられよう。土壌としては伝統性の薄い新開地、札幌に生を受けたということや、放蕩《ほうとう》を尽くした祖父の血筋もあった。もともと高い彼の観念性向そのものが、生のバランスを崩したともいえる。全面崩壊の糸口をなしたものは、妹、光子への愛だったことも十分考えられる。

しかし、それら一切の元はといえば、彼の幼時来の家庭環境にあるので、磐雄が武林家の養子となった事実は決定的だった。

裕福な金持ちの写真館、お上品にして優雅な麹町の環境、そして何よりも養母かねのねぶる（なめる）ような可愛がりようの結果が、頭はずばぬけて大きいが脚はヨロヨロの、まるで火星人みたいな人間をつくり上げてしまった。

青年時代の磐雄は、実の親と養父母の間に入って大いに悩まされていた。彼の場合の養子という事実は、その人生全体に大きく影響を与えてしまったといえる。

しかも養子縁組が幼児の磐雄にとって、いかんともしがたい、意識外のものである以上、すべては外的刺激による〝諸法因縁生〟ということになる。

無想庵は自己の放浪をつくづく考えてみて、自己自身に属する理由というものが分からない。ただ、もう何ものかに押され押されて、ひたすら動きまわってきた感じしかない。

ただその機縁を挙げるなら、食欲と性欲の二欲となる。自分は、ただ食と性にこづかれて、うごめいてきたにすぎないと思う。しかし、食と性といっても、四十歳までは性のみである。性欲の触手の指さすところ、自分があった。

女だ、女だ、女だ、とその昔、放浪の旅に立った無想庵は叫んだ。心から愛する女が欲しい。「真に愛する女の前にひれ伏したい！」「しょせん、女に見放された男は、Vagabond となって生きるより方法がない」女のいない男は、糸の切れた凧、錨を落とした船に等しい。あてどなく宇宙にさ迷い、寄るべき港もなく大洋に漂う——。

そして、女のいない原因も元はといえば、妹、光子の出現であった。

## 老いて生涯の妻を得る

しかし、昭和十三年（一九三八）、やがて六十歳に手の届きそうになった無想庵は、波多朝子という一女性を知って、それまでの無想庵と別れを告げた。文子とはフランスを離れる前から別居していたが、昭和十年（一九三五）に正式に離婚している。

この朝子さんとは二度お話できたが、文子とはうって変わって気の優しい、貞淑の鑑みたいな女性である。当時、朝子さんは渋谷百軒店下で飲み屋を開いていたが、そこへ妹の亭主の歌人、尾山篤二郎《おやまとくじろう》に伴われて無想庵が入ってきた。いたって物静かな人であった。それがふたりが結びつくきっかけであった。

「どんなとこが好きだったんですか？」と問うと、「私が西を向けと言えば、一時間でも二時間でも、西を向いているようなところが好きでした」とのことである。それは文子が、無想庵の死に際して、「あんなでたらめな生活をして、安穏に往生できたら神も仏もあるものでない」と言った言葉とは対照的な世界にある無想庵の人間像であった。しかし、この性情のアンビバレンツはよくわかるのであって、盟友・辻潤にしても、まったく同じである。

しかし、このまさに天祐《てんゆう》（天の助け）ともいうべき妻を得てなお無想庵は、苦しまねばならなかった。天はいったん彼を助けておいて、なお追い打ちをかけた。昭和十八年（一九四三）一月二日、無想庵は完全に視界を失い全盲となった。

実はすでにフランスで、緑内障とのことで右眼を失っていたが、数年して今度は左眼に移った。

緑内障というのは、神経を酷使する人種に多いらしい。その意味では、無想庵は適格者であったわけだが、病状は視野が次第に狭くなっていって、遂には失明に至る。

この緑内障は今日でも完治は難しい。生命が先か眼が先かと思い思い、十年経ってとうとう終幕に至ったのである。

無想庵はその日、新宿の朝子が開いていた喫茶店の二階で、『易経本義』を読んでいた。ちょうど「履霜堅氷至」のくだりにさしかかり、解説のある一字を判読しようと思って三十分もかかっていた。すると、やっとつかまえ得たと思ったその文字が目まぐるしく飛び回った挙句に、スーッと立ち消えてしまった。その瞬間、一切がもうもうたる白雲に包まれ、無想庵の眼は完全に閉ざされてしまったのである。

かくて無想庵は本も読めず、字も書けず、にわか盲目とあっては単独外出も容易ならぬ身となった。

それまでしかけていた研究や翻訳の仕事も、むろん一切中断である。

無想庵は暗澹たる思いに捕えられた。

しかしそこは貞淑妻の朝子、現実には、無想庵の手となり足となり、生涯夫を扶《たす》けて全四十五巻の大冊『むさうあん物語』を完成させ、夫が死んでなおその販売のために日本諸国を巡り歩いた。

戦中から戦後にかけての無想庵は、妻に手を引かれて今日は西、明日は東の流寓《りゅうぐう》の旅を続けた。どこまでも黒い何者かが無想庵の背中を押しこくって、双脚を止めさせないのである。

無想庵はかくして昭和二三年（一九四八）に、やっと現在（執筆当時）も朝子さんの住まっておられる地に、小屋とはいえ、わが身を横たえられる空間を持った。そしてその頃には、世間の耳目からは、まったくといっていいほど作家、武林無想庵の名前は消え失せていた。ところが、翌二四年になって人びとは、新聞活字に武林無想庵の名前をみつけた。

まだ生きていたのかという声もあった。

何と、無想庵が日本共産党に入党したのである。当時の社会状況からすれば、東京大学ギリシャ哲学の教授、出隆《いでたかし》が入党したり、作家の丹羽文雄《にわふみお》の入党のうわさもあったくらいだが、かつてのダダイストにして盲目の作家が、入党したとあっては世間の方があっと驚いた。

訪れた臼井吉見《うすいよしみ》と中村光夫両人も、その精神のはつらつとしたさまに驚ろいていた。精神がはつらつとしているばかりでなかった。彼の戦後の「盲目日記」をみてもわかるが、彼はつねに〝精進〟に努めている。〝精進〟といっても、生活のための〝精進〟であり、〈善き事〉への〝精進〟である。それはあるいは、彼のでたらめにして不恰好きわまる過去を知るものにとって、不思議とも思えよう。だが、それだったからこそ無想庵は、絶望的な思いで己れに鞭打っていたのである。

その〝精進〟の目標《シンボル》となったのが、日蓮聖人の在りようであり、入党ともなった。

しかも、さらにしぶとい執念に目をみはらざるを得ないのは、死の床にあってなお延々四十五巻もの『むさうあん物語』（私家版）を口述し始めたことである。

その執念ともいうべき作業に感歎せざるを得ない。

もっとも無想庵はこの口述を、妻に決して強制しなかったそうである。朝子が用足しで三日もノートしなくとも黙っていた。朝子は朝子で、そうした無想庵によけい努力をかきたてられた。朝の仕事が一段落すると朝子が「さあ、始めましょうか」と声をかけると、その瞬間に無想庵の顔はサッと緊張の面持ちになる。当人がこんなにも真剣がっているものをと、その顔をみて朝子はまた励ましを感じたという。その意味では、妻の朝子が書かせたといって過言ではない。

## まさに日本人ばなれ！

『むさうあん物語』を大方読んでみて、あらためて無想庵なる人のスケールの大きさと、鉛色の徹底したニヒリズムを感じないわけにいかなかった。それはまさに日本人ばなれした、とてつもないもののように思われる。石川淳が、無想庵を評して、「とどろきは山上にきこえるのに、なだれ落ちるに至らない滝」と名言を吐いたが、それでもまだ無想庵を語るに不足といった感がするくらいである。

しかしその無想庵も昭和三七年（一九六二）一月二四日の「日記」に、ひとりで用足しできなくなったことを記している。朝子と婆さんの二人に介抱してもらってやっと金かくしをまたぎ、下剤をかけて下ろしてせいせいしている。その二ヵ月後の誕生日の祝いに画家の丸《まる》木《き》俊《とし》子《こ》、畑敏雄、橋爪健らが集まった。その際、丸木俊子は記念に、病める無想庵を描いて「輝やかしき老人を描く、今日より俊子弟子となる」と記している。

それから四日経た、真夜中の三月二七日午前一時頃、無想庵はあまりにこと多かりしこの世に別れを告げた。

女に関しては死の二年前、文芸家協会から派遣されて、一葉研究家の和田芳恵が贈り物を届けた際に触れている。和田が、「先生は多くの女を遍歴して、このお年になられたわけですが、女というものをどのように考えられますか」と尋ねると、当の無想庵は答えた。

「そうさね。女性というものを、発見しようとしただけでね。分からないなあ」

その時、和田は、あでやかなものが、無想庵の美しい老顔を流れるのを見た。

参考『むさうあん物語』(武林無想庵)

宮嶋資夫・アナの労働者作家

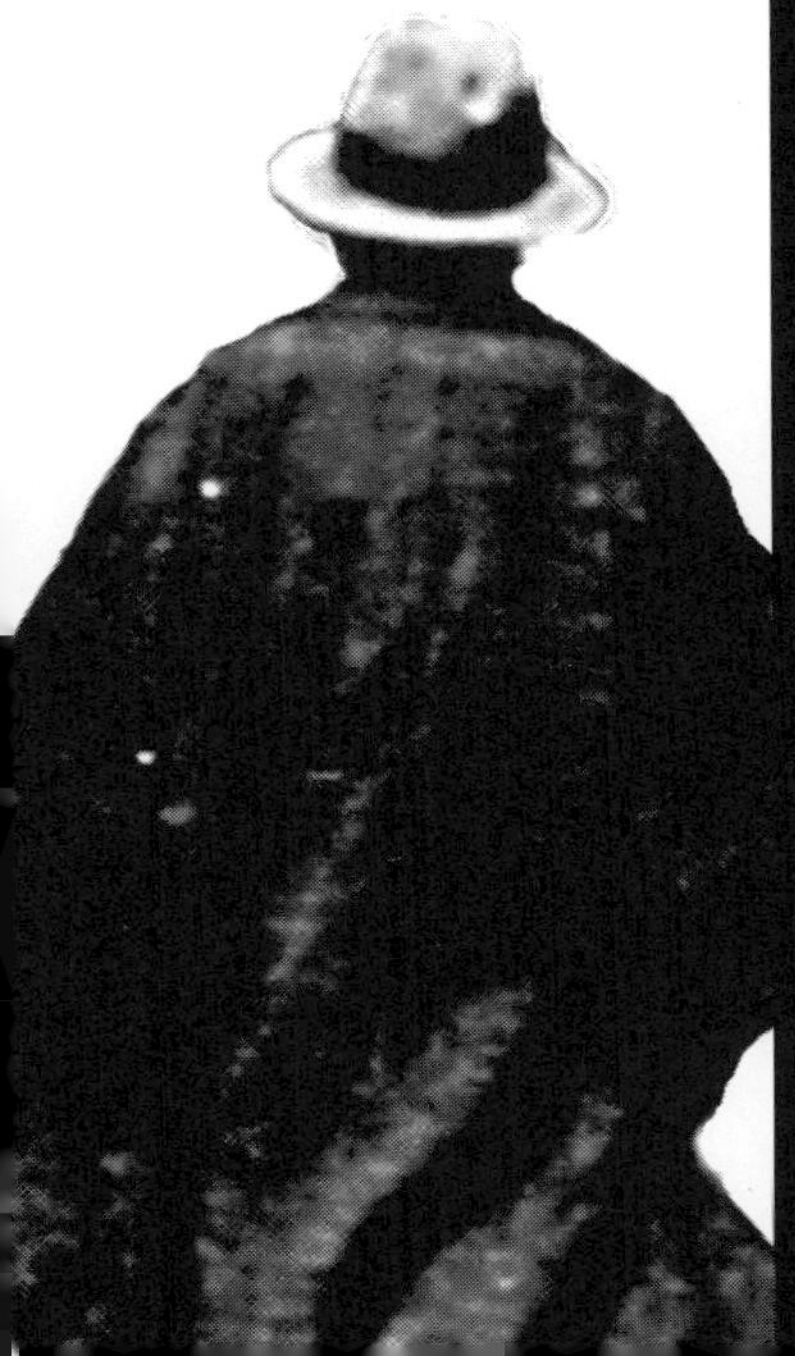

大正期労働文学の記念碑的な作品である名作『坑夫』の作者宮嶋資夫《みやじますけお》は、二十六歳の折に心中未遂をしたことがある。当人自身は、そのことについては、なにも語っていないようだし、兄弟の中でも父親と一番親しかったという子息の秀さんにお聞きしても、生前には一言も聞いていないという。ただ小説としては、『残骸』というのがあるが、これを読んでも心中に至るいきさつについては、ほとんどなにも触れていない。

しかし『坑夫』一作でも事の成行は大体想像できようし、ましてその後の自伝風の小説『土方部屋』『犬の死まで』『暁愁』とたどってくれば、あえていきさつを説明されなくとも納得できよう。それほど資夫（本名・信泰）の生活行程は、暗いものであった。

宮嶋は明治十九年（一八八六）、東京に生まれたが、大垣藩士の息子の家の出で、少なくとも幼年時は結構裕福に育てられた。その後、家産が傾いたことと、学業の成績があまりよくなかったこともあって、小学校を卒業して以来、次々と職業をかえてきた。まず砂糖問屋の小僧を手始めに、三越呉服店の小僧、歯科医の見習い、土方、牧夫、砲兵工廠の機関係、広告取り、タングステン鉱山の現場員と労働に従事し、二十歳頃には米穀取引所の取引を覚え、翌年大阪では金貸の手伝にまでなっている。

宮嶋にとっては、労働そのことは、別に辛いことではなかった。むしろ（後年農業生活に憧れて、三里塚で開墾小舎暮しをしていたこともあるくらいで）、好んでさえいた。しかし、肉体の強健さに比して精神は、あまりにも繊細であった。仕事そのことよりも、むしろ自己自身への苦悩において、いずれの職場も満足できず、新しい可能性を求めて転々として歩いたのである。時には自暴自棄になって、職を移した。その結果また、より一層不満の労働に追い込まれざるを得なかった。青年宮嶋資夫は、そんなことの連続を繰り返していた。

生の胸苦しさと恐怖。それは終生の宮嶋資夫のからだにつきまとっていた。

後年、宮嶋は坊主となるが、その際「なぜ仏門に帰依したか」と問われて、原因は自分でもなかなか分からぬが、もともと仏教が好きであった――と答えている。仏教好き、つまりは人間本性への煩悶は、彼の生来のものであった。少年時においても、十分その性向がみえる。

十歳の頃、資夫は母に連れられて、寺参りをした。その時、説教師は無限地獄の話をしてくれたが、資夫は子供だからにこの無限地獄の無限が非常に恐ろしいもののように思われた。以来、この無限の恐ろしさが宮嶋にとっての、生の核のようになってしまったようである。

この永遠への恐怖といった世界は、後年も同じであった。海へ行ってはその果てしもない広がりに虚ろとなり、不安を感じ、山へ行っては、そのはるかなる暗夜の星のまたたきに、突然の衝動を感じたりしている。そして、永遠への恐怖が反転するところで、永遠の切断、すなわち死への誘惑と怖れがあったとしても不思議ではなかろう。

一つには、彼の家庭環境もあったのであろう。投機で失敗して後の家庭は暗く、両親は始終衝突していた。父と母の争いが始まると、子供の資夫は常に母に味方し、しまいには父を殺していっそ自分も死のうかと思った。いわばその果てに、十数年後の実際の心中未遂があった――。

この心中について小説『残骸』によってみると、相手は世をはかなんだ下級芸妓らしくみえる。むしろ、女の方が軽い言葉のうちにも覚悟は定めていて、相手の男は決行を中止する機会もなく、宿屋で女の胸を匕首《あいくち》で刺したあと、自らも胸を突いている。

結果は途中でふたりとも意識を回復して、最後のとどめを決行しようとするが、発見されて病院にかつぎ込まれる。しかし女の方はのどが化膿して急性肺炎を起こして死に、自分は生き残った。作品の題名を『残骸』としているゆえんである。

このようにして、青年宮嶋資夫の一応の結末は、なんとも悲しくも滑稽なものであったが、やがて心中事件の後に人生の転機が訪れる。資夫は、事件の後、しばらく母と同居して、魚のぼてふり(振り売り)や土方なんぞしていたが、大正二年(一九一三)に至って古本屋になろうとした。これまでも資夫は労働の合い間に、本ばかり読んでいたが、今度は生活の糧を得る意味からも古本屋の主たらんとした。

それで神楽坂の露店に下検分にいったところ、そこに『近代思想』があった。その前にしゃがんでみると、『近代思想』は三十二ページほどの薄ぺらな雑誌であったが、そこに大杉栄《おおすぎさかえ》や荒畑《あらはた》寒村《かんそん》の名を見出した。

## 大杉栄との出会い

宮嶋資夫と社会的反抗ということであれば、少年時代にもその徴候がないわけではない。三越呉服店時代には、少年店員解雇のうわさに四、五人でストライキの相談なんぞしている。いち早くかぎつけた営業部長は、一夕解雇を取り消し、そのうえ大盤振舞いの御馳走を食べさせてくれ、夜には伯円（松林伯円《しょうりんはくえん》）か誰かの講談まで聞かせてくれた。

永遠への不安、死への誘惑と恐怖は、束の間の忘却としての享楽を促し、なにものへとも知れない反逆におもむかせていた。青年資夫は金があるままに酒をくらい、他人と口論することを覚え始めた。

そんなわけでアナキストの雑誌『近代思想』をみつけて、魅きつけられたのは無理もない。やがて雑誌の主宰者格である大杉栄と面会すべく、西大久保の家を訪れた。その頃、大杉の自宅では毎週一回、サンジカリズム研究会が開かれていた。

ところが、家へ行ってみると、大杉は逗子だか葉山へ行っていて留守であった。その次にいった時には大杉がいた。その時の宮嶋の初印象であるが、大変、好感をもった。まず非常に簡素で清潔な家の中が気に入った。壁には、「ああ窓外は春」という、雑誌の口絵に出ていた写真がかけてあったが、真に、幾度か獄中生活をしてきた大杉が窓外の春を想ったであろうことを察した。そのことを訊いてみた。すると彼は「うむ、あれは好きでね」と笑っているだけであった。

その後、大杉と伊藤野枝《のえ》との恋愛問題を通じて、宮嶋は大杉から離れてしまうが、大杉の人間性を認める点では誰よりも上で、「あんな気持ちのいい人間はいない。今後もあんな人間は世に出まい」と誰かれなしに語っていた。最初の訪問のときも、大杉は大きな眼玉をして「いっひひひ」と奇妙な声をたてて笑っていたが、それがまるで子供のように無邪気に思えたのである。

大杉の主張するところは、無政府共産主義であった。サンジカリズム（急進的労働組合主義）では、労働者の反逆心と創造とに期待していた。労働者といっても、より底辺の下層民《アウトロー》に希望を抱いていた。当時の宮嶋などまさにその口であり、彼は大杉と接してから、にわかに光を浴びたような気がした。〝革命〟それはなんと魅力のある言葉であるか！　と思った。そして、サンジカリズム研究会に出席するや、初めて晴々とした世界に出たような気持ちがした。

　ここから彼のアナキズム時代が始まるが、当時の研究会にはイタリア語の百瀬《ももせ》晋《すすむ》や民俗学の橋浦時雄《はしうらときお》、その他の人々が来ていた。間もなく、後に大杉の肖像を描いて著名になった春陽会の林倭衛《しずえ》もやってきたが、その時はまだ彼は活版工であった。

　研究会のある晩には、家の囲りには五、六人のスパイがうろついていた。狭い庭の向こうの垣根の間から、時々こちらをのぞくのであった。二度目か三度目にいった帰りに、宮嶋も住所を聞かれた。いつまた大逆事件の時のように一網打尽にやらないとも限らない時代であったので、こちらも覚悟を決めていた。生きていても、命の引き延しのような世の中だった。むしろ、爆発の中に、死の歓喜の至ることを思っていた。

　会では、大杉がバクーニンやマラテスタのことを語り、荒畑が英国労働組合のことなどを話して、後は雑談となった。スパイがすぐそこにいるので、せんべいなんぞ食べながら他愛のないことを話していた。それが却って、出席者の親しみを増していた。

## 名作『坑夫』を著す

大杉はその後、間もなく知的自慰はいやになったと、実際運動に乗り出すが、宮嶋の方は食う術を確保せねばならない。それで、中断していた古本屋を始めることになった。初めて店を出すときには、労働者作家の宮地嘉六《みやじかろく》が手伝いにきてくれた。場所はかつて放蕩《ほうとう》したこともある神楽坂である。このあたりは知人も多いし少し気遅れしたが、宮地がいるので気強いと思っていたところ、彼は露店に本を並べるとさっさと帰っていった。

最初露店に顔をさらすというのは、はなはだ具合の悪いものである。道行く人が、みなこちらをみているような気がする。そのうちにだんだん慣れて平気になったものの、店には作家の小川《おがわ》未明《みめい》がよくきてくれた。彼は夕暮、まだ月の沈みきらないうちにステッキを振りながらやってきて、宮嶋の店に来ると、「宮嶋君、売れますか」「勉強なさいよ」などと言って励まして帰っていった。

こうして古本屋をやりながら宮嶋は、処女作である『坑夫』の原稿を書き始めた。最初に書いたのは三十七、八枚のものであった。それを窪田空穂《くぼたうつぼ》にみせると「君、こりゃもっと長篇になるものだよ」といわれて、忠告通りに書きあらためた。内容は自身の鉱山時代に材をとって、反抗と憎悪と自暴自棄に生きる坑夫を描いたものであるが、力強いリアリティがあり、近代作品史中の佳作とされている。ただしそれは大正五年（一九一六）、発行後直ちに発禁になった。

運動の方はその後、雑誌『労働者』の編輯人になったり、義兄の水彩画研究所（美術出版の前身）

を借りて、運動のためにもと、結婚したての妻麗子と住み込んだり、『近代思想』の復活号の際には、その発行人になったりしている。しかし彼は、運動者になりきることはなかった。彼のひたすら自己に閉ざされた資質そのものが、運動、なかんずく大衆運動に向いていなかった。

ましてて大杉が三角恋愛事件を経て、友人の辻潤《つじじゅん》の妻野枝と結ばれるや、一層身を引いた格好になってしまった。自己に謹厳な宮嶋は、他人にも同じことを要求する。そこに他人との間にしばしばトラブルを起こす原因があるが、こうした大杉の態度は何としても許せなかった。それは友人辻潤のためでもなければ、愛情を感じていたらしい神近市子《かみちかいちこ》のためでもなかった。事件そのことにおいて、彼の感覚とまったくあわなかった。

それでも葉山でノドを刺された大杉を病院へ見舞いにいった。大杉は首にホータイを巻いて、声が出ないとあまり話をしなかった。その帰りしなに、一人で東京へ帰ろうと思って出てくると、井戸端のところで野枝に出会った。その時、宮嶋のうちには、なんだかわからない無茶苦茶なカンシャクが起こって、手にしていた番傘でいきなり殴りつけた。そしてそのまま帰ってしまったのである。

大杉の恋愛事件に関してもう少しいえば、世上、野枝はぶん殴ったものの、さすが大杉には手を出さなかったということになっている。しかし、足は出している？　小生夢坊《こいけむぼう》さんの話によると、浅草に現われた両人を前にして、宮嶋がいきなり大杉の脚を蹴っ飛ばしたのをみたことがあるという。その時、大杉は、「ふふん」といった顔で反撃することもなく、笑っているのみであった。

宮嶋資夫が本格的に作家活動を始めたのは、この後、大正八年（一九一九）も末頃になってからである。この年、宮嶋は牛込原町に移転したが、隣家に春秋社の木村毅がいて知り合いとなり、かつ宮嶋新三郎とも知友となって文学生活へ入るきっかけをつかんだ。

## 比叡山に魅かれる

その頃、辻潤と武林無想庵は、ともに比叡山にこもって仕事をしていた。宮嶋と辻潤とでは性格が裏表であったが、そこがまた仲のいい原因にもなっており、しばしば互いに往来していた。その叡山の辻潤から、山上の静かな便りが時々あった。最初、辻が武林とともに叡山にこもると聞いただけでも、何か心魅かれるものがあったが、十二月に入ってともかく一度行ってみようと、滋賀、大津を経て山に上っていった。

比叡の山は、なんともいえない清浄な空気にみたされていた。広く暗い。宿院の台所で、辻は待っていてくれた。宮嶋が訪ねた時は、辻はちょうど朝飯の支度をしているところで、土鍋で飯をたき、土びんでみそ汁をつくっていた。みそ汁に昆布を入れ、それがだしともなれば汁の実ともなるふうな生活であった。

叡山では、辻潤は彼の代表作の一つとなる徹底個人主義の哲学者、マックス・スティルナーの『唯一者とその所有』を訳しつつあった。武林無想庵はひたすら仏典の閲読に耽り、大講堂から『大蔵経』を借り出してきて片っ端から読んでいた。

夜になると、山上からみる星は強い光を放っていた。

辻は「この部屋に一人でいるとしーんと静まりかえってきて、耳の中がじーんと鳴るのだ。佐藤春夫は宇宙の回転する音だと言ったがね」と語っていた。

宮嶋が叡山をすっかり気に入って、家族を引連れて東京を引き払ったのは翌年一月初めのことである。その時すでに五蔵を頭に子供は、三人いた。雪はさんさんと降り積もっていたが、矢もたてもたまらず移住したのである。

山上では、手始めに木村毅に促された『新世紀』の短篇から書き始め、井沢弘が心配してくれた新聞小説も遂に書いた。もし山上でも創作できなければ、神戸へ出て「沖仲仕」にでもなろうと、覚悟を定めていただけのことはあった。生活は貧しかったが、少しずつ希望がもてるようになってきた。

五月に入っては加藤一夫によって、大阪、京都での講演会に引っぱり出されたりした。その頃から山の上には、絶えずいろんな連中が訪れてきた。彼の終生の付き合いとなる、京都の笹井《ささい》末三郎《すえさぶろう》、神戸の和田信義、近藤茂雄ら、いわゆる関西アナと称する面々がやってきたのも、この頃のことである。

関西アナの連中は、荒畑寒村にいわせると、不良であった。いずれもけんかっ早いことでは、無類である。叡山へやってくる時にも、精進料理では本も書けまいと、時々酒と生きた鶏を下げてくる。鶏は、上ってくる途中で釣ってくるのだと言っていた。どうやって釣るのかというと、釣針の先に飯粒をつけて投げてやる。すると鶏が食いつく。それを手早く捕えてしまうのである。この方法だと、鶏は声もたてられんのだよと、うそぶいていた。

その年の八月、「東京日日新聞」の連載が決まると翌月、山を降りた。これで何ヵ月か食べられる。いよいよ夢にまで憧れていた作家生活に入れると喜んでみたものの、すでにその時、処女作を書いた時のような内面の充実感がないことを感じていた。結果的には、今日の評価にも耐え得るいくつかの佳作を得ているが……。

宮嶋は『解放』『種蒔く人』のような傾向誌だけでなく、『新潮』『改造』『太陽』『中央公論』等の一般誌にも次々作品を掲載していった。この頃から昭和二、三年（一九二七、八）ぐらいまでが、宮嶋資夫の作家であり得た時代である。波乱にみちた宮嶋の生涯においても、もっとも精神的にも落ちつけたのは、大正九〜十一年（一九二〇〜二）のこの時期ではなかったか。ことに大正十一年の房州根本での生活は、平穏であった。

根本へは、画家の工藤信太郎の言葉に誘われて出かけた。叡山の時と同様に家族を引連れ、漁民の家の一間を借りて移り住んだ。

そこでの生活は前後一年半に及ぶが、初めのうちは簡素そのものであった。村中にはロクな駄菓子屋もなかった。酒を売る店もあまりなかった。宮嶋はそこで童話を書いた。宮嶋にとって童話を書く時が一番楽しいのである。風の吹く日は大波がたった。壁のようにつき立って、ざっと崩れてくる波をみるのは壮快だった。しかし、ないだ、あたたかな日の海は、あまりにも美しく静かで、淋しかった。

根本には神戸から出版法違反で逃げて来ていた近藤茂雄と一緒に暮らしていたが、彼は毎日、海岸に出て、寝転んで子供たちに童話を読んで聞かせてやっていた。すべてが静かで平和であった。この時のことをのちに映画評論にたずさわった近藤さんに尋ねると、白いほこりっぽい道と、まわりに咲いた美しいひまわりが壊しく想い出されるという。やがて夏ともなると、東京から林《はやし》倭衛《しずえ》や辻潤や玉生《たまにゅう》謙太郎が水浴びにやってきた。泳いで遊んで、夜ともなれば酒が出て果てしない議論となった（註・『放浪のダダイスト辻潤』参照）。

## 秘めた底抜けの善良さ

その中にあって宮嶋は、せっせと仕事をしていた。年表をみてもこの年は毎月、どこかに書いている。宮嶋という人は、仕事には几帳面であった。朝は五時ぐらいに起きて、部屋をきれいに掃除し、雑巾がけまでして終わると、机の前にきちんと正坐する。それから原稿を書くか、本を読む。それがどんなに前の晩に酔っ払っていても、朝はちゃんと起きて日課を守るのである。

着るものなんかもシュッとしていて、だらしない格好が大嫌いである。健康にも注意していた。朝方、上半身裸になって、よく水をふくんでプウと霧状に吐き出していた。からだの中の邪気を抜くのだそうである。またなんとか式の、正坐のままの運動も試みていた。酒とケンカのイメージだけの宮嶋を知るものには、大いに異なる半面があった。

詩人の秋山清《あきやまきよし》氏によると、酒を呑まないしらふの時の宮嶋というのは、実にやさしい、いい人なのだそうである。まして人をおとしめたりなんか絶対にできない、底抜けの善良さをもっている。宮嶋は大杉の笑顔についていっているが、夫子自身、なんともいえない笑顔をもっている人で、ちょうど親犬が眼尻を下げて仔犬を眺めているような笑顔をした。

根が孤独でさびしがり屋なのと、個人主義《インデイビイデュアリズム》を称えながら旧型義理人情派であったから、人が訪問しても接待にこれつとめる。たとえ貧乏して金がなくとも、誰か来れば呑め呑めというわけである。『近代思想』を知る直前には魚のぼてふりもやっていたから、庖丁が使える。「今日は新しい魚が入ったから、つくってやるよ」と、キレイに刺身を皿の上に並べて出してくれる。根本にいる時にも、銚子の沖でとれたクジラなんぞ売りにくると、それを買い、「クジラはまずあくぬきした方がいいんだ」と鍋であくぬきして調理していた。

ところが、こういう善良そのものの仏の宮嶋が、呑むとガラリと変わって、高じては鬼の宮嶋に変じてしまう。もう一度、秋山氏の言葉を借りれば「人間が二人いるようなものであった」。しかも、一度呑みだすととまらない。持っているゼニがなくなるまで、夜を徹してでも、呑んでいる。酒量は京都の笹井に世話になっている時には、日に二升ずつ呑んだというからまさに酒豪の域である。だから「新しき女」の仲間であると同時に、伝統型賢夫人でもあった麗子は、適当な金しか持たせないようにしていた。

当時の同じアナの仲間であった、きだみのるはその自伝において、宮嶋が比叡山時代に神近から二〇円の為替が送られてくると、それを町へ換金しにいったもののみな腹の中に収めてしまったことを書いている。原稿料を受けとりに行く時なんぞが、もっともあぶないのである。近藤は長らく宮嶋のところに居候していたので、原稿料をとりに行くとなると、よく「一緒にいってよ」と麗子に頼まれた。「あいよ」とついていって、受取先で半分だけ預かっておく。

それから呑んで歩いて、最後の五〇銭となると焼酎を買う。当時、宝焼酎は五〇銭で買えた。

そこのところで宮嶋は、「預けた金出せよ」という。しかし、近藤の方は、「知らないよ、金なんか預かってないよ」と空とぼけておいて、ピンハネした金は麗子女史に渡していた。

## 大杉の虐殺と虎の門事件

そうした宮嶋の享楽主義の酒を、さらに一層つのらせ、絶望的にまでの酒浸りに陥らせたのは、大杉の虐殺である。無政府主義の巨頭・大杉栄は、関東大震災の混乱に乗じて大正十二年（一九二三）九月一八日、甘粕正彦《あまかすまさひこ》ら憲兵隊によって扼殺された。

宮嶋が、それを知ったのは、そろそろ帰り支度をしていた房州においてであったが、知った瞬間「畜生」と思った。そして敵の攻撃に対する反撃はいくつか行われたが、とりわけ彼の胸をうったのは、難波大助《なんばだいすけ》の摂政宮裕仁（昭和天皇）に対する発砲事件（虎の門事件）であった。

難波の行動によって宮嶋には、じっとしていられない気持ちと同時に、烈しい死の恐怖が襲ってきた。自己のあわれむべき臆病風に脅かされ、そのことでまた一層、自己嫌悪を感じ、自己を責めたてた。すでに嗜虐に近い状態にまで、自己を追い込んでいた。

そうした状況を逃れるために酒を呑む。酒を愉しんで呑んでいるのではない。酒を怨《うら》みつつ酒を呑む。酔えば酔中に命の絶えんことを思い人と争う。争えば死んだ方がましだと思うから、無茶を働く。酒癖はますます悪くなっていった。

宮嶋は、大杉が殺《や》られた憲兵隊の脇を通りかかると、大声で「必ず復讐するぞ！」と怒鳴っていた。夜中、寝ている時でも大杉の霊につかれるものとみえて、ガバッとはね起きると、ギリギリ歯ぎしりしながら、「大杉！　大杉！　チキショウ！　おれはやるぞ、おれは……」とうめいていた。その時ちょうど同衾《どうきん》していた詩人の岡本潤は、その声にとうとう朝方まで眠れず夜を明してしまった。

もっともこんなふうな絶望的精神状況は、大震災後のだれしもに多かれ少なかれあった。そうした雰囲気を象徴的に現わしたのが、文壇史上にも有名な南天堂《なんてんどう》時代である。当時の数多くの黒い影をもった文士連中が、本郷のレストラン、南天堂に集まり、毎晩のように呑んでは議論し、歌ったり踊ったり、挙句の果てに取っ組み合いのケンカをしたりしていた。

### 呑んでは荒れた文士たち

南天堂のことは高見順、壺井繁治《つぼいしげじ》、小野十三郎《おのとうざぶろう》、橋爪健らによって描かれている。詩を書いていた頃の林芙美子《はやしふみこ》も現われた。彼女は、片方のつるがとれたひもでつるした眼鏡をかけ、ヤケッパチになってテーブルの上にひっくり返って、「さあ、どうともしとくれ……」とタンカを切って叫んでいた。

岡本が初めて宮嶋と知り合ったのもここである。

ある晩、岡本が萩原恭次郎《はぎわらきょうじろう》や壺井、小野らと呑んで騒いでいると、向こうのテーブルで呑んでいた一団の中の、筒っぽの紺がすりを着て、坊主頭にねじり鉢巻をしたのが、けわしい眼をジロリと向けて、「うるさいッ」と怒鳴った。それが山犬と呼ばれるけんかっ早い宮嶋であることは知っていた。相手が悪いなと思ったものの、「うるさいのはそっちだ！」と怒鳴り返すと、「なんだとこの野郎、出てこい！」と、宮嶋が仁王立ちになってにらみつけた。

結局、まわりにいるものが、しきりになだめて事なきを得、ケンカにはならなかった。かえって、これがきっかけで、岡本は宮嶋や辻潤に接近するようになる。もっとも岡本は、近付きになる前から、宮嶋の小説や辻のエッセイを読み、魅かれていたのだが……。

同じ頃、宮嶋らは上野の三宮亭（今の文化会館のところ）、田戸正春のところにも出かけた。南天堂の方の経営者は松岡虎王麿といって、新内の好きな江戸末期的な享楽主義者であったが、田戸も宮嶋が相馬の金さんとあだ名したほどの、純然たる末期的人物であった。神経が細かく、口数はきかず、多くの友人が入り浸って酒を呑んでも、いやな顔ひとつしない男であった。

この田戸正春の息子の栄は、以前、私と交際があった。その際、私が聞いた母ゆずりの当時の話は、なんともすさまじいものである。「居候三杯目にはそっと出し」というが、彼らのは、そっと出すどころか「三升のんでもまだ足りぬ」の口であった。呑んでは怒鳴り、怒鳴っては呑み、高じた果てにはなぐる、蹴る、襖は倒れる、鍋はひっくり返るの騒ぎになる。宮嶋はその中で、ゆうゆうと呑み続けているのであった。

本郷の南天堂にしろ、上野の三宮亭にしろ、結局、数年ならずしてつぶれた。あえてこの連中が呑みつぶしたといわないにしろ、主人を先頭にして押し倒してしまったのである。

## 自己の不徹底さを自覚

宮嶋が、大杉の事件を契機にそれほどに絶望的になったのは、盟友、大杉栄への愛惜の念からであったことも、もちろんであるが、同時に激しい自責の念でもあったことは述べた通りである。自己の不徹底さの自覚、それが何よりも自分の胸にこたえた。

そんな思いが、日常の動作のうちにも現われる。多分、同人誌『矛盾』をやっていた頃のことではないかと思うが、ある日帝国劇場の前で向こうから、とことこ新居格《にいいたる》のやってくるのに出会った。すると宮嶋はいきなり、「このカスケードめ」と、懐にしていた鉛筆削用のナイフを新居に投げつけた。新居という人は戦後、杉並の文化人区長にもなった人だが、その性格から「カスケード」とあだ名されていた。カスケードとはビールみたいに泡立つもののビールではない、ふわっとした飲みものである。

この話はいかにも新居格の性格的中途半端さを批判したもののごとくみえるが、その実は自己自身の不徹底さ、勇気のなさに対する憎悪の念がさせたものである。宮嶋の乱暴さとは、しばしばそういう性質のものであった。

息子の秀さんの言によると、あれで日頃は一生懸命我慢しているのだそうである。自分の酒癖の悪いのは百も二百も承知で、ことごとに反省している。しかし、実際には呑むことも、呑んでからの行状もあらためられない。日頃我慢しているから、呑むと一層、激しいかたちとなって現れる。

昭和三年（一九二八）七月から雑誌『矛盾』（同人・新居格、小川未明、岡本潤、安谷寛一《やすたにかんいち》、田戸正春、草野心平、五十里幸太郎《いそりこうたろう》、宮山栄、秋山清ら）が創刊されるが、その同人会の模様を秋山氏に聞くと、とにかく酒が入れば宮嶋は、それまでの態度と手の平をかえしたように変わるのだそうである。そういう場合いつも怒鳴られ役になるのは、最終的には五十里幸太郎か、画家の玉生謙太郎であった。呑めば必ず頭から怒鳴られていた。そしていったん、怒鳴り始めると翌朝まででも飽きず、懸命に怒鳴っているのである。

さすが先輩格の小川未明には怒鳴らなかった。小川が「まァまァ」となだめると、一時は黙っているもののじきにまた怒鳴り始める。だれにも、どうにも手がつけられない状態であった。

しかし、そこは宮嶋であるが、宮嶋が怒鳴った後には妙に当人ならではのやさしさが残っていた。そもそもが怒鳴り始めのちょっとした契機が、宮嶋とすれば精一杯の正義心や親切心に発しているることが多いのである。

例えば同人会に秋山氏が出席していると、ふっと気付いた宮嶋が、「なぜ秋山君は酒を呑まないのに、天ぷらの一つもよけいにとってやらないんだ！」と、世話役の五十里に怒鳴りつける。それがきっかけである。そしていったん、発した興奮は、もう当夜は収まることがない。五十里がぶん殴られた時も、そうである。五十里が吉原のオイランに惚れていて、オイランも惚れているとかで、酒宴中にその話が話題になったことがある。

すると宮嶋は、「では足抜《あしぬき》させたらいい、ぼくらが手伝ってやる」と言った。それを五十里が辞退すると、宮嶋はいきなり五十里の頭を殴りつけて、「貴様は俺の友情が分からんのかあ」と泣き出し、殴られた方の五十里も泣き出すという始末であった。

そういう話がまだ他にもいくらもある。玉生が春陽会に出品した時も、「俺にひとこと言えば林倭衛に口をきいてやったものを……」とぽかりとやられている。

けんかは確かに強いし、うまかったが、それでも本心はけんか好きというわけでもなかった。チンピラなんかに「外へ出ろ」とやられると、大抵は出ないでいた。そればかりか、けんかとなると、自分がけしかけているようにみられることを非常に嫌がっていた。平凡社で『新興文学全集』の打ち合わせ会か何かがあった時に、「そんなものこわしちまえ」とばかりに岡本潤、近藤茂雄ら若いアナが襲ったことがあるが、そんなときでも宮嶋は間に入ってしきりととりなしていた。

しかも呑んでいたって、なかなかユーモラスなところがある。たとえば誰かが「シェクスピア」を持っていると、「ああ、セクスピアですか」と、すぐに当意即妙のごろあわせをやったりする。また酒を呑まない近藤とお汁粉屋へ入ったりすると、宮嶋は自分のも注文して、食べないで、おどけた表情をして、じっと膝の上に両掌を置いて待っている。近藤が喰べ終ると、「終りましたか、もっと注文してようございますよ」と、わざとシャチこばって挨拶していた。

## 一切を投げうって仏門へ

たが、昭和五年（一九三〇）二月、『矛盾』に「小説流浪者の手記」を書いて終刊となるとともに、彼は、これにて自分の小説家稼業も終わりの予感がしたものらしい。四月、弟の奨めで京都旅行をしたが、その際、滞留先の笹井末三郎方で天竜寺入門の志を固めた。

笹井末三郎というのは、京都の有名な千本組の大親分の三男坊で、後には当人も血桜会（その中に大映の永田雅一もいた）なんぞというチンピラの会をまとめるようになった人だが、当時はバクチも嫌いなアナ詩人だった。笹井の家のすぐ筋向かいが、禅宗天竜寺の山門になっていた。

一日、宮嶋を連れて境内を散歩したところが、宮嶋は瞬時にしてその静寂の境にとらえられた。一切を投げうってこの世界に入りたい、と願ったのである。

しかし、東京に戻ったものの、妻の麗子にはなかなか言い出しにくかった。当たり前である。いかに当人が身心一如の生活を求めているとはいえ、家には六人の子供がいる。その子供を彼女一人に任せて自分だけ出るということは、どうみても虫のいい話であった。

しかし、ひたすら求道の想いにあった宮嶋は、思い切って妻に打ちあけると、彼女は案に相違して、「そうなさりたいなら、なさった方がいいでしょう」と言う。彼女とすれば、すでに夫が創作に熱意を失ったことも分かっており、朝夕『正法眼蔵』を読誦していることも知っていた。夫の赴くべき道については、ほぼ了解していたといえる。

宮嶋はまったく嬉しかった。だが、それとともに幼い子供らと別れる哀しみが襲った。再び京都を訪れると、さすがに笹井は驚いていた。「ぼくが天竜寺へ案内しなければ、こんなことにならなかったのに、麗子さんにすまない」となんべんも繰り返した。しかし、当人の意志は固いし、麗子夫人も賛成と聞いてようやく天竜僧堂に紹介してくれた。宮嶋が正式に僧侶として得度《とくど》したのは、それから約半年後の十月のことである。

## つきまとった心の苦痛

さて坊主になってからの宮嶋であるが、先が結構長い。結局、昭和二六年（一九五一）に没するまで、終生、仏門を離れることがなかったから、約二十年の僧侶生活である。この間、仏教者として修業を積んでいたが、小説は書かなかったものの、『仏門に入りて』を始め『禅に生くる』『続篇、禅に生くる』『雲水は語る』『華厳経』等の仏教書を著し、それなりに斯界《しかい》の評価を得ている。

しかし、当人自身の心根といえば、さらに開かれることがなかった。世間では僧堂さんは大変だと同情する。他宗に比べてことに禅門の雲水は、枯淡簡素な生活を強いられている。しかし、真の苦痛はそんなところにはないので、簡素な生活も慣れるにしたがい平気になる。慣れることのできないものは、心の苦痛にほかならなかった。肝心の身心一如の平安が、ちっとも得られない。

翌年、この世界でも著名な「臘八接心《ろうはちせっしん》」を行って、やっと初関を透過した。僧堂ではそれを見性《けんしょう》したと言っている。自己の仏性に目覚め、それで悟りが開けることになっている。しかし、宮嶋には一時的には自他の区別がなくなって、不思議な境地に出られたものの、その後、一向に心が軽くなったということを感じない。そうなれば以前よりまして苦しみ、夜中にふと目を覚まして、自殺の衝動を感じたりしていた。

まぎらわすものは、相変わらず酒でしかなかった。酒ばかり呑んでいた。作家の押川春浪《おしかわしゅんろう》は酒に浸って遂に家族もよりつかず、二階に仰臥して廊下に一升徳利を並べ、大小便たれ流して生涯を終えたとのことであるが、宮嶋もすでにアル中の域に入っていた。食事ものどを通らなかった。酒気が絶えると身体がぶるぶるとふるえ、酒を入れると少し元気になる。その酒も少しずつ減ってきた。

一時は死ぬかと思ったが、回復した。

こんなことだから、やがて天竜寺も追い出され、埼玉県野火止の平林寺の堂守となったが、やがてそこも追い出されて移った。酒を呑めば、人格が急変することは僧堂においても同じである。酒を呑んで怒鳴り、時には乱暴にも及んでいた。

今東光《こんとうこう》氏の語るところによると、混血作家の大泉黒石が宮嶋と会ってメタメタに殴られている。大泉は宮嶋に会いたくて天竜寺を訪ねたところが、宮嶋は本当に嬉しくて、涙を流して喜んでいた。ところが語らいが夕ぐれになって、一杯呑もうということになり、大泉は京都新京極のすき焼き屋へ連れていった。

すると宮嶋は喜んじゃって、実は何ヵ月ぶりとかで飲むわ、飲むわ、ベロンベロンに酔っ払った。それを抱くようにして天竜寺へ帰り始め、電車で嵯峨野へ着いたら、宮嶋がごね出した。「貴様のような奴が生きているから、日本の文壇はだめだ。全く貴様はどしがたき奴だ。貴様の根性を入れ直してやる」と、ぶちのめした。

「どついてどついてどついて」(今)もう這って逃げるのも追っかけていって、またけっ飛ばす。しまいに天竜寺の門の前の大きなドブの中へ、叩き込んだ。

大泉黒石は、あいつ僧堂に入ってまで全く根性が変っとらん、「腹が立つより情けなくて……」とその場でワアワア泣き出したという。

ただし、平常心の宮嶋が善良かつ優しさの権化であることは、また同じである。まして仏門に入ってはなおさらのことである。真珠湾攻撃が行われた際に、宮嶋は東京須田町で暮していたが、新聞に出た「九軍神」の写真を切りぬいて貼りつけ、拝んでいた。なにも戦争を称揚するということではなく、人の子として死んだ九人の戦士たちが、なんともいとおしく切なかったのである。戦争が終わると、軍隊がなくなって本当によかったと洩《も》らしていた。

## 晩年に精神転換をとげる

かくて禅僧、宮嶋蓬洲（仏門に入っては名を蓬洲と改めていた）は、この六年後に果てんとしていたのであるが、事実肉体は成仏したものの、死の床に臥《ふ》す三年前になって、にわかに精神転換（再生）をとげた。禅宗から浄土宗に転じたのである。

仏教者としての宮嶋にとって、浄土宗は、子供の頃から心に沁みた教えであった。坐禅していても時々「――南無阿弥陀仏」と心の底で唱えることがあった。

しかし、そうした態度は、白隠《はくいん》禅師によっても固く戒められている。冷腹自治、あくまで自己を究め究めて、究めつくすところに禅の生命がある。それを途中で苦しまぎれに念仏に逃れては、到底、自己を究めつくすことができない。禅僧としてそう教えられてきた。

禅宗でもむろん、自力といっても自我に熱したわが力などを基とせよとはいわない。むしろそれからの解脱こそ、修行の目的であった。しかし、自我を排斥すべく、出発するのもやはり自我である。無我とならんと努むるのもまた自我である。それゆえに、この自我脱却の一法としても公案が授けられるのであるが、公案とても語るところ理知判断である。

いかようにしても自我から抜けられぬ。

法然上人、親鸞聖人、またそのことを徹して得心したのである。当時の仏教界にあって、智慧第一、文殊《もんじゅ》の再来とまでいわれた学者である法然上人も、遂に学問によっては安心立命することができなかった。親鸞聖人は、「常説の凡愚《ぼんぐ》、定心修し難し」と言っているが、まさにその言葉はわが身に向かっていわれているような気がした。

自分のような愚痴未練なものは、弥陀の誓願不思議に抜けられるよりほかに道がない。そう思って気がついてみると、手許に浄土宗聖典がある。長い禅僧としての修業の間にも、浄土宗聖典だけは手放さなかった。独りでに手は聖典に延びていった。

……なむあみだぶう

……なむあみだぶう

一つにはこの宮嶋蓬洲の精神変化の背景には、肉体の不調のことがあった。気力はとみに衰え、背中の真中がしきりと痛む。ちょうど布団に吸着したようになって、寝返りを打つのにも苦しんだ。時々胃けいれんのような痛みが発することもあった。いよいよ生命の絶える時がやってきたと思えた。それでも我慢していたが、歩くことすら困難な状況になって、上京し、伜と一緒に逓信病院で診てもらうと、胃潰瘍ということであった。

宮嶋蓬洲はこの胃潰瘍の手術をして半年後、またしても酒を呑んだとかで急ぎ阿弥陀様の許《もと》に赴むいてしまった。昭和二六年（一九五一）二月十九日のことだった。

手術は予定より一ヵ月遅れたが、それは手術の前日に病院の廊下で、半ば意識を失って倒れたからである。個室でベッドの上に移された時、これが最後の場所と思った。死。多年思いめぐらした死である。酒に酔ったように昂奮した。もはやロレツもまわらなくなっていたが「万才!」と叫んだ。

自分の死を祝福するつもりだったのである。

参考『遍歴』(宮嶋資夫)

# 梅原北明・ポルノ出版の王者

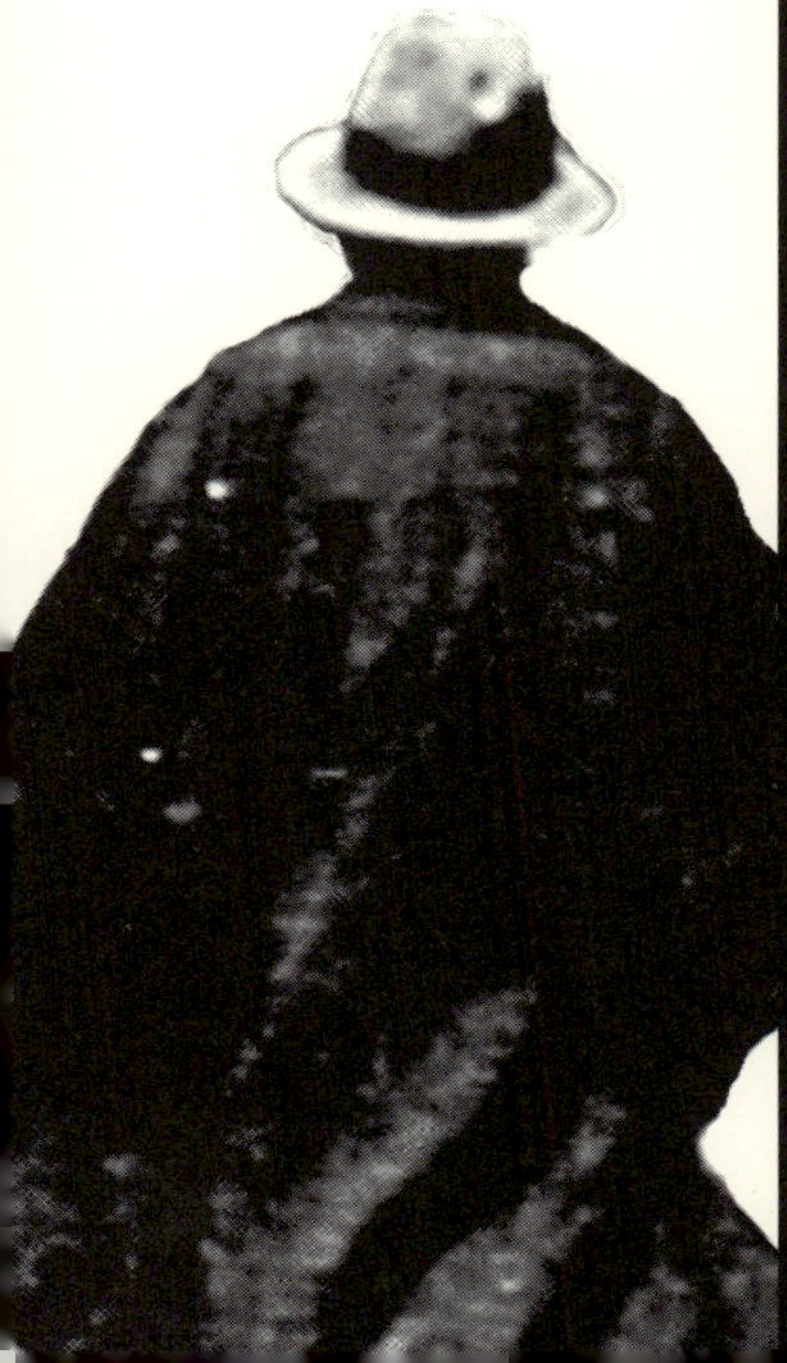

近代日本軟派文献の王者・梅原北明《うめはらほくめい》というご仁ほど稚気満々の快男児は、そうそうザラに見当たるまい。

彼は大正末期から昭和初頭にかけて、エログロの総本山を気取っていた。その気取り方が、誰の目にも愛敬があって、憎めないのだ。

でたらめもないではなかった。いや、大いにあった。しかし、そのでたらめぶりすら、あたかも浅草のそれに似て、かえって面白いのだ。かつて浅草はヒョータン池の傍《かたわ》らの露店に、〝ゼッたいホンモノの牛レバの焼鳥〟とあったそうだが、北明もその手の口であった。

しかも北明、いたって賢い。その知的狡猾《こうかつ》さにおいて、まさに天才的なところがあった。軟派文献の出版に際しては、人の意表をつく奇略を用い、敵を嘲弄《ちょうろう》し、読者を大いに楽しませた。

この北明を知るに某日、息子の宗教評論家、梅原正紀さんと話し合っていて、「とどのつまり北明とは何者か」ということになった。この質問に対し正紀さんは、「今風に言えば、フィクサーということでしょう」と言われる。「ただし、フィクサーといっても、児玉何がしとは違って、金もうけ、体制擁護のフィクサーではなく、その反対のですが……」と付け加えられた。

なるほど、さすがは北明の息子だけあって、うまいことおっしゃる。フィクサー（fixer）、つまり仕掛人、反体制の仕掛人と解すれば、北明の全体像をかなりうまくいい当てたことになる。北明にはいろいろの面があって、大別すれば、好色文献の出版と執筆、それから歴史文献研究家となるが、それらを通して言えることは、リスのように素早い動きの背景には、つねにひとひねりした意図が隠されていたということである。

そのひねり様をみていると（ふっと中国は魯迅など思い出したりするが）、実に巧みで、大胆で、行動的で、そのために頭の悪い官憲は翻弄させられていた。しかし、そうした北明のやり方だが、誰に教えられたというのでもない、自らの体験から生み出されたものであった。

梅原北明、本名貞康《さだやす》は、明治三四年（一九〇一）、富山市桜木町に生まれた。明治三四年といえば、御存知無姓天皇（昭和天皇）と同じ年令だが、そのためか北明は天皇に対抗意識を持っていた。

この北明だが、小学六年にして、タバコと女を知った早熟の子供だったのはいいとして、長兄が品行方正で学術優秀だったので、事ごとに、親父から差をつけられた。父親は富山市きっての剣道家である。腕が立つ上に、封建倫理の権化であるから、お仕置きもむごい。たいていはカシの木でつくられた双六盤《すごろく》の上に一晩中、正座させられてしぼられたとのことである。

しかし、そこは北明抜け目がない。父親の寝すますのを弟に監視させておいて、「寝た」との報告があると、そっと家を抜け出した。友人の家で泊まり、翌朝、家に戻ってきて、何食わぬ顔で再び双六盤の上に正座していた。

あまりの差別に、子供心に「ひょっとすると、自分は両親の本当の子ではないのではないか……」と考えた少年北明は、ニンジン的悲哀とともに、一計を案じた。かのイタイイタイ病で有名な富山市を流れる神通川で泳いでいた北明は、友人に自分が川におぼれて行方不明になったというデマを家に知らせにやった。そうしておいて、付近の土堤の陰に隠れ、あたふたとやってきた謹厳居士の父親と家人が一緒に、取り乱して捜索している様子を眺めていた。

心の中は安緒の思いと、「ザマアみやがれ」という気持ちでいっぱいであった。

こうした少年の頃のフラストレーションと、イタズラによる発散が、そのまま長じて、天皇権力との対決に用いられたのである。

ところで北明、中学は京都の平安中学を卒業するが、それまでに金沢一中、富山中学と二度、替わっている。両校ともストライキの煽《せん》動によって転校とされているが、先年（執筆時）富山滞在中に、なにか北明に関する資料が残っていないかと、富山中学（現在、富山高校）を訪ねたところ、あったあった。「中途転校者名簿」とかいうものが蔵中にあって、それに梅原貞康の在校中の成績、素行の記録が留められてあったのである。

あいにくとその時、写しとってきたメモが見当たらないので、記憶によって書くが、どうしてか貞康は最初、金沢一中に入って、三年の時に富山中学二年に編入している（大正五〜七・一九一六〜一八年在学）。成績は一年遅れたせいもあろうが、かなり優秀で、二年時に四五八人中、七〇番くらい。ことに語学は優れていた。

しかし、愉快なのはその素行で、性格の項をみて思わず吹き出してしまった。

性質——性急

志操——軽薄

挙動——軽率

とあるではないか。まことに北明の一生は、性急かつ軽薄かつ軽率なものであった。ただし、北明はそれらマイナスの性情を、みごとにプラスに転化させ、多才な活躍を行った。

中学をかろうじて卒業した北明は、その後しばらく、学生とも社会人ともつかぬ放浪生活を続ける。上京して、進学しないで医院の書生となるが、薬局から高価な薬を持ち出して売り払い、吉原通いに専念した。発覚して放逐される。手づるを求めて郵便局員になるが、これも長続きするわけがない。辞めたり勤めたりの繰り返しで、とうとう行き詰まってしまった。

この時によほど困ったとみえて、血判を押して家にわび状を入れ、ようやく学資を得て早稲田大学予科に入学した。それも両親には、慈恵医大に入って医者になるのだからとあざむいている。そして病気を理由に金を送らせ、英訳版のチェーホフ全集を本棚に並べて悦に入っていたが、突然、病気見舞に下宿を訪れた両親によって、いっぺんにウソがばれてしまった。

## 悪ふざけの若き日々

送金が途絶えた北明は、苦学を余儀なくされた。雑文を書いたり、翻訳したりしてである。ところが、この仕事をあっせんしてくれる先輩や友人が、片山潜《かたやません》ら左翼思想のグループだったために彼も感染する。そしていよいよ食えなくなったと覚悟するや、関西の未解放部落のセッツラー(Settler)として社会運動に乗り出すのだが、早大時代には、ずいぶんと悪ふざけをやっている。

何しろ金がない。大学の月謝も絶えず滞っている。学校の掲示板には、いつも尾崎士郎と北明の名が貼りだされていた。

しまいには下宿代も払えなくなり、下宿を追い出されそうになった北明は、友人とグルになって、目黒の方にある庭つき門構えの家をタダ同然で借りることに成功した。

どうやって借りたのかというと、ウソかホントか、一ヵ月ほど毎夜中交替にその家に忍び込んで、便所の金かくしから、棒の先にコンニャクつけて、用便中の人の尻をなで廻したというのである。何度となく尻をなでられたその家の人たちは我慢ならず、「幽霊屋敷だ」ということで引越してしまった。「幽霊屋敷」とあっては借り手がない。かくて北明は、友人と共同でその家をタダみたいな屋賃で借りることに成功したという次第である。

この幽霊邸（?）のコミューンに住みついて、北明は仲間と一緒に、有名人の標札の収集に熱中したり、女学校の校札の裏に精緻《せいち》をきわめた春画を描いたりして喜んでいた。もともと茶目っ気が強いが、反権力的な北明は、金持ちの娘どもを集めて高い月謝を取り良妻賢母教育を売りものにしている名門校に、鼻持ちならなかったのである。

しかし、せっかくの傑作も校札の裏とあっては、気付く者がいない。それで当校長あてに「良家の子女を教育する学校の標札の裏に、口にするのもはばかられる春画が描かれている。これはゆゆしき天下の一大事故、文部省あたりに相談しようと思う」とわざわざ投書した。すると早速反応があって、文部省どころか、『万朝報《よろずちょうほう》』が、「そもそも警告した投書の主が、春画の犯人ではないかと、所轄署では捜査中」と報じて大あわてになった。

## 処女作は悪魔主義で

大震災の後、関西の運動から戻った北明は、東京は雑司ケ谷に住みついて、「青年大学」という雑誌社の記者になった。ここで処女作「真面目な放浪者」を書いたが、次作の「殺人会社―悪魔主義全盛時代」(アカネ書房)という小説が、彼の処女出版となった。

書誌研究家の城市郎《じょういちろう》によると、この小説は世の偽善と良識を嘲笑し、かつそれに挑戦するといったテーマに貫ぬかれているという。三太郎というアメリカの秘密結社の命を帯びた殺し屋が出てきて、頼まれればたとえ黒人運動の指導者であろうと、排日運動関係の白人であろうと、殺しまわる。しかも、その屍体を処理するのに人肉の罐詰にしてしまうという、なんともすさまじい小説である。

主人公の三太郎は、大正時代の典型的な教養主義の産物である阿部次郎の『三太郎の日記』(一九一四)を皮肉にもじったものらしい。

北明は永井荷風にぞっこん参っていて、そうした悪魔主義の背景は美的なものであった。人殺しだって牛殺しだって、やっているうちに美的なものを感じるようになる。人殺しだって、人間は己れの進む行為に自ら美を感じさえすれば至上なのだ、と三太郎は語っている。

この一種グロテスク小説が、北明のその後のあり方を明瞭に物語っている。それは一言でいって民衆のどろどろした最底辺への志向だが、そのことによってまた反権力、現状破壊、人道主義ともつながっていた。

関西で部落解放運動をやっていたのも、それであろう。被差別はすなわち自己の体験上の問題でもある。そうでなくとも近代的個人主義感覚の北明としては、差別が我慢ならない。被差別最底辺の民衆の中に、彼はなにか美的陶酔を感じて邁進《まいしん》していったものと思われる。

関西での運動としては、本願寺の境内で大会を開こうとして断られている。浄土真宗はその浄土信仰から、被差別民に関心を寄せている。門徒には部落民が多いのである。それをいいことに、本願寺教団は部落民から多額の布施を仰いでいたのであるが、その本願寺教団のウソ八百を大会で弾劾するつもりでいた。ところが国家権力の顔色をうかがっている本願寺側は、この申し出を断った。

やむなく北明らは、大阪中之島公園で大会を開いている。

この若き日の北明の桿馬《かんば》のように素早い活躍ぶりは、雑誌記者の後、新聞記者となって一層、有効に発揮された。当時を知るプロ野球の現セントラル・リーグ会長（執筆当時）、鈴木竜二が次のように描いている。

・或る殺人事件に、各新聞社の記者は、殺された女の写真を手に入れるべく、まるで餓狼《がろう》の如く駆けめぐっている時、何時何処で上げたかその写真を懐中に秘めて、群星記者諸君の東奔西走する中を、悠々と、落ちついたテンポで、しかもセレナーデの小唄か何かを口ずさみながら引き上げて行くというのが、新聞記者時代の、彼、梅原北明であった。

・現在は知らず、その昔は貧乏記者のご多分に洩《も》れず、冬洋服といったなら、タキシードが、たった一着、しかもそれたるや色いたずらに褪せに褪せて、まず千八百何年、メード・イン・ローマ、とでも言いたいすぐれたる、骨董品なのである。これを着て〈時代流行の先駆者〉として、生活話題のトップを行く新聞記者として、時に、絢爛、まばゆき帝国ホテルの夜会に、また時には、じめじめじめした深川労働者街の路次裏に現われては、ブルとプロの行進曲を書いていたのが、かれ、梅原北明！

・われらが労働者の祝祭日、五月一日のメーデーに、青葉の街を練って行く、大行進軍の中に、縁太のロイド眼鏡に怪しげなるタキシードの男、労働歌の高唱から警官と小競合いを始めて、遂に検束された。だが、新聞記者という六号文字の肩書きが、とんだ拾い物して直ぐ帰された。菜葉服の多いメーデーにタキシードを着た男の検束は、まず珍なる景物詩であったが、この男が、かれ、梅原北明！

## 奇略で『デカメロン』出版

この一文でも、梅原北明なる男の明瞭な個性がわかろう。しかし、真に北明が本領を発揮するのは、この後大正十四年（一九二五）に、ボッカチオ『デカメロン』（朝香屋書店）を翻訳発行してのことである。

『デカメロン』は、今では立派な古典として市民権を得ているが、当時の日本の状勢ではひとしなみに好色ものとしてレッテルを貼られていた。なにしろ当時と今とではまるで出版事情が異なる。表現行為そのものが、厳重取締りの状況下にあった。舞踊に規制を加えようというので、昭和五年十一月に各署に配布した指令には、「ズロース（註・drawers　パンツ）は股下二寸未満のものおよび肉色のものはこれを禁ずること」などといった文句がみえる時代である。

ひどい例になると、看板にハート型とか桃色のペンキを塗ることが煽情的であると、当局に塗り変えさせられている。

こんな時代なので『デカメロン』といえども、容易に発行できない。当時大澤貞蔵、戸川秋骨《とがわしゅうこつ》の手になる先訳があったものの、いずれもひどい削除本である。それが北明の訳本は、奔放でパンチがきいていたばかりか、伏字のほとんどない完訳本に近いものだったので、どっと読者がついた。北明はこの後、矢継早に同じ書店からウイリアムスの『露西亜大革命史』を出して、また相当の声価を得ている。

北明はこのとき得た諸けを基にして、左翼雑誌『文芸市場』を創刊したが、『デカメロン』の発行に際しては、まともに出しては必ずやられるとひと工夫した。

まずボッカチオの没後五百五十年祭記念出版ということにしたのである。そのために本にも策略を用い、まずイタリアの著名文学者アッテイリョ・コルッチから序文をもらっている。その序文の末尾には、恐らくは北明の要請によるものであろうが、次のように書かれている。

「チェタルドの偉人（ボッカチオ）の没後五百五十年の記念に際し、この世界的不朽の名典を、貴き日本国民に知らしめようとする梅原北明氏の計画は感謝されるべきである」

この序文のほかに、訳者自らも序文を書いているが、それにはなんとイタリア皇帝陛下、同皇太子殿下、皇太后陛下、ムッソリーニ首相、同文部大臣らに奉るとあり、この出版による日伊親善をうたっている！　つまり当時の天皇崇拝、日伊親善の風潮を逆手にとって、内務省図書課の検閲係の役人におどしをかけているわけである。「やれるならやってみろ、イタリアの対日感情が悪くなるぞ」と。

その上ご丁寧に北明は、浅草の淩雲座で喜劇役者の曽我廼家五九郎《そがのやごくろう》と組んで、イタリア大使と館員を招待し、盛大なボッカチオ祭を催した。そしてルネッサンスの頃のイタリアの衣装をつけて仮装舞踊会を開き、それが終ると五九郎らと巧みに計ってイタリア大使を誘い、吉原に出かけてニッポン・オイランを抱かせた。

感激した人のいいイタリア大使は、母国政府に勲章を請求して与えたというから、お笑いである。もとより北明は勲章が欲しくてやった芝居ではない。それを持ってカフェにいき、さんざ酔っぱらった挙句に女給に気前よくくれてしまったそうである。

『デカメロン』が無事検閲を通過して発行できたばかりか、大量に売れた背景はこれだった。まことに北明の演出、宣伝の才たるや、鮮やかなものであった。いうならば、アナキズムの徒のいう〝行動による宣伝〟（テロリズムは最大の宣伝である）ということになるが、北明は文芸誌でも、この方式によっておおいに成功している。

大正十四年（一九二五）、菊池寛の『文芸春秋』に対抗して、今東光《こんとうこう》、金子洋文《ようぶん》、サトウ・ハチロー、村山知義《ともよし》らとともに、『文党』を始めるが、北明の演出で、発刊記念をかねて『文党』の街頭伝宣を行った。北明は同人の村山知義に看板を描かせ、同人一行がその看板を背にして、銀座の目抜き通りに出た。その際「桃太郎」の節で、北明作詞（？）の「文党歌」なるものを歌いながら行進した。

〽天下に生れた文党だ
値段が安くて面白い
既成文壇討たんとて
勇んで街へ出かけたり

通行人たちが、「あれはなんだ」と足を止めて注目したことはいうまでもない。

『デカメロン』で一山当てて、新聞社を辞めた北明は印税を元手に「文芸市場社」（大正十四年）なるものを創立して、左翼調の雑誌『文芸市場』を発行するが、この時も彼は奇抜なやり方を考案している。

印刷してしまった後の直筆原稿を、〝世界文芸史上最初の試み〟という触れ込みで、バナナの叩き売りのごとく、銀座の街頭でセリ売りすることを思いついたのである。これも雑誌のPRの一端である。背後には村山知義描くところの構成派風の大型の紙に、「文芸市場」と大書して、今東光、「キネマ旬報」の社長をしている上森《かみもり》子鐵《してつ》（当時健一郎、関東評議会の闘士であった）や、伊東憲、金子洋文らと売った。

「さあ、津田光造の新世紀論、原稿三枚半でいくら！」と伊東がどなると、

「十銭！」と聴衆が答える。

「おい十銭は可愛想だ。もっと値をつけろ」

といった調子でやりあっていた。

たちまち大勢人だかりしてきた。

それですぐ真向いの京橋署から「交通妨害になるから」と注意を受け、とうとう警察横にずらされた。そこでまた「さあ今度は堺利彦の原稿、三枚いくら」などとやっていたのである。午後八時、店を閉める頃には、売上げが大枚一四五円になった。各新聞社が取材にきて、宣伝になったばかりか、「この調子だと今に同業をもくろむ奴がでるよ」と、一同早くも先の心配をするほどの好景気だった。

別の新聞によると、「大山郁夫さんの原稿が最高」とあり、原稿が売りきれて、校正刷から紙型まで売り飛ばしたとある。抜け目ない北明は、その街頭販売風景を写真にとって、大正十四年二月号の表紙に、これ見よがしに使っている。その写真の中にロイド眼鏡に和服姿の、ちんちくりんの北明が立っていること、言うまでもない。

## エロ・グロの時代潮流

ところで、梅原北明といえば軟派出版である。書誌研究家、斉藤昌三によると、日本軟派出版界に君臨した二大異端者を挙げるなら、宮武外骨《みやたけがいこつ》と梅原北明のふたりに匹敵する者は、まずいな

いだろうという。西の大関が外骨なら、東の大関は北明ということになる。しかも発禁を喰った回数では外骨に勝るというから、北明は事実上の日本軟派出版の王者であるといえる。

北明の手がけた春本の一部を挙げると、『ファニー・ヒル』『カーマシャストラ』『フックス画集』『世界好色文学史』『ペルシャ・デカメロン』などがある。『ファニー・ヒル』『カーマシャストラ』はともに現在では文庫本に入っている。秘画集、諷刺画集も何冊か出しているが、画家で往年の同志でもある峰岸《みねぎし》義一《ぎいち》さんによると、これが結構いいものだそうである。「ああいうものをみつけてくるというのは、北明は絵がわかるんだなあ」と言っておられた。

北明はさらに出版に際しては、装幀に意をこらし、それまでは珍書といえば薄汚い本のイメージをまったく改めた。一口に好色本といっても、北明は眼が高い。

ところで好色本の手始めであるが、ジョン・クレランドの『ファニー・ヒル』と『変態十二史』の二つで始まった。北明はその頃、朝香屋書店を発行元としていた『文芸市場』の販売が立ちゆかなくなるや、その救急策のためにも、どうしても売れ行きの上がるもので金をもうける必要があった。そこでこの二書を発行して大当たりし、資金的余裕を得て次々に好色本を発行していったのである。

時あたかも昭和初頭は、左翼思想の全盛時代であった。政府は右に大不況、左に左翼思潮で大わらわ、いくらかなりと民心を鎮めようとピンクをゆるめた。そのために、巷間《こうかん》にいうエロ・グロ・ナンセンス時代の到来となり、世は挙げてエロ・グロに浮かれた。

当時の軟派出版のアウトラインをいうと、例えば昭和四年（一九二九）上半期の東京市には三〇社もの珍書屋があった。これに加うるにもぐり専門の艶本、艶画の密造密売者は無数にあり、取締りを強化したその頃の警視庁検閲係の繁忙さといったら、まさに砲火飛びかう野戦病院のごとき観を呈していた。連日連夜、引っこ抜いてくる出版法違反の有象無象の検挙者の手当てで、係員一同不眠不休の日が続いた。

そうした、いわば弾圧しても弾圧しても低抗菌のごとく増えるエロ本屋の実状は、そのまま時代批判となっていたとも思えるが、その無数の珍書屋の家元、あるいは総元締をなしていたのが彼、梅原北明である。

野坂昭如は、この北明を描いて『好色の魂』としたが、北明には茶目っ気とともに、心意気というものがあった。峰岸義一さんによると、「北明があれだけやったのは昔、石川五右衛門が大泥棒やったようなもので、俺のやったようなことがやれるか、といった気持ちなんですよ。北明もそう言ってました」ということである。

しかも心意気はどんどん進化していって、しまいにはやけくそになってやっていた。そこにいわば、三太郎のいう悪魔的美的感動があったのだろうか——。弾圧に次ぐ弾圧で、彼は事務所でのんびり編集していることもならず、車をのりまわして移動編集室としていたともいう。『カーマシャストラ』(後『グロテスク』に改題)誌を刊行する際には、日本では不可能とばかりに海を越えて上海に飛び、彼地で伏せ字、削除の一字もない雑誌をつくって日本へ輸出した(これは実はウソで、司法権力への偽装工作だという説もある)。その時の内地の読者への案内状で、北明は次のように書いている。

「吾々は単なる取次で発行人は外国人の手に譲られて了《しま》ってありますから、これは日本政府の自由には行きません。……発行所が外国の場合、その出版物に対し、日本政府は発禁を喰はす権利がなく、その代りに日本内地への輸入禁止命令を出します。……若《も》し（郵便局、警察等が）猫バを決めた日には告発されたが最後、国際問題となります。随《したが》って該出版物の注文主は、これに対する何等の法律的制裁も受けずにすむのは当然なことです」（傍点筆者）

北明はまたしても『デカメロン』の時と同じく、国際関係の手を使って雑誌を発行しているのである。当人は架空の人物でしかも奥付けには確かに発行印刷人として、「中華民国上海仏租界飛霞路、張門慶」の名がみえる。が、実在はしていない。張門慶というのは、有名な『性史』の編著者張競生博士と、中国の奇書『金瓶梅』の主人公西門慶から姓と名をとって組み合わせたものにほかならない。北明らしい官憲への嘲弄《ちょうろう》ぶりである。

## 身にあまる〝禁止勲章〟

しかし、いかに狡智《こうち》を働かしてもやられる。やられるとまたこりずにやる。そんなことの繰返しであった。北明は上海から帰国後、出版法違反で市ケ谷拘置所に長期拘置されるが、釈放後『グロテスク』を刊行する。その内容見本で、北明は出版物を洗いざらい押収され、罰金総額も大変なものであることを報告して後、末尾で次のように言っている。

「……此際娑婆《しゃば》へ出て来た私自身を、今一度寄ってたかって真の面倒を見てくれ、今一度、研究心を鞭韃させてくれる友人の出現を欲してやみません。どうせ私は前後参拾壱回も禁止勲章を頂戴した国家的功労者です。今更の研究替をした所で禁止勲章の辞退が許されるわけのものでなく、已れの欲する所、猪の如くばく進する迄です」(傍点筆者)

捕われてなお一層、Y出版に、燃えているのである。

この戦前SEXジャーナリズムの主流を占めた『グロテスク』も三号目で発禁を喰った。すると北明は、この発禁を逆手にとって大黒枠の死亡広告を作り、すぐさま新聞に載せた。「愚息『グロテスク』新年号儀サンザン母親に生みの苦しみを味わせ、漸く出産致せし甲斐もなく、急性発禁病の為め、昭和三年十二月二十八日を以《もっ》て〈長兄グロテスク十二月号〉の後を追い永眠仕り候……」と。

もちろんこの間、単行本の発行でも、『秘戯指南』『らぶ・ひるたあ』『ビルダー・レキシコン』とたて続けに発禁処分を喰っている。こうして当局の追及が急となり、今度検挙されたら保釈がきかないと弁護士から言われて、一時上海へ逃亡する。しかし、ほとぼりがさめたとみるや、日本に舞い戻り、「グロテスク復活記念号」を出した。

この号は手許《てもと》にあるのでみると、表紙には「エログロの総本山」「侮り難きヨタ雑誌」とある。目次をみると、なんと新居格、徳永直、水島流吉(辻潤)、小生夢坊、間宮茂輔、里村欣二、江馬修、鈴木厚、布施辰治……といった、ダダ・アナ・ボルの左派の面々がずらりと並んでいる。北明はここでも単なるエロ・グロにとどまってはいない。まさに「侮り難きヨタ雑誌」であった。

〽元から先まで毛の生えたトウモロコシを売る八百屋。お七の好きなトウモロコシ……

大正が昭和に変わったのは、大正十五年十二月二五日である。その翌年の四月二九日といえば、昭和の天皇の初の天長節（天皇誕生日）だが、この日を祝してわざわざ北明は八百屋お七の二百五十回忌を催した（正確には二百四十五回忌であるが、北明はサバをよんだ）。

八百屋お七といえば、恋に狂って江戸を火祭りにし、ついに鈴ケ森で火あぶりの刑となって果てた女である。いわばそのような極悪人の禁忌を天長節に行なうなど、不敬もはなはだしいが、そこに北明の天皇権力への嘲弄の眼があったこと、いうまでもない。逆にいえば、それほど北明とすれば八百屋お七への思慕の念が強かったともいえる。またしても三太郎の美的行動論である。

引き続く発禁と投獄の中で、なお執念を燃やしている北明をみて、当局側は正気か気狂いか正体のつかめぬY出版狂と、ほとほと持て余していた。しかし、単なるY趣味や出版好きで、こんな危ない橋が渡れるものでなかった。そこには一種、殉教者にも似た姿勢があるのであり、己れを疑がって、やれるはずのものでなかった。

そのこと自体がいかにバカげてみえようと、いや、バカげてみえればみえるほど、当人の心中には己れを認めるものがあったはずである。その肯定の感情の極北に、三太郎のいう悪魔的な美的快感があった。しかも、それを否定せぬものとして、あるいは正当づけるものとして社会主義があった。社会主義といっても、美的な情念に生きようとする北明であってみれば、ボルシェヴィズムであることができない。アナルコ・サンジカリズムである。息子の正紀さんにも、サンジカリズムを勉強したと言っていたそうである。

もとよりアナキズムといえども、アナキストとしてあったわけではない。ただ自己を裏切らぬものとしての反権力、底辺志向、相互扶助の姿勢に生きていたまでのことである。しかし、それがまたアナキズムの核心であった。ただ、ここで彼の郷里、富山に引きつけて考えてみれば、あるいは北明の執拗な底辺社会への志向は、『日本之下層社会』の著者、横山源之助先輩の影響があったかとも思われる。

それと落としてならないのは、北明の人間的魅力である。『講談雑誌』の編集者であった真野律太さんによると、「北明は天来の交際上手というより、人間的魅力に充溢《じゅういつ》していた。彼の魅力に捕えられてしまうと、ぜひともこの男の言い分を聞いて、ピンチを救ってやらねばならないという、摩訶不思議なパセティックな感情に捕えられてしまう」のだそうである。事実、北明を支えた多くの人がいた。

なかでも左翼の闘士であった中野正人や上森健一郎は北明の右腕とも左腕ともなった。斉藤昌三によれば、北明が自由大胆に活躍できたのは、実際には花房四郎（中野正人）が陰にあったからである、と言っている。花房は北明を肉親以上に慕い、時と場合によっては北明の代わりにブタ箱にも入っていた。北明の奇抜な広告や出版は、もとより北明の好みでもあったが、それを盛り上げたのは花房である。

## 多かった秘かな支持者

北明の、度胸のいい大らかな性格には、敵といえども魅せられてしまうらしい。『グロテスク』を東京・芝で刊行している時には、常駐の高輪警察署の巡査が社員とともに店屋物をとってもらって食べ、忙しい時には文芸市場社の発送を汗だくになって手伝っていたといわれる。またその秘密読者のうちには、政財軍界の一流人士がおり、山本五十六《いそろく》や某宮様も良き購読者であったそうである。

北明が本庁の留置場に送られた時のことだが、警視総監が直々に取調べを行いたいと人払いをした上で北明を呼び出した。そしてヤカンに入っている冷や酒を北明にご馳走しながら、好奇心を持った眼で、「次の企画は何だね」と訊いた。取調べのために訊いたのではない。彼もまた、北明の出版物の熱心な読者だったのである。また北明のファンの一人だった某県知事は、資金が足りないと知ると、県内の業者に命じて原価以下の紙を手配してくれたというから驚きである。

北明の陽性であけっぴろげな性格、損得を勘定に入れない無償の行動に、一部の人びとは悪口をついたものの、大半は魅せられ支持していた。それが、あれだけ北明が活躍しえた真の理由であった。

ところで『グロテスク』復活号を出して北明は、経営、編集の第一線から退いた。いよいよ己れの仕事に幕を閉める時間がきたことを感じた。雑誌から手を引くと北明は、『近世社会大驚異全史』(史学館書局)を刊行した。この『大驚異全史』は同時代の新聞記事を編んだものだが、こういった面がいわば北明の他方の側面なのである。なにもエロ専門だったわけでもない。

実は好色ものをやり始めたもう一つの事情はこれであった。『文芸市場』の赤字を抱えていたばかりでなく、この頃から北明は筆耕生四、五人を連れて、上野の帝国図書館に通い始めた。ここで古新聞を漁り、性的珍聞のみならず、政治、経済、社会全般に渉《わた》る民衆史を記録した。この作業の資金が欲しかった。北明自身の言によると（例によってハッタリもあるが）、およそ十五年の歳月を費やし、新聞百数種を当たった、蒐集した資料は目方にして数百トン、親の遺産から印税まで、ことごとくそのためにハタき、日数にして千余日、延べ人員にして実に一万人からのアルバイトを投じて筆記したという。

話半分にしても、辛抱っ気のない近頃の輩には、とてもやれそうにないことである。こんなところに、いわばいかにも明治人らしい、あるいは北陸人らしい地味でねばり強い北明というものがあったのである。

しかも、この仕事は、私は今度初めて知ったが、宮武外骨の『集成新聞明治編年史』（全十五巻）の五年も前にやっている。私はこれまで外骨が北明より年上であるところから、てっきり外骨に示唆を受けてやったものとばかり思っていた。ところがさにあらず、外骨がむしろ北明を真似たものらしい（もっとも明治二〇年代に新聞集成による政治史はないではない。しかしその量と記事の選択の態度において、北明に比すべきものもないのである）。

今日では〝新聞にみる××〟と、時代史叙述のやり方の一法として定着しているが、それも、もとはといえば梅原北明のアイデアに恩恵を受けていることを思わねばならない。しかしこの翌年（昭和七・一九三二）を最後に北明は、一切の性的文献から手を引き、妻子を連れて東京を離れ、大阪におもむいた。このとき北明は三十三歳、たかだか六、七年の間にまるでおもちゃ箱をぶちまけたような人生を送ったのである。

## 女学校の英語教師に！

北明はこの十四年後の昭和二一年（一九四六）四月五日に極楽に逝った。死因は敗戦病の発疹チフスである。北明は服装などはシュッとしており、清潔好きで毎日、湯につかっているような人間だが、運命とは皮肉なもので、不潔な男が持つシラミから経由した伝染病に倒れた。

しかし、軟派文献を離れたとはいえ、東京を離れてからの北明は、なおユニークな生活を送り、活躍を続けた。大阪では、何と女学校の英語教師となった。大阪に行った理由は収監寸前を素早くキャッチして、とるものもとりあえず大阪に難を避けたのである。当局は一時的にはピンク取締りはゆるめていたものの、アカ狩りが進むにつれて、ピンク狩りにも本腰を入れ始めた。昭和七年頃、さすがの北明も身動きならなくなったのである。

大阪では、北明の秘密出版物の読者会員であった女学校の校長が北明に職を与え、宿直室とはいえ住居まで与えてくれた。御尋《おたず》ね者の北明をこのように待遇する女学校の校長も相当なものだが、そこまでしてもらえる北明の人柄というものはさすがであった。ただし教師としての北明は、誰にも平等に九〇点をつけていた。権威と形式嫌いの北明とすれば、まともに点数などつける気になれなかったのであろう。あっさり評価権を放棄していた。

だが、北明のこうしたやり方は、一部から歓迎されただけで、あちこちから不評であった。それで東京の方のほとぼりも冷めてきたので北明は翌年再上京した。

東京では靖国神社の近所の下宿屋に住まい、靖国神社の社務所に通った。文献蒐集、編纂の腕を買われて、社史編纂事業にたずさわったのである。これはあるいは隠れミノでもあったのだろうが、案外本気のようでもあった。久方振りに出会った峰岸義一さんには、「戦死した兵士の銘々伝をつくるのだ」と言っていたそうである。ここでも彼は一仕事考えていた——。

しかし、かつて帝国ホテルで数室を借り切って編集室代わりにしていた北明であってみれば、うってかわったような落魄《らくはく》の時期であった。そして浮き沈みの激しい北明が、再び浮上して大金をつかんだのは、昭和九年（一九三四）である。

この年、北明は、東京・有楽町に建ちぐされ同然になっている日劇の再建を引受け、職場を変えた。出版界から教育界、宗教界を経て、今度は芸能界である。経営者とすれば、北明のプランナーとしての腕前を買ったのである。

そして案に違わず、このねらいは成功した。北明はチャップリンの「街の灯」をかけ、大当たりをとり、さらにアメリカからマーカス・ショーを呼んで思いきりよくスカートをまくるライン・ダンスを踊らせて、連日大入り満員にした。このショーはその頃、アメリカでの三流ドサまわりであった。

これを知って右翼団体は、時局をわきまえぬ行為だといいがかりをつけてきたが、北明は屈せずショーを強行した。そのため浅草の自宅にまで右翼のゴロツキが押しかけて、その応待をもっぱら元浅草女優の妻が引受けていた。正紀さんの記憶によると、ゴロツキが母子の前で短刀《ドス》をちらつかせ、父の居所を言えと脅迫されたのを覚えているという。まことに危ない橋を渡っていた。その代わり当時の金で二〇万円という大金を得た。

## 憲兵に追われ地下潜行

この金が入ると北明は、昔の雑誌の仲間たちと語らい、プロダクションをつくって、台湾に映画のロケーションに出かけた。山地の高砂族をフィルムに収めていたらしい。しかし、半年後にあらかたゼニを使い果たし、無一文同様になって日本に戻ってきた。北明には、まるで金の感覚がない。フィルムだけは残ったものの換金できず、夜逃げ同様にして浅草を抜け出した。

このように北明は、出版をやめてなお、今日はホテル住まいをするかと思えば、明日は長屋に住まうという生活を繰り返した。正紀さんら家族とすれば、迷惑至極であった。

昭和十三年から昭和十五年（一九三八～四〇）の北明は、憲兵に追いまわされ、家族を残したまま地下に潜ってしまった。理由は友人のために某陸軍大将の名刺を偽造したということらしい。北明がズラかると、憲兵たちが泊まり込みでやってきて張っていた。もうその頃には、「日支事変」（日中戦争）が始まっており、軍国主義の風潮の下で、一家は肩身の狭い思いをして暮さねばならなかった。

この地下潜行の二年間、北明は大衆読物を書いて生計をたてていた。妻とは打合せをしておいて、吾妻大陸という名前がどこかの雑誌にみえる以上、健在なものと思ってくれと言っておいた。北明は、『少年倶楽部』『富士』『新青年』などに書いていた。『新青年』には吉川英治の名で、「特急アジア号」を連載していた（また吾妻大陸のペンネームでは、『少年倶楽部』に「吼ゆる黒龍江」を連載していた）。

やがて敗戦である。敗戦直後に北明と出会った峰岸義一さんに、北明は「またやれる時代がきたな」と言っていたそうである。事実、たくさんの猟奇雑誌が出たし、峰岸さんは北明と新雑誌を相談していたが、ついに北明は腰を上げなかった。彼は敗戦を前にして、もっぱら花札をめくり、自前でつくったウイスキーばかり呑んでいた。あのかつての素早きこと駿馬のごとき北明にしては、おかしいことであった。

それというのも、やはり戦時中の自分の行為に、自責の念があってのことであろうか？　戦時中、北明は、花札仲間である山本五十六と組んで、中立国経由やドイツの潜水艦で運ばれてくる、アメリカの科学技術関係の図書の海賊版をつくっていた。いわば、戦争に汚れた手を貸していたことになる。時代の要請とはいえ、やはり戦後の北明には釈然としない思いがあったのではたかろうか——。

そうして、なにもしないでいるうちに、ポックリあの世へ逝ってしまった。死ぬ前日、北明は家人《かじん》がなにげなく枕元に持ってきた新聞をつと取りあげて、かざすようにして読もうとした。しかし、連日三十九度から四十度の高熱が出ていて、意識はもうろうとしている。読めるはずがない。それはつまり活字に生きてきた者の、最後の執念だったと解すべきではないだろうか。

参考「えろちか——梅原北明の仕事」

# 岡本良知・反俗の南蛮学者

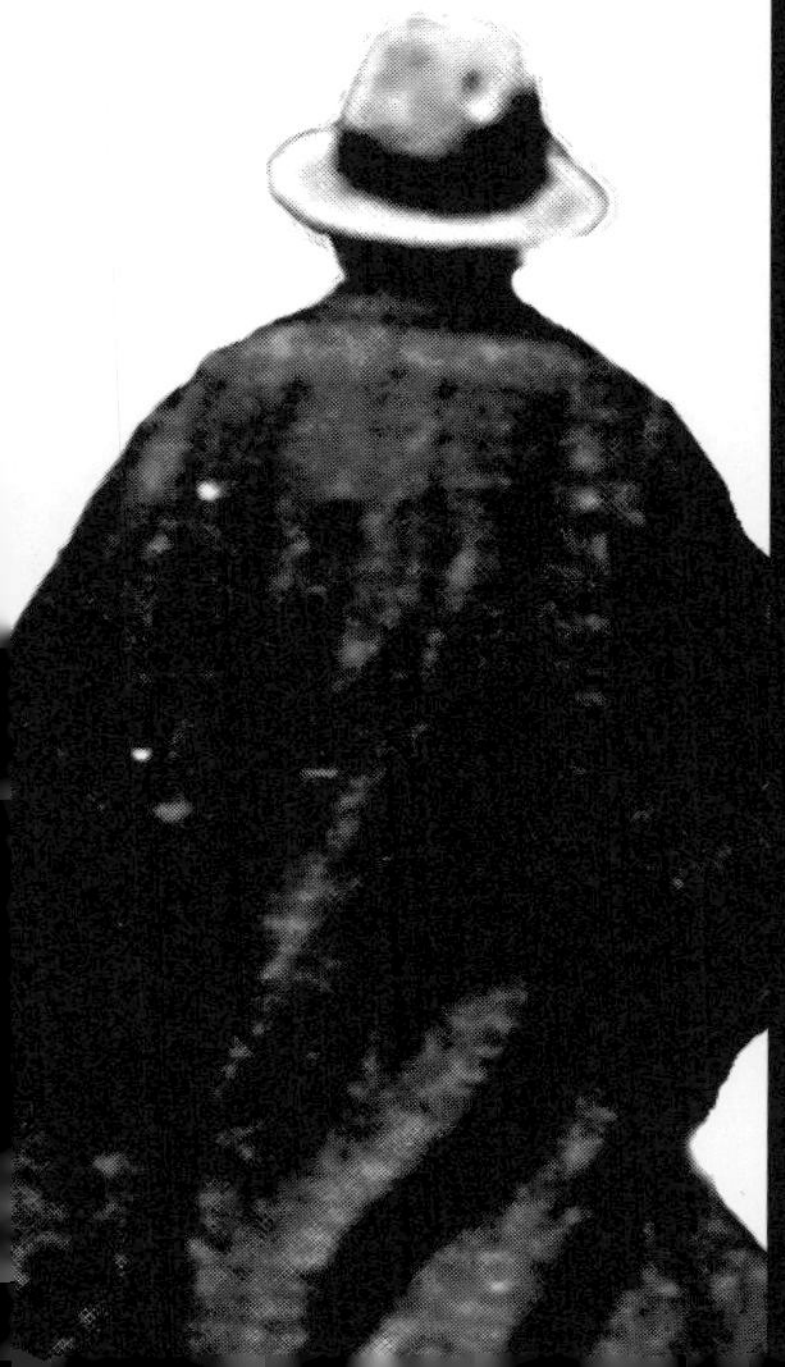

「世の中には風変わりな人間もいるものだ。とりわけ学者とか、芸術家とかといった人たちのうちには、まさにそんな人がいるようだ。……もしも、僕が『現代畸人伝』を草するとしたら、珠たま璣《き》道《どう》竜《りゅう》などは、さしづめ俎上にのぼる筆頭であらねばなるまい」

こんな書出しで岡野他家夫《おかのたけお》（文学博士・国士館大学教授）は『諸国畸人伝』の中の一篇で、三〇年も前の友人、珠璣道龍、実は岡本良知《もかもとよしとも》との奇妙な交際を描いている。以下、出会いの場面である、「K大学人文研究所」時代の模様を抄出してみよう。

珠璣はその頃、まだ二十七、八歳ぐらいである。地味な背広にくすんだ同色のネクタイをつけ、部屋の中でも黒のソフト帽をあみだにかぶっている。岡野の分身（筆名）である丘竹之介は、珠璣の学校の後輩であるが、入所して先輩に会釈しても彼はウンともスンともいわない。数十冊も広げた書物の中の一冊の横文字に視線を落としたまま、ほとんど傍若無人の態度でいる。その風采容貌、ものごし、例えてみればまさに牧師か、中世の外国の学者というようであった。

研究所での珠璣の仕事といえば、日本とヨーロッパとの文化交流に関する史料の調査と、その文献目録の整備作成といったところである。新米の丘とは共同の仕事であった。ところが、丘がせっせと研究所に通い始めると、珠璣の出てくるのが次第に少なくなった。週に五日の出勤が四日になり、三日になり、二日に減ってくる。

時世のよかったせいもあろうが、自由主義的な研究所では、「珠璣君は近頃あまり出てこないようだね」といわれるだけで、誰も咎《とが》めるものはいなかった。

珠璣はたまに出てきても、いきなり書架から必要な書物だけとり出して、ひたすら読みふけっていた。お昼時になってもポケットの大福餅かなんぞ食べるだけですましてしまう。

大体、彼は最初から、勤めの観念を持っていないようなのである。毎月二十四日は給料日だが、彼はそれすらも面倒がってもらいにゆこうとはしない。「くれるなら持ってきてくれよ」と給仕に持ってこさせて、はんこ代わりに鉛筆で受領のサインをしていた。

実に天衣無縫《てんいむほう》というべきか、自由自在に自己の命ずるままに生きてゆく男であった。ある日など真っ昼間、タクシーを研究所に乗りつけて書庫から数十巻の書物を持ち出し、あっという間に家に持ち帰ってしまった。まるで通り魔のような仕業だった。さすがにこのときには同僚の丘は所長に呼ばれて、借用書の手続きをとるようにと注意された。それでそのことを珠璣に伝えると、彼はいけしゃあしゃあとこう言ったものである。

「この間、持ち帰ったあのキリシタン渡来に関する欧文資料は、実はなあ、俺だけにしか必要ないものなんだ。あんなもの誰がみたってわかるもんか。猫に小判だよ。せっかくの好資料を死蔵するなんて意味ないから、俺が利用するんだよ。それであの文献も値打ちが出るというもんだろう。……」

ざっとこんな具合である。

この岡野他家夫（丘）の畸人伝の事実度だが、当の岡野氏に問い合わせてみたところ早速返事があって、「彼の行状、行蔵《こうぞう》は九〇パーセント事実に即したものです。ただし文中の人物、場所などは仮名を用いています」ということで、訂正表もいただくことができた。それでこの畸人伝を事実として組み入れさせてもらうと、学者・岡本はまことに偉才かつ奇才の持ち主であった。

文中で、珠璣は図書館の資料を勝手に持ち出して、「俺だけにしかわからない資料だから……」と言っているが、大言壮語のようでいて、それは事実であった。なぜなら彼は、若くして日本の南蛮学の権威であった。南蛮人。すなわちオランダ人の紅毛《こうもう》なるのに対して、ポルトガル、エスパニア、イタリアを総称して南蛮人という。この南蛮人を相手とする南蛮学は、その頃にはまだ発達していなくて、原地文献を読みこなせるものは史学者の間にもほとんどいなかった。

わずかに岡本の前に旧台北帝大の村上直次郎博士がいて、明治三〇年代（一八九七〜）にポルトガル等で文献を記録して歩いたが、村上についで岡本は二人目ともいえるほどの研究家であった。その意味で、岡本は村上博士とともに、日本の南蛮学の歴史そのものであったといえる。岡本は刊本《かんぽん》と未刊史料を諸外国に漁り、それを縦横に駆使して、国際的に大変評価が高い。かつてイギリスの東洋学の権威であるC・R・ボクサーも、その著『日本における吉利支丹世紀』を〈For Okamoto Yoshitomo〉と献じている。（C.R.Boxer, *The Christian Century in Japan, 1549-1650*. 1951）

それほどの国際的な学者でありながら、日本のジャーナリズムではほとんど知られていない。一つにはこの分野の特殊性と、当の岡本自身がひたすらジャーナリズムをきらったからにほかならない。彼のジャーナリズムぎらいは異常といえるほどのものであった。彼は個人生活など、めったに口にする人ではなかった。

断片的に知られる人間・岡本良知は、岡野（丘）のいうように語学は天才的にうまく、人物は奇人に属していた。しかも生涯のほとんどを民間学者として過し、けっして権力に阿諛《あゆ》追従することがなかった。その点、怪物並の学者とされるかの紀州田辺の南方熊楠《みなかたくまくす》にも比すべき学者である。事実南方とは付き合いがあり、意識的に第二の南方たらんとしていたフシも伺える。

### 日本史に重要な南蛮学

南蛮学というと、われわれは木下杢太郎《もくたろう》や芥川龍之介の作品を通じて、異国情緒としてぐらいしか理解していないが、それは日本史に重要な意味を持っている。われわれが岡本良知の唯一のマスコミの書として『豊臣秀吉』（中公新書、一九六三年）を手にすることができたが、これは当時の宣教師たちの本国へ送った記録を整理紹介したものである。

この記録によると、秀吉は南蛮人の服装であるカルサンを着て、鶏卵や牛肉を食べ、住まいは廻り縁や厨房だけでなく、厩《うまや》・厠《かわや》に至るまで黄金塗りにしている。そんな生活の細部《ディテイール》まで、秀吉に謁見したルイス・フロイスの記録によってわかる。

南蛮学によってまた、太閤の朝鮮出兵（朝鮮侵略）の模様もわかる。朝鮮出兵には多くのキリシタン大名や武士が加わっており、キリシタンの儀式を行なう必要上、セスペデス神父を中心に多くの従軍牧師がいた。彼らの記録によって、朝鮮出兵の模様がわかるのである。それで岡本良知がもっとも精力を注いだのは、フロイスのアパラートス（日本教会史料）の注釈だが、これが完成すると、現在ある朝鮮出兵史は根本的に書き改めなければならなくなるだろうと言っていた。

従来の歴史のどこをどう訂正する要があるのかは、不明である。しかし何処にしろバテレンの報告を参考に日本史の改訂が要求されるとなると、これは大問題である。ことほどさように南蛮学は、重要な学問なのである。

この南蛮学、ただし当人は〝東西交渉史〟としていたが、最初からそれを目指していたわけではない。明治三四年（一九〇一）、富山市に生まれた岡本は富山中学を出て、富山県庁に二年勤め、退職して東京外国語学校ポルトガル語部へ入学している。語学的興味から出発しているのである。なぜポルトガル語を選んだのかそれはわからない。しかし、とにかく入学後、熱心に語学を勉強し、次々に異なった語学を征服していった。

まずポルトガル語部へ入学した翌年に、同校スペイン語専修科へ入学して両科を修めた。そのほか在学中にアテネ・フランセに通ってフランス語、ラテン語を学び、ブラジル滞在中にはイタリア語を勉強した。さらにベルギーではオランダ語、ドイツ語、ロシア語を修得し、英語、漢文は中学時代からよくできた。これらの語学を単に読めるばかりか、自由に駆使できた。しかも息子の卓郎さんに「西欧語だけでなく、中国語、マレー語、梵語、蒙古語もできたという話もありますが」と問うてみたところ、「そうした語学の書物も書棚にありました」ということであった。

語学については、超人的な才能を持っていた。天才といってもいいかもしれない。あるいは叔父に当たる山田孝雄と似た血筋を引いていたのか。山田孝雄は国語、国文学者で、中学は二年で中退し、以後は独学で日本語文法の基礎をつくったといわれる人である。富山の片田舎の小学校の准訓導《くんどう》を振り出しに終始研鑽を積み、神宮皇学館大学長、文部省国史編纂院長なども歴任した。

この叔父の語学についての鋭敏さと、激しい学究的精神が、そのまま形を変えて岡本に受け継がれたのではないか。

## 精力的に一次史料を探究

この本来的な語学のうまさとともに、彼は後に東西交渉史の研究の上で、どうしても各国語の必要を感じていた。彼はつねに一次史料を使うことを身上とし、関係する史料を可能な限り当たっていた。〝朝鮮の役〟を調べる上でも、中国、日本、朝鮮はいうに及ばず、フィリピン人の見た資料まで当たっている。とすれば、その一つ一つの資料についての語学が必要とされる。その意味で語学専門家の岡本は東西交渉史研究に、うってつけの位置にあったといえる。

岡本が東西交渉史を目論んだのは、外語を卒業してからのことである。大正二年（一九一三）三月、ブラジル独立百年記念の万国博覧会に出品部の書記として、リオデジャネイロに滞在したが、帰国するや、むちゃくちゃに勉強し始めた。そして昭和四年（一九二九）には研究資料調査のためにフランス、ベルギー、スペイン、ポルトガルへの二年間の留学の旅に出かける。このときリスボンで二〇日間あまり、外務省駐在員の知人の家に通って研究したが、毎朝七時にはその知人宅の書斎に入りこんで勉強していた。

一勉強が終わると、ふたりは連れだって古本を漁ったり、アジュダ宮殿の文庫を訪れたりした。岡本はリスボンの古本屋は一軒残らずまわり、文庫では夕方閉鎖されるまでねばって、東洋における教会史の稿本の研究を続けていた。その時の報告書が後に『ポルトガルを訪ねる』の一書にまとまるが、彼はこれら稿本の中からライフワークとなる、アバラートスその他の重要資料をみつけだしている。

そして帰国後は、以前にもまして執筆に励み、続々と論文や研究書を世に出した。彼の著書目録（そんなものは自身ではつくらないのである）によれば、単行本だけでもざっと数えて二九冊、雑文、論文の類は一〇〇篇以上にものぼっている。しかも単行本の場合は、ほんの少部数しか刷らない。一八〇部とか、時には二七五部とかといった具合である。民間学者として印税を一銭でもよけいに欲しいところだろうに、彼はそうした小部数限定版主義を押し通していた。

その中から生まれた名著が、『十六世紀日欧交通史の研究』（昭和十一・一九三六年）であった。この書は、日本南蛮史の最初の体系的研究ともいうべきものであった。実に浩瀚《こうかん》な研究書で、普通ならこの書一冊で学位請求ということになるのであるが、岡本良知はそんなことを考える人ではなかった。学問は学問だけあればいいので、その余は無用という考えである。

研究者だの専門家だのといわれることすら、彼はきらっていた。そういうケチ臭い了見に閉じこめられるのはイヤなのである。もともと東西交渉史という間口の広い世界で、次から次とテーマを変えていたし、交渉史も抜け出て、民俗学や天文学や動植物学や、そのほかの学問にもしきりとこっていた。

ところでこのバテレン学の先生、引越しが大好きなのである。大好きというより、彼ほどになると恐るべき引越魔というべきだろう。席の暖まるヒマもなく、引越しに引越しを重ねていた。若い独身時代となるとのべつまくなし家を移っていて、ウソかホントか十年間に五〇回以上も引越したといわれる。戦後、松戸に定着するまでにも、毎年のように転居を繰り返している。そして移転した後も転居通知を出さないから、永年付き合っている人でも、どこに住んでいるのやら何の職を持っている人やら、一向に知らない人が多い。

また、引越し場所が変っていて、東京ならば原っぱの中とか、袋小路の奥とかを選ぶ。戦後は多く東京郊外で、それもバスが日に何台も通わないような地域をわざわざ探して移転している。なぜそんなことをするのか？　一つには学問的用事以外の来客がわずらわしいということがあったが、他には岡本の潜在心理的要因とも関係があったはずである。要するに、そういう都心にあらず辺境にあらず、両方兼ね備えた地域が心が落ち着くのであろう。多分ポルトガル語を研究対象に選んだ理由も、引越し先を選んだと同じ感覚によるものではないか？　ポルトガルは、いわば中欧という大都市の郊外に位置していた。

しかも引越しといったって、彼の場合は大変である。なにしろ二万冊近い蔵書を持っていて、それを全部運ばねばならない。しかもその運び方がすこぶる変っていて、誰にも手伝わせようとしない。近所の農家に頼んで、大八車を借りてきて、二日でも三日でもかかってみな自分で運び出していた。もっとも運び出すものは、蔵書のほかにはほとんどなにもなかった。拭き掃除の道具はおろか簡単な炊事道具すらないのである。

そして引越し先に落ち着くと、まず玄関格子戸の両横の柱に、あたかも中国の聯《れん》みたいな短冊を張りつけた。それには、「この家貧乏につき、泥坊入るべからず」「この家の主人無学につき、学者来るべからず」と書いておいた。その頃の学者や文士はよく玄関に、「忙中謝客」などと貼っていたが、彼のはまた一段とふるった文句を掲げていたのである。

こうして勉強の条件が整うと、部屋に閉じこもって一心不乱に調査研究を続けた。平生《へいぜい》だって森鷗外流に、日に三時間か四時間しか睡眠をとらない。まして、一つのテーマが決まったとなるとなおさらで、家の内から鍵をかけ、閉戸一週間でも十日間でも研究執筆に専念する。その間はほかのことはなにもしない。めしだって満足に食べない。同僚の岡野は、岡本が「五、六日眠っていないいんだ。めしも何度食ったかなあ、お腹がすいたよ」といっているのを何度も聞いている。

## 手づくりの鳩鍋を振舞う

その根気、努力、学問への執念たるや、驚くべきものであった。それはまさに克己《こっき》勉励のうちに全国の山野を踏破するに至った、越中売薬人の精神をそのまま受け継ぐものであったといえる。そういう岡本であるから、たまに岡野が所用があって家を訪ねても、一向に客として応対することがない。本の中に埋れたままである。

それがある日、珍らしく岡本は岡野の顔をみるなり、「今日はひとつご馳走するぜ、上がれ上がれ」と招じ入れてくれた。何を食べさせてくれるのかと半ば好奇心で縁先に腰をかけて待っていると、やがて岡本は台所からやって来て、「今日はなあ、鳩鍋をご馳走しよう。いい鳩を二羽もらってきたんで……」と縁先に電燈を吊るして庭を明るくした。

岡本は台所はあってもめったに使わず、大抵は庭に築いたかまどの大鍋で用を足してしまう。その大鍋を新聞紙か何かでゴシゴシと拭い、熱すると、バターを落とし、洗面器に満載の野菜や鳩の肉を投げこんだ。取り皿はそば屋に返さずにいたどんぶりである。それに醬油を入れ、すり下ろした大根、しょうが、ニンニクを混ぜて、「さあ、じゃんじゃん食おうぜ。こりゃとてもうまいんだ」と促した。

岡野は大衆作家の本山萩舟《もとやまてきしゅう》がやっていた小料理屋の蛇料理なんぞ食べたことはあるが、鳩料理は初めてであった。それでちょっとためらったが、差し出された焼酎を呑み、勇を鼓して食べてみると、ジンギスカン鍋の羊の肉みたいな味で、まんざら捨てたものではないことがわかった。岡本良知は食通なのである。彼は交渉史研究の必要上、煙草や酒類や香料、コーヒーの研究もしていた。蔵書の中には例えば村井弦斎の『食道楽』や木下謙次郎の『美味求真』があり、洋食に関する外国語の原書や中国料理の古書なども持っていた。むろん南蛮料理にも詳しい。詳しいばかりでなく、彼は自分で料理することを好んだ。魚釣りも好きで、自分で釣ってきては包丁を使っていた。

その意味では岡本は、単に学究の人であるばかりでなく生活の人であった。行動の人でもあった。けっして象牙の塔だけにこもっているような学者ではなかった。

文学地図に詳しい野田宇太郎が昭和十八年（一九四三）に初めて、岡本と詩人の木下杢太郎の家で会った時もそうであった。岡本はその時、かなりくたびれた洋服を着ていて、木下に「一週間ばかり山を歩いて今帰るところですが、こんなにキノコがとれましたから」と包みをといて、キノコを小山のように盛り上げていた。どのキノコも干乾びていたが、新鮮な山の匂いがした。

野田はこれがかの浩瀚な交通史研究や遣欧使節行記の著者かと思うと、意外な気もしたが、すぐ打ちとけて「山を歩くといっても寝泊りはどうするのですか」と尋ねてみた。すると岡本は平気な顔をして、細い黒縁の度の強いめがねの奥に微笑をたたえながら、「行くところ勝負で夕方は早目に飯盒《はんごう》でめしを炊き、食事が終わるとそのままどこででも寝るのです」と答えた。山でごろ寝することなんぞ、一向に苦にしていないのである。

## 〝動〟の感覚に生きる

岡本はそれほどに、およそ学者らしからぬ太い神経の持ち主であった。生活者としても、尋常一様の人物ではなかった。

要するに岡本は、からだを動かしていること自体が好きなのである。山歩きや釣りも好きであったが、野菜作りも好んでやっていた。東京の郊外へ引越すのも、一つには畠仕事ができるからということらしい。もっといえば、からだはいうに及ばず精神状況も含めて、〝動〟の感覚の中に絶えずいたい人である。いつまでも同じところにとどまっているのは、岡本には不安であり、不快である。したがって外面的には引越しもすれば、内面的にも絶えず精神状況が変わっていて、次々に新しいテーマを目指していた。それがひいては、学問の幅の広さと進歩につながっていた。

畸人伝中の珠璣道龍もそうである。彼は気が向くとか、必要があればいつなんどきでもふいと旅に出かける。キリシタン研究のために、九州や東北地方などへはひんぱんに出向いている。種ケ島とか天草といった土地は、彼の関心の地点であるし、そうかと思えば、方向違いの蝦夷地も彼の興味の範囲にあった。彼の日本地誌における知見は、ちょうど幕末の奇人で『木片勧進』を著した松浦武四郎に比較し得た。しかも旅は国内にとどまらず、誰にも告げずにひょいと海の外へ出てしまう。

ある年の夏などこんなことがあった。どこで手に入れたか白地の浴衣の上に、禅僧の着る麻の黒衣をまとい、雲水よろしく、甲州路や信州路辺の山村を一ヵ月あまりも無銭旅行で周ってきた。「俺はもともと神官の伜で、祝詞《のりと》や宣命《せんみょう》は知っているが、それよりも仏教各宗派の経文や行事は大がい心得ておる。坊主の籍は持たんが、これでも小寺の住職になれるくらいの資格は持っているんだよ」とそう説明していた。

事実、彼は越前永平寺の僧堂に参籠《さんろう》して何ヵ月か、参禅修行したことがある。それで彼は僧形《そうぎょう》をして山国の村々を周って一宿一飯を乞い、老幼にお経を誦して聞かせてやったり、青壮年に外国の地理、歴史の話をしたりしながら巡遊してくる。しかもその間にも彼はその土地の民俗や土俗などを、つぶさに見聞することを怠らない。山村の旅は同時に、土俗研究の旅でもあった。

## ブラジルに抱いた夢

ここに描かれた珠璣道龍の山村での托鉢行脚のエピソードは、岡本良知を知るのに非常に重要である。というのは、彼自身の異常な学究精神とも関わり合うわけで、彼はもともと南米で啓蒙運動をやりたかった。友人の相原良一には日頃から、「自分が本当に実行してみたかったのは、ブラジルでの開拓事業だ」と言っていた。子息の卓郎さんに確かめてみたら、「えっ、本当ですかあ?」と逆に聞き返されたが、岡本はブラジルにかなりの土地を持っていたという話もある。仮に本当とすれば、彼はその土地をどんな風に使うつもりだったのだろうか……。

彼がブラジルに夢を抱いていた（多分）唯一の資料は、先の『豊臣秀吉』の奥付であって、著者紹介の下に短かくこう書いてある。

「同年（一九二二年）ブラジルに渡り、理想郷建設を計画したがパニックのために挫折、以後東西交渉史を専攻」

畸人伝でも、彼は、「学問も大事だが、俺にはしかし、もっと本気でやりたい仕事があるんだ。未開民族の教化啓蒙なんだよ」と言っている。

岡本の学問への情熱はこれであった。本来ならば外に向かうべき活力が、やむなく挫折させられて一挙に内に向かった。学問はいわば情熱の代償行為であるから、一層烈しいものとなった。ブラジルの劣悪な条件の下でも、強烈な意志と創意工夫によって困難を克服してゆく。そういう啓蒙開拓の精神が、形を変えて学問の未開拓分野を切り開いてゆこうということになった。学者が一週間も山ごもりできるなど大変なことのように聞えるが、むしろそこに出発点があったのである。

彼の啓蒙と研究の諸国放浪の旅は同時に、古書探求の旅でもあった。亜細亜大学の図書館へ行くと、岡本の死後、寄贈された蔵書が収められてあるが、係員によるとそれらの図書はすべて斯《し》界《かい》の稀覯本といえるものばかりだそうである。なかにはうすっぺらな紙切れで、時価二十数万円もするような代物がある。古書店の主が知ればよだれの垂れそうな書物を、彼は諸国の旅の中で集めてきた。

しかもその稀覯本を扱うのに岡本は、至って無雑作なのである。平生《へいぜい》、岡本は鞄を用いたことがなく、いつも風呂敷包みを持ち歩いていた。時にはそれが二つ、三つに及ぶ。その風呂敷包みの中から岡本は、専門の学者もみたことがないような珍本や、貴重な直接史料や、写本の写真を次々と、まるで奇術師が一枚の風呂敷から色々なものを取り出す具合に取り出してみせた。そしてその一つ一つについて大変な早口で、彼の博学と語学を駆使して説明する。それには大抵の学者は、自ら省みて絶望的な思いに駆らされたといわれる。

したがって岡本が風呂敷包みを広げようとすると、今度は何が出てくるかと誰しものぞきこむ気持ちになる。それがある日、風呂敷の中から出てきたものは書物にあらずして、活きのいい数匹の魚であった。その魚を岡本は器用に料理して、集会の仲間に「さあ、どうぞどうぞ」と食べさせてくれた。

畸人伝の中においても、彼のそうした一面が描かれている。珠璣道龍は天正年間に、わが天草や加津佐の学林で開版された「切支丹版」の幾種類かを珍蔵している。これはいわば彼の専門領域だから不思議はないとしても、他にイギリスの「カクストン版」とか、一五九〇年泉州堺で刊行された『節用集』や「嵯峨本」などいわくつきの貴重本も数々私有しているのである。そういった代物は日本、いや世界の、どこの大学やライブラリーを探しても、そうそうザラにあるものではないのである。何とも大した男だ、と周りの知る者は感嘆している許《ばか》りであった。

しかし、それにしても、これら稀覯本を賄うのに岡本はどうやって金策をしたのか。彼は始終古書店と交換売買をしていたようである。彼は自分の研究畑に必要だとあれば、ひと月やふた月くらいジャガイモとニンニクだけででも過ごして、ためた金で書物を購入していたが、それだけで足りるはずもなかった。古書店との交換売買でより良いものを買い、文献の仲介もしていたらしい。日本と外国双方の学術文献の仲介である。手元には、内外の書物の目録やカタログをうず高く積み上げていた。書誌学に明るい彼は、双方の古書店に絶対信用されていた。

そして、そこがまた岡本の岡本らしいところだが、彼は古書店の信用をいいことにしてチャッカリ大儲けもしていた。例えばわずかな代価で求めた俗謡の楽譜類を番茶で汚したりして中世期のものらしくしつらえ、相手の切り出したべらぼうな高値で転売したりしている。岡本はその時も、「なぁに日本の古本屋なんか、本当の値打ちもわからずにポロ儲けしているんだ。俺なんかもあの店には永年奉公してきたんだから、たまにはこんなこともあっていいさ」とうそぶいていた。

## 狷介さと愛情が併存

もう一度、岡本の心理に立ち返っていえば、学究と行動が一つの人格の中にあるということは、ひいては狭く、鋭いものと、広く、ゆるやかなものが併存していたということでもある。狭く、鋭いものは学問的には烈しい探求欲となって現われるが、人間関係では付き合いが難しくなる。岡本は学界では狷介《けんかい》の人として知られ、付き合う人もあまりいなかった。もっとも岡本の方でも、日本の斯界の学者などまるで信用していなくて、つねに自分が他の及ぶことのできない最先端の学者であることを自負していた。

他方、広く、ゆるやかなものとは、行動となっても現われるが、それは地域的には果てしない地平線の国ブラジルとなって現われ、人間的には大らかなラテン系民族の愛情となって顕現する。その点、彼は、けっして人間ぎらいというわけでもなかった（彼の蔵書目録につけられた〝手引〟には、「一種の厭人癖有りて、一切の客を謝せしを以て」とある）。事実、卓郎さんに聞いても、近所の百姓が遊びにやってくると、酒をもてなして楽しそうに談じていたという。百姓の世界は彼の共感帯に属する。百姓は民衆といいかえてもいい。学校の小使いのおじさんにも親しく挨拶を交わしていた。

民族的偏見などといったものはさらさらなく、友誼《ゆうぎ》にも大変厚いのである。一外人牧師の懐古によると、戦時中、その人を訪問することが危険であった時代にも、彼は幾度も当の牧師の住家である奈良を訪れている。人柄の狷介さとは対称的に、彼には寛大にして大らかな世界があった。大らかさだけでたく、実に人を食った茶目っ気の持ち主でもあった。仮に〝奇人〟としての条件を求められるならば、単に奇言奇行だけでは不充分である。もう一つなんらかの余裕《ユーモラス》が必要と思われる。その意味では、岡野もいうように岡本は充分〝奇人〟の冠を得る資格を持っている人であった。

図書館時代の岡本は、多いにとぼけて省線電車で薩摩の守をきめこんだりしている。

岡本は駅に着いたとなると、定期券代わりに超大型のウォルサム製クロノメーター懐中時計をみせて悠然と改札口を通るのだそうである。

ところが、一度お茶ノ水駅でみつかったことがある。

「あ、もしもし」駅員は慌てて言った。「どうしたんです。切符は？」やや気色ばむ駅員の鼻先に岡本はまたしても、例のウォルサムを差し出した。「冗談はやめて下さい。それは何です。乗車券を出して下さい」そう言うのに対して岡本は臆することもなく、「乗車券？　ああそうか。これは時計だったね。やあ失敬――」と答えて平然たるものであった。

世の中がまだのんびりしていたせいもあるが、この岡本のあまりにも悠揚迫らざる態度に駅員も二の句がつげず呆れるばかりだった。

こんなふうな性格だからして、どこの学校も長続きしなかったし、また彼も、勤めようとしなかった。南蛮学の海老沢有道は、たまたま彼がいた横浜市大の後任を探していた時、少なくとも二年はいて下さいよと条件をつけて岡本を推薦した。ところが二年を経て、もう辞めてもいいかと言われて恐縮したと述べている。戦後のインフレのひどい時期ですらそうだった。

彼には学校というものに、根本的に不信の念があったらしい。山田孝雄の息子が東大の助手を勤めている時に、たまたま彼に出会うと、「あんたも学校屋さんになる気かネ」といくらか冷やかし気味につぶやいていた。

官学というものは、まずまずソリが合わなかった。ソリが合わないばかりでなく、彼の学問への実効信仰《プラグマチズム》といったものからも、学校勤めやジャーナリズムを拒否せざるをえなかった。そして反官的であるものが同時に反軍的であったとしても不思議ではあるまい。時を経て戦争中の岡本は、心からの怒りをもって軍部を批判していた。

敗戦も間近となり、都内の半分も焼け果てた頃、岡野は政府の企画院の仕事で、文化人中の特殊技能者動員計画といった任務についていた。それで外国語に堪能な者の「翻訳者名簿」を眺めているると、ふと岡本良知の名前がみつかった。懐しい名前に、早速、勤務の時間をさいて彼の住居を訪ねていった。

ようやく探し出した彼の借家は、中野の電信隊付近の原っぱの一隅にあった。三間ぐらいの部屋には、天井にとどくほどうず高く蔵書が山積みされていて、乱雑さは前よりもっとひどいくらいであった。「やあ……生きていたか」岡本は久方振りの友人の顔をみると、さすがに感慨深げに挨拶をかわした。それから言った。

「むちゃをやるな、軍や官僚という輩は。奴ら思い上がっているんだ。けど今にみていろよ、天譴《けん》がくるぞ、天譴が――」

岡野は国民服に戦闘帽、巻ゲートル姿で、玄関のかまちに腰かけたまま聞いていたが、その岡本の感情の高ぶりと言葉の激しさに驚かされた。

事実、岡本は戦争中、軍部に被害を受けている。戦禍が繁くなるや、岡本の家族は上州沼田に疎開して、彼は単身、千葉に残っていたが、ある日軍人が家に押しかけてきて蔵書を片っ端から戸外に放り出した。なぜそんなハメになったのか、その理由はわからない。いずれにしろ生命にも代えがたい、貴重な蔵書を投げ出されたときの岡本の気持ちがどんなものであったか、察するに余りがある。

## 骨っぽい生き方の根源

ところで、こうした岡本の在野の学者としての骨っぽい生き方であるが、どこからくるのかといえば、反官、反軍というよりは反俗のせいである。反俗が社会的条件に応じて、反ジャーナリズム、反栄誉心、反官僚、反軍部となっていったのだ――。

そのことは、叔父の山田孝雄が文化勲章を受けたときの彼の言葉にも現われている。彼は祝いに訪ねたものの、叔父のいないところで、その息子にそっと「おじさんも柔らかくなったネ。昔はとてもあんなものじゃなかった」と耳打ちしていた。

岡本の反俗は、山田とともに奇人学者・南方熊楠にも大いに刺激されていたはずである（その経歴、学問、生活ぶりは酷似している）。

しかし、山田、南方双方とも、反俗の最たるものであったが、ただ一点、宮城（皇居）に足を向けては寝られないといったところがあった。ここに至ると岡本はまるで異なる。彼は徹底した近代的個人主義者であった。日頃から、「個人は個人を侵すことなんかできやしないのだ」と言っていたが、事実、その通りの生き方をした。

子供に対してもその通りで、適令期に達した娘がブラジルへ行きたいと言い出すと、普通の父親ならば止めるはずのものが、彼は「いけいけ」というような調子で賛同していた。そして、実際に旅立つ日になっても、涙ひとつこぼさなかったということである（この娘さんはブラジルに定住している）。

卓郎さんによれば、「親父が酒に酔っ払って電柱に頭をぶつけたなんぞという類いの話なら、数限りなくあるんじゃないですか」ということである。しかし、その数限りなくあるはずの話も、主として岡本の世俗嫌いから中々聞き出せないのであるが、キリシタン文化研究会誌の岡本追憶号にこんな話が載っていた。

岡本は敗戦後、一時期横須賀に住まいしていた。居間は四畳半一間きりでおびただしい書籍があり、天井まで積み上げられていた。それで岡本は、「体をのばして寝る場所がないので、毎夜足を曲げで眠るのだ。地震があると本につぶされないように立ち上がらなければならない」と話していた。

それから間もなく、引越しということになって手伝いの者が行くと、呆れ返ってしまった。引越し荷物といえば本のみで、本以外の私物は殆《ほとん》ど何もない。りんご箱一個に収められた鍋と茶碗一つずつ、それに薄いぺらぺらのせんべい布団をくるくると捲いたもの一枚。それが南蛮学者・岡本良知の全財産であった。

いかに敗戦後の物資不足の時期とはいえ、ひどい話である。それは岡本個人の問題というよりは、日本という社会の民間学者に対する遇し方の象徴でもあった。日本という環境にあっては、官学のみ重んじられ、学歴も背景もない在野の学者は疎んじられる。山田孝雄の博士論文となった「日本文法論」は、山田が中学中退でしかないために、提出してから二十五年間も東京帝大の倉庫の中に眠っていた。同じように南方熊楠の学問は、今日においてすら正当に評価することを妨げられていると思われる。

こうした日本のアカデミーの学問に対して、仏文学者の桑原武夫はアカデミーの学的利己主義の立場からも在野学者をバックアップせねばならないと言っている。京都大学の東洋学《シノロジー》が躍進した大きな理由の一つは、中年まで民間学者だった内藤湖南《こなん》を、官学が礼をつくして招いたことにあった。そうした新しい在野の血を入れないことで、アカデミーの学問は必ず独善化し、堕落する。

結局、岡本良知の場合も、帝国大学からは迎えられず、彼もまた行こうとはせず、生涯の大半を在野の学者で通した。晩年になって大学教授職には就いている。昭和三〇年（五〇歳）に別府女子大学の教授となり、ついで三二年（一九五七）には亜細亜大学の教授となり、四七年（一九七二）八月、ガンで死去するに至るまで同校で教鞭をとっていた。しかもこの亜細亜大学での岡本は、熱心な教師であったようである。教授職にあるというよりは、彼の若年時の民衆啓蒙家としての精神がよみがえったのであろう。

岡本は昭和四六年（一九七一）十二月に腹部の手術を受けたが、周囲の忠告も無視して、冬休みに入る直前まで授業に出ていた。手術後の岡本は一層やつれて、立っていることさえ困難なありさまであった。それが翌年一月の後期試験が始まったある寒い日、強引に病院から抜け出して、学生たちに試験を行たうためにでかけてきている。しかも新学期になってからも烈しい肉体的衰弱にも拘《かかわ》らず、講義に出ている。

病院では「誰もこさせるな」と、まったく人を寄せつけず、「死んだら焼場で焼いて、どこかそこらにまいておけばよい」と、例によって強気の言葉をもらしていた。彼には一種の諦観みたいなものがあって、「死ぬまでは懸命にやる。死んでから評価を受けるだけ」と考えていた。そして死の間際まで、枕元のテーブルの上に原稿用紙や資料を並べ、最後の努力を地図の仕事に傾けていた。

## 海外で高い評価を受ける

もっともこのような学者に対し、世間的評価が全然無かったわけではない。しかし、それは主として外国でのもので、彼は昭和三八年（一九六三）にポルトガル共和国より Oficial 級 Santiago de Espada 勲章を受けている。なんでも向こうの最高勲章の一つだそうである。それから四一年（一九六六）に、ポルトガル文化国際アカデミーに招聘《しょうへい》されて渡欧した時のことであろうか、アカデミーの会員に推されたとのことである。帰途、ハーバード大学に招かれて講演を行ない、その講演は評価が高かった。

そうした自己の栄誉については、岡本は一切人に喋っていない。勲章をもらったことなどまったく意に介していなくて、たまたま親戚の女性がその勲章をみつけた時には、まるで銅メダルかなんぞのように、くしゃくしゃとこわれた箱の中につっこんであったそうである。アカデミーの会員に推された時も、大会出席のためガウンを贈られたが、そのガウンも邪魔とあって、どこかの国へ置いて帰って来たと書いている人がいる。岡本良知は万事そういう人柄であった。

亜細亜大学で聞いた話では、岡本は一切の長につくことを拒んでいた。ある年、大学内部で、看板教授である岡本を所長にかついで、イベロ・アメリカ（スペイン・ポルトガル系のアメリカ）研究所を創ろうとしたが、岡本はそんなものは必要ないと断わっている。持論の学問は学問だけであればいいという考え方を、あくまで貫こうとしていたのである。岡本は日頃から「日本人ほど肩書きの好きな国民はいないね。名刺にいくつも肩書を並べてるのは、まったくあほらしいよ」と言っていた。
こうした稀代の碩学《せきがく》を評して、鮎沢信太郎博士は「岡本先生はあまり偉すぎて、私たちの励みにはなりませんね。絶対に届かないのですから」と言い、イギリスの東洋学の権威、C・R・ボクサーは岡本良知の霊に、次のような十六世紀ポルトガルの詩人フランシスコ・ドゥ・サ・ドゥ・ミランダの言葉を捧げている。

信念奪うべからず
見解に徹す
妥協を排し
むしろ自滅を選ぶ
この人宮廷の栄を望まず

# 逸見直造・浪華のリバータリアン

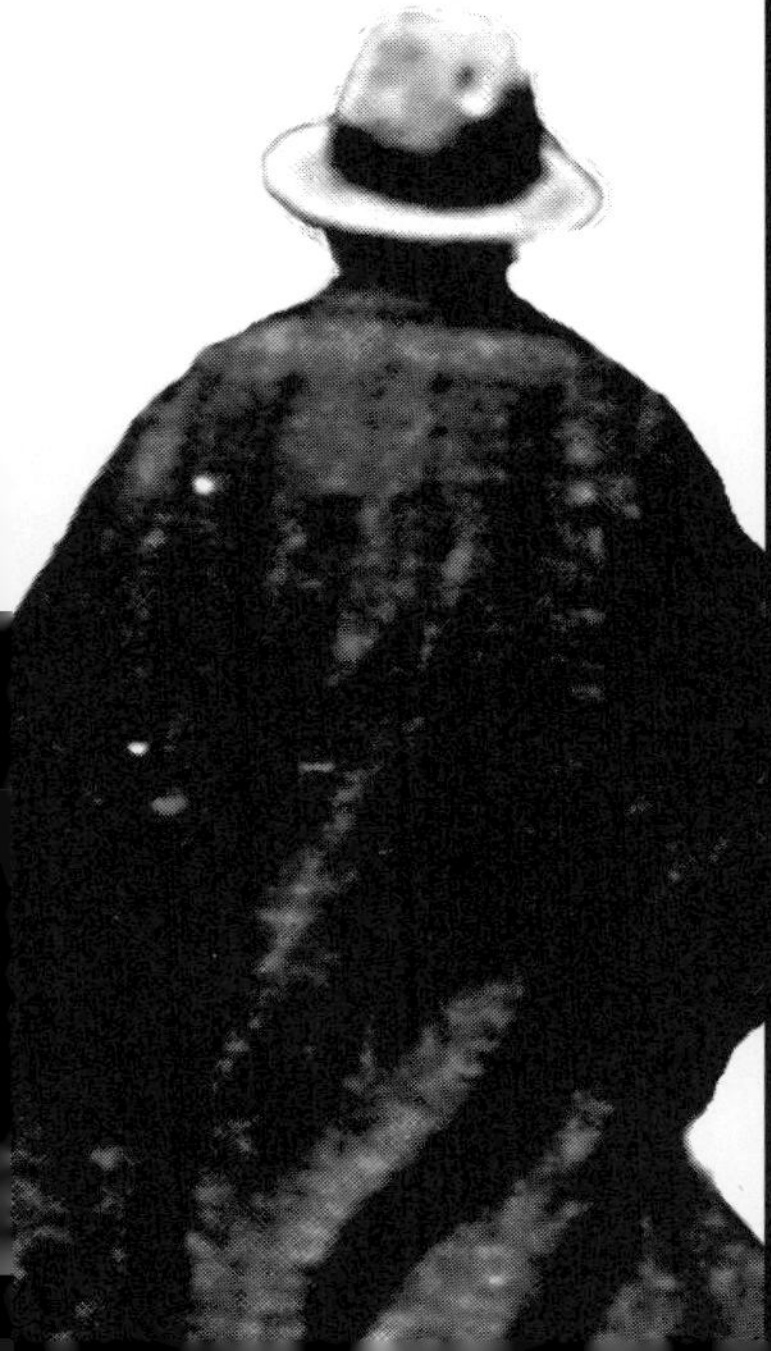

## この子にしてこの母あり

日本でも市民運動なるものは、ある程度定着したかにみえる。最近（註・執筆当時）では既成政党に飽きたというので、「革自連」（「革新自由連合」）なるものが生まれているし、天皇は日本の着物というものを着たことがない、是非お召しになっていただこうというので、永六輔らによって、「天着連」（「天皇に着物を着ていただこう市民連合」）なるものまで出来ているそうである。

この市民運動なるものは大体日本では、ベトナム戦争を通じての「べ平連」（「ベトナムに平和を！市民連合」）によって一般に膾炙《かいしゃ》されたと思われるが、さらに逆上れば起源はどの辺までゆくものであろうか——。

私自身は不勉強にして詳細は知らないのであるが、市民運動を広く解釈して大衆の日常生活斗《と》争《そう》と解すれば、あるいは明治二十年代の自由民権運動あたりまで、溯行《そこう》できるのかも知れない。しかし市民運動が市民意識を背景にしているものである以上、やはり富国強兵の明治期よりデモクラシーの大正期を念頭においた方が考え易《やす》いのであり、事実大正中期に至って、不特定多数の未組織住民を対象とした大衆運動が苛烈に行なわれていたのである。

その代表的存在として、私は大阪の逸見直造《へんみなおぞう》を挙げたい。

逸見直造——といっても今では殆《ほとん》ど知る人もいないであろう。が、大正十年（一九二一）前後の大阪辺では大変な名物男であり、社会運動の方では圧倒的な人気のあった人物である。直造は大正期社会運動の勃興に当って、社会主義伝導（教育）や労働運動とは別箇にあり、ましてリャク屋（掠奪の略、資本家からの掠奪）とも異なり、独自の力で不当に嘆く下町住民たちのために盛んに運動を展開していた。

ことに住民問題に関わるや、水を得た魚のごとく活動し、事実上日本人の中に住宅問題と借家人の権利意識を植えつけたのは、彼をもって嚆矢《こうし》とするといって過言でない。

しかもその運動の方法は、バラエティに富み、独創的である点において類をみないものがあった。一般的に革命的であることと現実的であることとは中々和解しがたいものであるが、彼の場合に限ってはさに非ず、過激にして且《か》つ実際的であった。大体性格的に親分肌の大らかな人柄であり、アナキズム系の運動家でありながら、同時に革新派の代表的性格をも持っていた。

その点、彼自身、若い頃若干つながりのあったアメリカの女流アナキスト、エマ・ゴールドマンに似通っているのである。

息子の吉三さんによると、普選運動華やかなりしある夜半、直造のこうした資質と人気を気にして鐘紡（鐘淵紡績）の武藤山治《むとうさんじ》が訪れてきたことがあるという。訪問理由は、立候補の意志のある武藤は、もし直造も立つとあれば強敵となるので、隠密に事前に、「どうかね、お前さん、出る気はあるかね」と打診にきた――。つまりそれほどに直造は当時の大阪においては、知名人だった。

したがってその急死に際しても、各階の層が集まってきた。敵も味方もない（当時の新聞がそのように報じていた）。この時ばかり呉越同舟で人々が集い、葬儀の列は延々と数百メートル続き、葬儀の列の先頭がすでに阿部野の斉場に到着しているというのに、家の方ではまだ出立しない幾組もの参列者がうろうろしているといった状況だったのである。

このように真に大衆的な、日本の市民運動の草分け的存在としての逸見直造は、明治十年（一八七七）一月十五日、神戸に生まれたのであるが、直造の人と生涯を知るためには、彼自身の前にどうしても母親の美代のことを承知しておく必要がある。この子にしてこの母あり、生まれは江戸嘉永年間（一八四八～五三）の生まれながら、頭は時代の文明開化の精神に充たされており、名実ともに直造を産み出したのは母親美代であったといっても過言でないのである。

美代は神戸では、輸出用の岡山産花筵《かえん》を扱っていたという。恐らくこの時代に、彼女の海外に対する関心が開けたものであろう。その位置からしても、美代は当時の日本女性の中の最も新しい女の一人であったとする白井新平氏の意見に賛成である。

しかし明治十年、日本で初めて国内勧業博が開かれた折に東京へ上京した美代は、まだ呉服店時代の三越前のランプの街燈をみて「ほほう」と新鮮な驚きを得た。「何と明るいことか――」当時はまだ国内の照明の大半が種油を使っての行灯《あんどん》の時代であるというのに、ここでは石油を使用してのガス燈が立っている。田舎からの上京組の誰しもが驚くに決まっているが、美代のもう一つ違っているところは、これをみるや直ちに時代の行く末を察知し、器具の製造を思いたったことである。

それで明治十六年（一八八三）頃、兵庫から大阪の今宮村広田の森（現広田神社横）へ移って、石油ランプの芯の製造を始めたのであるが、これが予想通り当って、明治三十年（一八九七）頃には従業員を六十人も使うほどの製造業者になっていた。従業員六十人というと、当時の大阪では五十人以上を使う製造業は五十に充たなかったというから、かなり大手の業者であったということになる。

つまり美代はその先見性と企業才によって、それだけまでにのし上がったということであるが、しかし事業がそれほどまでに広がり、金にも不自由しないというのに、自分の子供たちには中等以上の教育というものをつけさせなかった。その理由を尋ねると、美代のはるか幼児の頃にまで逆上ることになるが、彼女は大の官員（官吏）嫌いであった。

美代がまだ四、五才の時分のことである。街道を参勤交替の大名行列が通った。その時に幼女の美代もみなと同じく土下座してひれ伏していたのであるが、ふと顔を上げて辺りをキョロキョロ見廻した。途端にそれをみつけた供先《ともさき》の武士が、「無礼者めが！」と大喝して、美代をひっ捕えんとした。それで今度は美代が立ち上がってワアワア泣き出して一層困ったのであるが、近所の婆さんが突差の行為で美代をひっ抱えて着物の裾に入れ、「お許し下さいませ。子供はもうおりません。おりません」と平謝に謝って、ようやく事なきを得たということである。

美代は子供心に、この時の白刃をぬいた武士の恐ろしさがいつまでも刻みついた。そして生涯のサムライ嫌い、ひいては巡査嫌いの官員嫌いとなったという次第である。

それで美代は自分の子供の将来についても、子供を仕込んで官途につかせるという当時一般の風潮に従わず、技術を教えて職人の道に進ませるか、身ひとつで立てる商人の世界に入らせようという腹積りで、子供達は何《いず》れも学校教育の場に送らなかったのである。そして初心通り、養子にきた夫との間に生れた五男四女の子供のうち、病弱で道楽者の長男を除いて、四人の男の子たちはそれぞれ小学校を終えるや、次々と兄の許《もと》へ送って刀鍛冶を修業させた。美代は岡山の刀剣商藤五郎の長女に生れ、次兄大吉（東洋）は著名な刀鍛冶であった。

しかも美代の偉いところは、息子たちが修業から戻り、二十にして徴兵検査を終えるや、旅費だけ持たせて次々にアメリカに送り出し、海外の新知識を体で学ばせるという思い切ったやり方をとったことである。

## 叔父、東洋の影響

美代はこういうハイカラにしてしっかり者の婆さんであったから、後に直造がアカだといわれて、妹連中さえ近付きたがらなかったのに、「日本の政府はバカだから、外国の知識を応用している人間のよさがわからないんや。子供のやっていることの方が正しい。巡査いてもかめへんからやれいー」と激励していたという。目に一丁字なくとも、心眼の開いた女であったのである。

かくて逸見直造は明治三十年、徴兵検査を終えるのを待ちかねていたようにして、アメリカへ旅立って行った。ただし与えた金は旅費のみ、後は向こうで自活せいというわけである。その後も特別の場合以外は、美代は一切送金しなかったといわれる。

直造はこのような気丈夫にして典型的な賢母型の母親を持ったわけであるが、ここにもう一人叔父の逸見東洋の影響というものをみないわけにはいかないと思う。なぜなら直造自身少年時代に東洋の許《もと》で刀鍛冶の修業をしているわけだし、母親の美代の生き方といえども多分に兄に刺激されての生であったと推察されるからである。東洋の没年は大正九年(一九二〇)十二月二十四日で、大正十二年(一九二三)に逝った直造の生涯と殆《ほとん》ど重なっており、陰に陽に叔父に影響されざるを得なかったはずである。

この叔父東洋に関しては、同郷の作家・本山荻舟《てきしゅう》が中編の伝記を書いていて、その生涯はかなり詳しくわかるのであるが、東洋、少年期より才気換発にして性は放縦無頼、諸国を捗《わた》り歩いて人生修業をした。もともと刀屋の家に生れて、刀の魅力にとりつかれていたのであるが、十七才の折に近世の名匠と称せられた尾崎長門守の門に弟子入りし、二年足らずのうちに忽《たちま》ち立派に古刀として通るほどの腕前を身につけて、師家を飛び出した。

それからの東洋は放蕩三昧《ほうとうざんまい》、妻子が居ようと構わず、一旦《いったん》わが家を出ては、いつ何時に帰るとも知れないヤクザ生活を送っていた。維新後廃刀令が出てからは刀鍛冶も仕事にならず、文人画に精を出していたが、ある年なんぞ、ぶらりと家を出たまま三年も家に戻ってこなかったことがあるそうである。

大阪では柔道の旧師が道場を開いていたので、しばらくそこの食客となっていたのであるが、道場の休みの一日、道頓掘見物に行って、そこで大ゲンカになった。東洋は遊び人風の男十五、六人を相手に次々と右へ左へ投げ飛ばし、暴れ廻ったのであるが、遂に相手方はわっと引き下がって逃げてしまった。その翌日のことである。見慣れぬ侠客《きょうかく》風の男が東洋の許《もと》に現れて、用件を聞くと、

「昨日は大先生とは知らず飛んだ失礼をしました。つきましては手前どもの仲間、てっとり早く〝死にたい組〟と申しまして六、七十人おりますが、組の頭だったもの寄り集りまして、どうかこの組の大親分になっていただきたいと思いまして参上致した次第でございます……」

という話であった。

その真剣な言葉を聞いて東洋は、

「左様か」

と応揚にうなづいて、「それほどまでに頼まれるものを、むげに辞退もなりにくかろう」と〝死にたい組〟の親分を引受けたものの、こればかりは師匠に大目玉をくらってとがめられ、

「一旦《いったん》約束の盃を交わしたからとあっては、彼らも承知しまい。今日にでもとっとと国に帰れ!」

と道場を追い出された。

さすが気の強い東洋もこの時ばかりは苦い思いをし、這這《ほうほう》の体で郷里へ戻ってきたそうであるが、かく放蕩無頼の東洋にして、天稟《てんぴん》の冴えは抜群であった。本山の著、『近世数奇伝』によると次のようである。

「刀を打てば正宗(「明治正宗」の異称をもらっていた—筆者注)といわれる外、東洋は習はぬ画をよくし、また書にも堪能で、山陽を学べば山陽になり、南洲に擬すれば南洲になった。風雅の道に志すようになっては、茶の湯、活花をも愛し、殊《こと》に茶は千家表流碌々《ろくろく》の斎宗左の皆伝を得た、吉田箏道《そうどう》の門に入って、たちまちその奥儀を究めた。謡曲は観世を学んで、鼓《つづみ》、太鼓をよくし、その他琴をも弾けば、三味線《しゃみせん》にも堪能だった。武芸、工芸、遊芸と器用の限りを尽したが、同時にま

た器用過ぎたのでもあった」
とりわけ彫刻の道にかけては天才的な腕前を発揮し、毛筋一本誤ちを許さぬ漆彫《うるしぼり》の堆朱《ついしゅ》、推黒の世界で大成をなした。その剛毅《ごうき》にして繊細極まる手法は各方面で珍重がられ、その作品は国内博覧会からアメリカの世界大博覧会にまで出品されていた。東洋畢生《ひっせい》の大作「風神雷神」の番盆は、皇室に収められているということである。

東洋の父は果して如何《いか》なる人であったか不明であるが、逸見家に流れるこの母、叔父の血はモロに直造に受け継がれているとみられる。即《すなわ》ち開明的にして反官的、事業才があって同胞的な点は母親美代に似、流寓無頼の心情に加うるに職人的（あるいは芸術家的）一刻さや俊敏さは叔父に酷似しているといえる。直造にあっては両者になかったものはアナキズムであるが、これとても逸見の血とつながり、その浪漫的、理想的資質の、思想と接するところでアナキズムとなったとみられる。

しかも個性と自由を謳《うた》うアナキズムにすら専属することなしに奔放に生きた直造ではあるが、その足がしっかりと大地を踏まえていた点においても逸見を顕わしていた。逸見家に流れる職人的（あるいは事業的）血筋は到底観念の世界に遊離することを許さず、加うるに大阪で育ったという土地柄と、プラグマチズム（pragmatism）の国アメリカでの体験は、彼をして徹底して現実主義に向かわせたのである。

この逸見家の恰《あたか》も相反するごとき浪漫的傾向と現実傾向双方への血であるが、前者が屈折して長兄の儀三郎へ流れ、儀三郎は金があるままに遊興の巷《ちまた》で遊び呆け、結局、道楽の道で果てたということであるが、後者は息子の吉三に一層顕著に顕われている。

吉三さん（七四）は現在なお東大阪市大蓮北に健在なので（註・執筆当時）これまでにも、二、三度お会いし、今正月にもお話を伺うことができたのであるが、何と火の気の全然ない外の寒気が直接入り込むような六畳で、延々四時間半も語られたのにはこちらが参ってしまいそうであった。老いてなおこれだけの持続力、耐久力に、さすが往年の斗士《とうし》とほとほと感心した。

しかもその話の内容たるや、自ら「悪の貯蔵庫みたいなものや」と言われる通り、法の裏表をかいくぐっての斗《たたか》いの日々であり、体制に対するその現実的知的狡猾《こうかつ》さに至っては、父親の直造以上のものと思われた。これまでに留置、入獄されたことが数十回（「二、三十回ですか」と訊くと、「いや、そんなものじゃない」といわれる）、ひどい時には一年の三分の一は入っていたという人であるが、まさに大阪の主義者の見本をみせつけられた思いがしたものである。

ところでアメリカに送られた直造はその後十年間いたが、その間まるで彼地に滞在したというわけでもなく、およそ二年置きぐらいに日本に帰ってきている。当時は徴兵検査前の未成年者は渡航制限があったから、弟たちが検査を終えるごとにアメリカから連れ出しにきたのである。そして三人の弟を渡米させる以外にも、大阪博やら嫁取りやらで美代の許《もと》に戻ってきていた。

## 地獄へゆきやがれ

アメリカでの直造は、初めカリフォルニア州サラトガの同郷人を頼っていった。そしてアメリカでは、今日の日本でいう各種学校の発達している国なのでコック学校に入って勉強し、パン職人となり、また庭職やアップル栽培の農業労働にも就いた。

これは日本を出る時に、美代から「どこの人間だろうと喰わな生きてかれんのだから、向こう行いったら喰い物の勉強せい。それから喰い物の栽培を習え――」と言われてきたので、その通り実行したものである。

そして仕事を求めて直造は、北はカナダのバンクーバーから南は北米フィラデルフィアまで、おもに太平洋沿岸を歩き続けたのであるが、明治三十年（一九八七）頃の日本人のアメリカ移民などというものはみじめなものであった（明治二十年代に行った人は、一財産つくっている人が多いようであるが）。大体移民には教育のない人が多い。大抵が漁業労働者、農業労働者、植木屋、散髪屋などといった低労働者に属していた。

当時為替レート一ドル八円ぐらいであったが、十日働いて人によっては半月分くらい溜めていた。どうやって溜めるのかというと、朝は早く街頭へ出てアスファルトに水道の水を撒いて洗ったり、ガラス拭きしたり、ゴミを集めたりする。こんな仕事でも二、三時間すれば一ドルくれた。それから工場へ行って一ドルか二ドル儲け、夕方また食堂、ホテルのような夜間営業やっているようなところ行いって、皿洗いでもするのである。

抜け目のない奴は、日本からピッと飛ばす一銭くらいの蝶々のおもちゃを送らせて、公園や博覧会場などで四十銭（五セント）で売ったりして儲けたりもしていた。

そんなにして得た金であるから、使う方だって無駄に消費せず、ベッドなんかでも二人で借りて、昼夜交替で寝ていた。

直造は語学は出国前に天王寺辺にキリスト教の学校があって、毎晩通って勉強し、何とか日刊新聞くらいは読めるようになっていたのであるが、到着しては全然相手の言うことが解せなかったということである。仕様ないから半年ほど農家へ行って馬車に乗って野菜運搬しながら、みようみまねで言葉を覚え、そのうちに夜間学校へ入ってパンを焼くことを覚えたものである。

パンを焼いている頃に、如何《いか》にも若い頃の直造らしいエピソードがある。

それはある教師の家庭で、親類ともども住んでいる大きな家であったが、直造は朝早くから起きておいしいパンを供していた。

と、そのうちに先生の奥さんが近所にふれ歩いている噂が耳に入ってきた。「うちのジャップはおいしいパンを焼くんですよ。あなたのところも雇ったらどうですか。給料だってアメリカ人の半分もいらないんですよ。」

この言葉を聞いて直造は頭にきた。そして主《あるじ》の先生が戻ると早速抗議に及んだ。

「あなたの奥さんの言葉は、まるで日本人を人間とも思わない言葉じゃありませんか。それも普通のアメリカ人の家庭ならともかく、あなたのお宅のような教育者の家庭で、このような言葉が吐かれるのはもってのほかです。今日かぎり辞めさせていただきますから、給料を精算していただきたい！」

まだ二十《はたち》そこそこのジャップの烈しい言葉に主は驚いたものの、辞められては困るから給料を払わないでいた。すると直造は、給料をもらわないで飛び出してしまった。

母親美代の実際的な性格とともに直造は、権力主義的な差別意識に対する美代の反抗的な血筋もまた受け継いでいた。ついでに珍しいもの好きというか、新しい事物に対するものおじしない点でも、親子似通っていたというべきであろう。

直造は日本へ帰国してからも、アメリカの博覧会で、棺桶のモデルとなったことを話しては笑いこけていた。

アメリカというところは博覧会好きで、毎月のようにどこかの州で博覧会をやっている。その博覧会に棺桶を出品していた会社が棺桶の中の人形代りに、本物の人間を入れようとモデルを募集したのである。その会社の名前は〝Go To Hell!〟、おれんところの棺桶を使わない奴は「地獄へゆきやがれ！」というすさまじい名前の会社だった。直造は時間が短くて金になるので、この会社に応募した。そして死装束をして、棺の中に横たわっていた。その棺というのは、中に立派な羽二重《はぶたえ》が敷きつめられ、バイオリンの上等のケースよりもなお立派だった。これが評判を呼んだことはいうまでもない。

明治三六年（一九〇三）、二人目の弟を連れに帰った直造は、渡米するまでの間、大阪天王寺公園で開かれた第五回国内勧業博覧会で、西洋料理店サンセット食堂（日暮亭）を開いた。この食堂も美代の示唆によるものであったが、経営的には大失敗であった。アメリカ帰りを売り込んで、コックも外国船の司厨長を雇うというこりようであったが、値段が何しろ一食一円と高級料理だったので客が入らない。一日にせいぜい十人から二十人というお客で、さんざんの目にあった。

これにこりたか直造は、明治三八年（一九〇五）にはシアトルで友人の中国人とともに、一食一〇セントの安めし屋を開店した。当時、シアトルで一食十五セントが普通であったから、この下層労働者目当ての食堂は大好評であった。

ところがある日、やくざのカウボーイたちが数十人客をよそおって入り込んできて、店内で八百長げんかを始めた。やがて大乱闘となり、彼らは西部劇さながらに暴れ廻って、店を完全にメチャクチャに懐してしまった。直造は再起不能の大損害を受け、閉店せざるを得なかった。もちろん警察に届けてもどうにもならない。かえって、金が安いのは量が少ないせいだろうとなじられる始末。たのみの綱の日本領事館も、まったく頼りにならなかった。このことを契機に直造は、すっぱりと商売の道をあきらめてしまった。

商売をあきらめて直造は、アメリカの各地を転々と放浪しながら、その頃、全米に広がってきたＩＷＷ（全世界労働者組合）の運動を見聞したり、にわかに活発化してきたサンフランシスコ革命党の友人の影響を受けたりしていた。

逸見直造が初めて社会主義に触れたのは、明治三六年（一九〇六）の博覧会の時らしい。博覧会にドイツ、シーメンス社の機関車が出品されていて、ついてきた技師がハナヤートといった。このハナヤートが手頃な下宿がなくて困っているというので、直造は自分の家に泊めてやった。その際に、ハナヤートからいろいろドイツ国内運動の話を聞いた。

しかし彼の話は直造がそれまでの在米体験からするアメリカデモクラシーと比して、ドイツ社会主義は随分と異質なもののように受けとれた。それに技師長の話が甚だ急進的であるのに、彼の日常生活が極めて穏健地味であるのに疑問を感じたというから、自《おの》ずとそこに直造の資質が現われていたというべきである。

## じっくりみた米国の運動

さて直造のアメリカでの社会主義体験であるが、彼は帰国後においても結局は社会主義者であるよりは社会運動家であったように、アメリカでも特定の党派や主義に属することなく、その周辺にいただけである。周辺にいながら、アメリカ人の活動振りをじっくりと眺め、やがて日本へ帰ったらこのような運動をやろうと秘かに心を固めつつあった。

直造がアメリカに渡った頃はまだ人口は少なくて、ニューヨークなんぞ、たった十万人か十五万人くらいしか住んでいない土地であったが、アメリカ社会に移って最初に奇異に感じたことは次々に大統領が殺されることであった。一番偉いはずの大統領が暗殺されることで、政治というものに関心を持った。

暗殺については資料を調べ、リンカーンが殺された際の記録も読んだとのことである。殺したのは南部の役者で、劇場でリンカーンを射った。その直後南部へ逃げたものの、当時すでに電信があったのと、有名役者で面が割れているので捕ってしまった。すぐ背後関係の捜査が始まり、その男の下宿先を調べると、サン・シモン、プルードン等フランス社会思想家の著書がでてきた。下宿のおばさんも役者に協力していて、一党四人が陸軍の兵営内で絞首刑にされた写真もみることができた。

在米日本人の間で急速に無政府主義運動が燃え上がり始めたのは、明治三九年から四十年（一九〇六、七）にかけてのことである。明治三七年（一九〇四）にアムステルダムで開かれた第二インター出席の途中、サンフランシスコによった片山潜は、赤羽巌穴や岩佐作太郎ら日本人福音会の青年たちに助力を求めて、「社会主義協会」の設立を提案したが、これは数ヵ月足らずして有名無実化した。サンフランシスコ在住日本人が非戦を唱えてその急進的性格を明確にしてきたのは、翌年三十八年（一九〇五）二月、幸徳秋水《こうとくしゅうすい》が渡米してきて以降のことである。

しかしすでに議会主義を超えていた革命青年たちは、社会主義者幸徳にはいたく失望したらしい。直造は幸徳とは直接会っていないが、幸徳が帰国した一ヵ月後の七月一日にできたサンフランシスコ社会革命党の植山治太郎（丹波出身）と親しくしていたので、幸徳のことは色々聞いている。在米中の幸徳については、「あんなものは議会主義やないか」といい、「『社会主義神髄』なんぞ完全なマルクス主義や」とも語っていたそうである。

幸徳はアメリカから帰って、議会主義派と別れて直接行動《ダイレクトアクション》派に変わるのであるが、それを知っても直造は「付け焼刃や」といって信用していなかった。彼の観念嫌いの行動的体質と、アメリカの現実的革命家たちの運動を観察体験しては、容易に知識人幸徳の変言を肯定しなかったのである。

サンフランシスコ革命党はその後「天皇睦仁《むつひと》への攻撃」や「大統領ルーズベルトの暗殺企画」の当局側の陰謀や噂で、日本と全米を騒がせるのであるが、直造は社会革命党の具体的活動には参画しなかった。同郷の社会主義者縄本百太郎に、「革命党の中には領事館のスパイが潜入している。うっかり近付いてはいけない」と忠告されていたし、帰国後一緒に活動する長谷川市松や植山治太郎からも、「こちらの様子が領事館につつぬけになっている」という話を聞かされていたからである。

この時期は同時にアメリカではロシア系ユダヤ人の女流アナキスト、エマ・ゴールドマンや、その夫ベルクマンが盛んに活躍していた時期である。一九〇五年（明治三八）以降は、ユダヤ人、イタリアの移民労働者たちを集めたＩＷＷ（Industrial workers of the world）の運動も非常に活発となる。このＩＷＷはフランス流のサンジカリズムの影響を受けていて、加盟員は相当程度にアナキスティクに動いたのである。

ゴールドマンは夫が捕われるや、刑務所の地下までトンネルを掘って救出せんとするような大変度胸のある女であったが、その文章を読んでみると、むしろ保守的人物に近い情熱と暖かみを感じる女性で、しかも弁舌さわやかにして、他人に関しては大変寛容である。そのためにアナキストに止まらず幅広い進歩層から支持されたのであるが、彼女はニューヨークのユダヤ人街オーチャード（後に金融トラストとなっている）で、社会主義伝導協会を開いていた。

直造はＩＷＷには手紙を出して、何かパンフレットを送ってもらったことがあるといい、ゴールドマンの協会を訪ねたこともある。だが訪問した折には丁度ゴールドマンもベルクマンもどこかの争議の応援に行って不在であり、会うこともできずに帰ってきた。私は先にも述べた通り、直造の体質とゴールドマンの資質に共通性を感じるものであるが、それでこの時もし二人が会しておれば……と想像してみたりする。

しかし直造が在米中親しく見聞したのは、ＩＷＷ、社会主義伝導協会、サンフランシスコ革命党というよりは、むしろ、〝Knight of Labour〟（労働先駆者団）の活動であった。直造はここの誰かと知り合い、引き続き後進のＩＷＷに関心を持ったということらしい。

この労働先駆者団というのは、アメリカの生活防衛のための自然発生的な労働運動で、秘密結社的な団体であった。例えば会員の誰かが首切られたら直ちに抗議に押しかけ、失業すれば扶《たす》けあうといったものである。団員の奥さん方の活動も中々盛んで絶えず日常生活上の問題を監視している。町のどこかの肉屋が肉を高く売れば、すぐと「どこそこの肉は高い。買うな」と張紙をして不売運動を起こすし、アパートの家賃を上げればやはり団員同志で家賃引下げの交渉をしたりするのである。

この先駆者団は後にＩＷＷに吸収合併されたそうであるが、ＩＷＷにしても杓子定規的な型にはまった斗争《とうそう》を嫌い、つねに実際的であった。争議の仕方も変わっていて組織というものを持たず、ＩＷＷの切符さえ買えば、どこの争議であろうと請け負いで援助にいった。

そうしたアメリカでの市民運動のやり方を直造は、感銘を持って眺めていた。

アナキズムとプラグマチズムというと、あるいは変に思う人があるかも知れないが、そうでもないので、大杉栄なんかでもその理論の中にフランス流〝生の哲学〟とともに、アメリカ流〝プラグマチズム〟をとり入れていたし、確かに現実と行為のプラグマチズムには社会運動家の学ぶべき点が多くあった。ＩＷＷにはサンジカリズムの思想とともにプラグマチズムの影響があったといわれるが、さもありなんと思われる。

プラグマテストとアナキストの交流もあったらしくて、一九三四年、ゴールドマンがロシアへ追放されて後一時帰国を許された際には、プラグマチズムの著名な哲学者ジョン・デューイらが暖かく彼女を出迎えている。

直造はこれら急進的にして且《か》つ実際的な運動（思えば自分の食堂のカウボーイによる破壊も、危機を感じた白人の食堂組合の自衛運動であった）を学んで、それを日本社会に応用したのである。

その意味では、日本にいて幸徳や大杉や堺に影響を受けて社会主義者になった人々とは、非常になり方の経路が違う。もともと体質的に陽性で、「逸見売名王」と呼ばれるほど自己顕示的な性格の持ち主であるが、そうした資質がさらにアメリカの運動の実際を知り、強化され、吉三さんの表現によると、「ねずみの穴蔵」みたいな日本のアナキストの徒党には容易に組みし得なかったのである。

## 大阪人の斗《たたか》い振り

直造が足かけ十年のアメリカ武者修業を終えて、日本へ戻ってきたのは、明治四十年（一九〇七）の暮のことである。母親からの手紙で長兄が危篤であることを聞き、急いで大阪のわが家へ舞い戻ってきた。翌年、長兄が他界すると、直造はランプ製造の家業を整理した。

以後徐々に直造の活動が始まるわけであるが、直造の社会主義を考える場合に、もう一つ大阪という地盤を考えておく必要がある。直造は生粋の大阪人ではないが、大阪人といって差支《さしつか》えないし、吉三に至ってはなおさらのことである。大阪人としての逸見親子の社会運動は、やはり大阪的であった。

一般に大阪という土地柄を考えるのに、やはり商業をもってするのがよく、江戸期の大阪商人は江戸商人の政商的、御用商人的であるのに対して、余程平民的である。何といっても江戸は将軍のお膝元であるし、江戸商人の大半の顧客は武家であるのに対し、大阪商人の客筋は遠国《おんごく》、近国の平民である。したがって大阪もんは、江戸っ子のように田舎や在方《ざいかた》を決して見下げはしない。反対に単に武家であるからといって、珍重もしない。

「侍も町人も客は客」（「心中天網島」）であって、その点大阪は余程江戸より開けていた。

しかも江戸商人と大阪商人と較べて、一見淡白そうでいて案外空言を弄し、ごてくさ（ぐずぐず）言うのは江戸商人である。大阪人は関東人のように小田原評定を好まない。事に当ってドシドシ実務を行ない、規則や評議に一々こだわらず、天衣無縫《てんいむほう》に振まってしまう。

むろんそれだけに大阪商人は何事も金銭で解決しようとする露骨なエゲツなさがあり、アクの強さがある。しかしそれをしも認めて、大阪商人の平民的感性や独立自存の姿勢は買うべきであり、理論や学問は軽視しても実際的で何事も成果を旨とする生き方はとるべきと思われるのである。

いわばこれら大阪商人の諸特徴をすべて身につけていたのが、逸見親子である。彼らの運動はまさに大阪的であり、ことに幅広い人間性と現実的智慧において並はずれていた。

一体に大阪人は人間関係を大事にする。平民を相手とする商行為の上からも、大阪商人は敵をつくることをいやがる。そういう面が直造になると、四海みな同胞ということになりかねないのである。主義傾向にこだわらず運動をやっていた連中は、随分と直造に世話になっている。直造の家の二階には常時失業した組合員や、東京から逃れてきた運動家が数人タダめしを喰《くら》ってごろごろしていた。仲間に対して同志的というよりは同胞的、あるいは身内の者という感じ方で接しているのである。

身内の者であればこそ、もし誰かによって身内がいじめられれば敢然と戦いを挑む。

これはかつて和田久太郎と交替で大阪の『労働運動』(雑誌)を担当していた和田英吉氏の話であるが、大阪へ着いて逸見の家に逗留したところで警察に引っ張られ留置された。その年ちょうど直造は岡山へ行っていて留守をしていたのであるが、五日目に家へ戻ってきてみると、和田がいない。さあ、頭から湯気の立つほど怒った直造は、すぐさま留置先の警察に駆けつけ、特高(特別高等警察)の部屋に怒鳴り込でいった。

「うちにいた英さんを引っ張ってきたのは、誰や。俺の家にいた人間を何で引っ張ってきたんやあ――」

直造という人は図体がでっかくて、押し出しがいい上に、例えば電車に乗っていて、車掌が「高麗橋三越前!」と呼ばわると、わざとみんなに聞こえるように、「車掌があいうこというて盆暮に三越から手拭いもろてるんや」てなことを平気でいうような、タフとラフで有名な男である。それが血相変えて警察に怒鳴り込んできたのであるから、警察でもびっくりして、翌六日目の朝和田を釈放してしまった。

和田はそのことをひどく感謝していて、「偉いもんだった。逸見売名王とか何とかいうけれど、直造は明治的勇気というものを持っているんだった」と回想している。

また人間関係を大事にする大阪人は、いわば東京人が直球的であるのに対して変化球的であって、人間関係の手練手管《てれんてくだ》に丈《た》けている。直造はあれだけ悪家主攻撃に終始したといえども、真から相手を憎んでいるわけでもなく、家主には家主の相当の利を認めていて、それなりの抜け道もまた考えてやっていた。家主がちゃんと家賃のとれる方法である。そのことでまた借主は借主でまた便宜を与えられていた。

そうした意味での直造の現実的戦術というものは、大したものである。京都出のアナキスト山《やま》鹿泰治《がたいじ》なんかも印刷工上がりのせいか、随分と生活的技術に丈けた人であったが、直造の場合には同じ現実的であっても、運動的技術に長じている。ことに「法律相談所」を設置して以来の直造は、都合のいいことは法を循にとり、都合の悪いことは法の網の目をかいくぐりの大活躍であった。

大学出インテリの理論的体系癖や倫理的潔癖さといったものはみじんもなく、悪に対しては悪をもってしてもゴリ押しに押してしまうのである。またそうでなければ、天皇制権力に容易に勝てる時代でもなかった。

吉三さんの話によると、娼妓《しょうぎ》の足抜き（自由廃業）もようけやったそうである。

その場合どういうやり方をするかというと、当時日本の公娼制度というのは、他人の籍に入った嫁さんは働かすことはならなかった。それでもし人妻を女郎にしようと思ったら、まず女の籍を外して一人もんにしなければならない。除籍してその後に三年間とか五年間とか、借金してゆくわけである。

それから娼妓の取締り規則というものがあるが、それには一定の区域においておけとか、泊りがけで売春したらいかんと書いてあるのみで、性行為をさせたいという字は一つも書いてない。それはそうだろう。娼妓にとって性行為は、当然のことであるから。

しかしこの二つの制度と法の抜け穴を利用して、女を逃がしてしまうのである。女は廓《くるわ》を抜けると警察にゆく。警察では、遊芸をするのが仕事やと思うて売られてきたけど、毎日変った男と寝るとは取り締り規則にありませんから、こういう商売やめたいといわせる。その場合やめる理由としてもう一つ、天皇をかつぐ。「大日本帝国の臣民として生まれて、男に売春して金をふんだくるという生活は、天皇陛下の赤子としてようしない。廃業します」と。そうするとさすが警察も天皇陛下をかつぎだされて、よう弾圧することができなかった。

残る問題は女郎屋側であるが、これは女が逃げている間に親兄弟を説得して戸籍謄本をとり寄せ、好きな男か誰かのところへ入籍させてしまう。その後戸籍謄本をとって、本日より私は誰それの家内に決りました、女郎の鑑札《かんさつ》は廓主がとりあげて、ないから、警察で停止させてくれといえば、それで警察も廓主もお手上げとなった。

こうした逸見親子の実際的奸智《かんち》ともいうべき戦術に警察もしばしば裏をかかれ、「また逸見一派にやられたあ――」と、頭に手を当てがって泣き寝入りをしていた。

もっともこうした大阪の運動家の特徴は直造ひとりにとどまるものではないので、他も多く庶民的且《か》つ実際的である。古くは大逆事件で絞首刑台上に登った森近運平《もりちかうんぺい》は、自身は優れた園芸家であり、大阪時代は運動の実務家として抜きん出ていたといわれる。直造と同時代の木本凡人《きもとぼんじん》たる人は、青十字社を興して、失業者に「征露丸」や青物行商をやらせて救済に尽していたし、アメリカ時代の長谷川市松の奥さんはコーヒー屋台を引いて、お客を物色しては『平民新聞』を売って、宣伝活動していたのである。

## 貧民長屋を建てる

十年ほど前に吉三は、大阪市中で齢八十余りのひとりの苦労人風の男に出会った。その男は吉三をみつけるなり、「覚えてまっか」というので、聞いてみると、大阪のヤクザの親分で、昔、ばあちゃんの美代がランプ工場をやっていた頃の職人の一人であった。職人といってもその時分はまだ年端のいかない子供で、警察の連れてきた拾い子であった。

美代が神戸から引越してきた大阪の家は、先にもいうように今宮村の村社広田神社と金儲けの神様戎《えびす》神社の二社にはさまれた辺りで、家の前にはうっそうとした杉の木がたくさん生えていた。付近には関谷町（通称ながまち）といって人口二千人あまりの貧民街があった。その貧民街の塀一つ隔てた畠地を譲り受けて工場を建てたのであるが、場所が場所だけに始終捨て子がある。それも赤子ばかりでなく、とうに就学年令に達したような子供まで捨ててゆくのである。そういう子供があると、警察は美代の工場へ連れてきて、「また面倒みてもらえんやろか」と置いてゆくのである。数十年振りにあった、かのヤクザの親分もその一人であったが、美代はそういう子供が来ると昼間は職人の手伝いをさせ、仕事が退《ひ》けると夜学に通わせていた。

工場にはそうした拾い子の他に家出人や部落の娘、直造の姉、妻ならえの弟、妹、直造の弟など親類縁者数人が働いており、一種の共同体的経営をとっていた。工場の万事が家族的で、お互いがお互いを扶《たす》ける相互扶助の態をなしていたのである。

当時は月四回休みがあるのは官庁だけ。普通の工場は一日と十五日の月二回の休みである。その休みの前の晩の十四日や三十日になると、吉三の家ではみなで御馳走して食べた。家の裏方に大きな池があって、そこに鯉が養殖してあるものだから、それを網ですくってきて食べたり、直造がアメリカから帰ってきている時には、大きな肉塊を買ってきて、トンカツにして食べたりした。そんなふうだから、働いている人間が中々移動しなかった。

戸籍上は今宮村となっているが、実際はサンフランシスコ生まれの吉三ではあるが、幼児からこうした環境の中で育って、貧民の世界というものを肌で摑《つか》むことができた。

工場のまん前が広田神社であるが、境内には毎日朝早く貧民窟の子らがやってくる。拾い屋や下駄の職人や売春婦の子らである。売春婦といってもここらの売春婦は当時女郎屋が五十銭、釜ケ崎の売春婦が二、三十銭の時代に、ただの十銭売春婦である。昔のおこも抱えて客を求めて歩いた「夜鷹《よたか》」、戦後にいう「ジキパン」の種類であって、そこらの川っ辺りや広田、戎の境内等でやる最低の売春婦である。吉三はそうした子らを集めて遊んでいた。

家がランプの芯《しん》屋なものだから、「芯やあ、遊ぼう」といってくる。すると吉三は、「よっしゃあ」と外へ飛び出していった。

その頃、一厘あれば大福餅が買えた。それで家から一厘銭何十枚も持ち出して、「欲しいだけ使えや」とくれてやる。家には一厘銭が針金に百も二百もさして溜めてある。それが適当に溜ったところで駄菓子屋へ大きな金と交換しにゆくのであるが、ワルの吉三は始終この金を頂載《ちょうだい》しては、貧民窟の小倅《せがれ》たちに、「おい、まんじゅうこうてこい」とばらまいていた。

貧民の小倅たちは、なりは汚なくて言葉も粗暴であるが、工場労働者よりも人間的で優しいし、気持ちに暖かいところがあった。

ところで日本に帰った直造であるが、長兄が逝ったのと、その頃には電燈が普及して、中国向け以外にはランプの需要がなくなったので工場をたたんで売り払ってしまった。当時の金で約五万円の金が残った。今日の価に換算すれば、恐らく億という単位の金だろうと推される。

その金が手に入ると、直造は半分の二万五千円を母親の美代に渡して郷里岡山に引っ込ませ、自分も半分の二万五千円の大金を得て、西成区松の池前（今の釜ケ崎、労働センター）に土地を買い、一万円を投じて十軒ずつ向かい合わせ二十軒の長屋をたてた。

当時の釜ケ崎には今のようなドヤ街はなく、最低の木賃宿《きちんやど》が十軒ばかりあるきりだった。同じところばかり廻っていては貰いが少なくなるので、奈良方面から住吉、紀州辺へお寺廻りする貧民が泊まるような宿である。そんな地域に長屋を建てて、当時日払い十銭が相場であった家賃を日払い五銭（月一円五十銭）という破格の安さで貧民に入居させたのである。

これはかつて、アメリカのシアトルで安食堂を開いたのと同じ発想であった。下層労働者に喜んでもらって、自分も何とか食べていかれる、社会的にして、現実的な目論見であった。しかし、今度のはもっと社会意識が進んでいて、もし成功したら、ちゃんとした社会事業家として運営していこうという腹積りであった。自分の家へ帰ってきて、釜ケ崎に数軒並んだ木賃宿のひどさをみてそう思ったのである。

しかし、食うために精一杯のこれらの入居者は、直造の意図に反して、日銭十銭の家賃もよう払わない。小学生の息子の吉三が親父が「家賃もろてこい」というので取りにゆくと、「父ちゃん呼んできいな」と相手にしない。それで直造がゆくと、赤いけ出しの娼婦ふうの女が片膝ついて、「大将大将ようきな、まあ上がんなはれ」てなことをいって、結局は払わない。

初めは毎日持ってこいといってあったのだが、五日払いにしてくれの、二十日には払いますのといって払おうとしない。それは考えてみれば当然のことでもあった。当時一人前の男で一日五十銭、女工ならば三十銭ぐらいしか稼げない。その中から米代十銭を引いて残り四十銭からさらに五銭の家賃を払うとなるとたった五銭の金でもやはり容易でなかったのである。

事情を知って直造は彼らのために福祉の作業を興したが、これも失敗であった。

前の池を利用して直造は共同のアヒルの養殖も始めたが、誰も世話をしない。そればかりか、大きくもならないうちに次第に数が減り始めた。いい匂いがするなと思っていってみると、それは捕えたアヒルを焼いて食べているのであった。ただし、長屋の子供たちにおたまじゃくしや蛙やらを、百匹二銭で買いとるというとみな集めてきた。それを煮て刻んでアヒルに喰べさせたのである。

また共同の五右衛門風呂を設けて、交代で沸かせといっても誰もやらない。結局、燃やす古下駄や傘をごみ箱等から探してくるのは吉三の仕事であり、焚きつけるのは留守番の腰の曲がった婆さんでしかなかった。

おんぶすれば、だっこしてくれというのが実情である。結局は直造も安い家や風呂を与えることが、貧民の解放にはつながらないことを自覚し始める。そしてまたしても長屋を他人に売り払うと、今度は姉のユキの養子小川七五三《しめじ》の縁で、日活大阪支社の千日前日本館を経営したり、戎橋南詰で楽焼屋を開いたり、映画の看板を請負ったりして生計をたてた。

## 映画館の支配人となる

この前後、サンフランシスコ社会革命党の長谷川市松が帰国してきた。長谷川は一時郷里の長崎に帰ったが、大阪の直造を頼って職を求めてきた。大逆事件（明治四三・一九一〇年）後の厳しい警戒の中にあっては、始終尾行のついている長谷川などどこも雇ってくれなかった。それで直造は小川に話して、日活の弁士の台本係に雇わせてやった。

そしてこの長谷川との再会が契機となって、直造はハッキリ社会主義の道を選ぶようになった。しかし彼は従来の日本のアナキストの仲間には加わらなかったし、社会主義を選んだといっても、まだ少々間があったが、やがて勃興し始めた労働運動の世界にも飛び込まなかった。自分には自分の道がある、とはっきり自覚していたのである。

大体、直造には金がある。喰べる心配というものがない。また事業才があって運動に専念するようになってからでも、絶えず金が入ってくるような仕掛けになっていた。借家人同盟が始まってからの直造は、鞄に一杯の札束でも平生《へいぜい》持ち歩いているのである。そこのところが、他の社会主義者の環境とまるで違っており、本人の運動の仕方なり考え方なりが変わっていて当り前というところがあった。

直造の家族は家族で忙しく働いていた。工場をやっている時に、水崎町の方にガラスランプのケース（紙箱）を入れる倉庫を借りてあったが、今度はその倉庫を利用してボール箱の製造業を始めたのである。これは儲かった。何しろ家族親類のタダ働き同然の人間が七人もいるところへもってきて、ケースの利潤が大変大きい。

三尺三寸または四尺のボール紙、一枚一銭のを買ってきて、それで一箇二銭の箱が十箇ぐらいとれるのである。原価一銭で後はノリと手間だけで二十残余になるのだから、商売は儲かって仕様がなかった。

これだから直造の家に始終数人（多い時は十人もいた）の失業した労働組合員や運動家が、タダ飯喰ってごろごろしていられたのである。家に四人や五人の居候がいても何ともなかった。

この事業はその後直造が死んでなお、昭和四、五年頃（一九二九、三〇）まで続けられ、吉三なんぞ、常に懐ろに十円、二十円の金を入れて歩いて、朝飯喰っては運動に出かけ、必要とあれば気前よく金をばらまいていたのである。

家人《かじん》がまたそのような活動を許していた、ということも考えるべきであろう。

直造の母親美代というのは、しっかりもので、直造を却《かえ》ってけしかけていたそうであるが、和田英吉氏の話によると、直造の妻ならえもまた運動家にふさわしい偉い女である。出は大阪で一番大きい人力車屋の娘であるが、直造や息子の運動にも大いに理解があって、「夫や子供のやっていることは、借家人の金に困っている人たちを助けてやっているんだから、間違ってはおりません」と語っていたそうである。

それでなくとも寄宿人の大勢の世話がある。また直造のよその女に子供ができて、その子供の親が死ぬと、自分のところに貰い受け、吉三の弟として育てもした。つまり家族ぐるみで、直造らの運動が支援されていたわけで、吉三は後に、「知られざる人々」と題して、「私がアナキストの一兵卒に投じたのは、社会主義者の父と運動を周囲に持ったことに発してはいるが、私をして革命運動に、青春と情熱を捧げる決意を抱かせたのは、単なる思想の修得からではなく、困難な戦いと生活苦との二重の戦いを斗《たたか》った婦人達の生活に、接してからである。」と書いているのも肯ける。

明治四五年（一九一二）一月十五日、千日前におこった大火は三日間燃え続けて、南区の中心地を一望焼野原にしてしまった。そのために直造の日本館も焼けてしまった。

しかしこの大火はかねて計画中の「新世界」建設を一層早めるものとたった。明治三六年（一九〇三）に直造が西洋料理店を出した国内勧業博覧会の後は、大阪土地建物会社が土地の借地権を一括して手に入れて、そこに興業を中心とする歓楽街をつくり上げんとしたのである。呼び物にパリのエッフェル塔を真似て、「通天閣」をつくり、その周りに映画館を十ばかり集めて、焼失前の千日前の繁華をそっくり引き継ごうとした。

「新世界」はようやく七月に仕上がり、日活は再度戎館を直営して、小川を責任者にした。しかし小川は支社にも籍があったので直造がその代理を勤め、宣伝企画を担当した。そうなると大阪の社会主義に関係ある者が、寄り集まってきた。長谷川は仕事にかこつけて連日やってきたし、他の仲間にとっても絶好の集会と連絡場所となったのである。

集会は月一、二回、映画がまだ終わらない七時か八時頃やってきて、ゆっくりと映画を観てから、終演後に舞台横の弁士控室に集まるのである。人数はせいぜい七、八人、あらかじめ直造の方から無料入場券が与えてあるから、それをもって入ってくる。会合の常連は長谷川市松、武田伝次郎、岩出金次郎、松浦忠造、横田宗次郎、筧総彦などといった連中であり、このうち武田は大逆事件の武田九平の弟、岩出は同事件紀州組の残党であった。

吉三は父直造のいいつけで、武田伝次郎の家にはよくいったそうである。市電で長堀橋へ行き、玉造線に乗りかえて空掘町で降りる。その出かける先の家の主人が、大逆事件の無期囚武田九平の弟に当ることが、七つくらいの吉三にもおぼろげなら分かっていて、父の便りを重大なものに思い込んでいた。

武田伝次郎は森近運平の大阪の仕事を引き継ぎ、大逆事件後の運動の火を守り続けた第一の人であるが、兄九平と同じく金属彫刻工でよい腕を持っていた。いつも内弟子四、五人を置いていたが、ギロチン団で獄死した山田正一はじめ幾人かの同志がそこから生まれた。仕事を終えてからの酒が何よりも楽しみで、ある時晩酌の手をとめて、強い近眼鏡で吉三をのぞき込むようにして言った。

「みんなではよう兄貴を解放してやってなア……わしが生きているうちになア……」

伝次郎の夫人のカネはいつも大勢の居候のために、飯の支度ばかりしていた。

そんなある日、カネは吉三に、

「坊、大きくなったら何になる?」

と問うた。それで吉三が、

「うん、革命家や」

と答えると、思いがけなくも力一杯抱きしめられ、涙声で何度も、

「エライ子や、エライ子や」といわれたそうである。

それは日本の暗い冬の時代であった。

歌人の石川啄木が大逆事件に触発されて、「今や我々には、自己主張の強烈な欲求が残っているのみである。……すべて今日の我々青年が有っている内訌《ないこう》的、自滅的傾向は、この理想喪失の悲しむべき状態を極めて明瞭に語っている。——そうしてこれは実に『時代閉塞』の結果なのである」と書き、判決のあった当日には、日記に、

「今日程予の頭の昂奮していた日はなかった。……ただすぐ家へ帰って寝たいと思った。『日本はダメだ』」と記したような時代であったのである。

むろん、処刑直後の社会主義者の圧迫も厳しい。当時はまだシンパ程度の運動経歴しか持っていない直造の身辺にすら四人もの尾行がつき、二人ずつ交替で二十四時間、夜中も屋外で外とうや毛布にくるまって見張りを続けている有様であった。しかしそうした厳しい監視の中にあっても、直造らは一向にへこたれることもなく斗志《とうし》を燃やしていた。

## 奇抜な社会主義宣伝

直造は宣伝企画を担当していたので、映画の看板を請け負っている時には、それまでの歌舞伎調の看板をやめ、洋画風のごてっとした看板をこしらえて観客の評判をとったりしていたのであるが、口頭でも長谷川とふたりで組んで奇抜な宣伝をやった。そしてそれは自ら社会主義宣伝になっていた。

例えば戎館で上映予定もなく、映画会社も製作していたいのに、勝手に看板をこしらえて宣伝したりするのである。曰《いわ》く「近日封切！　大塩平八郎の乱、——盗賊は大阪より紀州にあり——」曰く「嗚呼《ああ》二〇三高地の激戦！　一将功成って万骨枯る」などと。〝大塩平八郎〟は大塩が「盗賊は大阪与力衆にあり」といったものをもじって言ったものであり、〝二〇三高地〟には死屍累々《るいるい》の兵士に、足をかけた将軍が剣を振り上げている状景が描かれてあった。

ある時、長谷川が土地のゴロツキにインネンをつけられたことがあるが、たちまちにして人だかりがした。それにヒントを得た長谷川と直造のふたりは、直ちに館の前で八百長げんかをおっぱじめた。

つまり一人が愛国論をしゃべると、他の一人がそれに反対して反戦論をぶつ。丁々ハッシかけあいでやっていると大勢の野次馬が集まってきて、議論が徹してくると聴衆のうちから声がかかった。かくして聞いているものは知らず知らずのうちに、社会主義の教育をされている具合になっていた。

大正元年（一九一二）十月、大杉らによって『近代思想』が冬の時代への挑戦として発行され、ついで大正三年（一九一四）には第三次『平民新聞』が刊行されて、直造は勇気づけられたとのことであるが、一方大杉の方とすれば、大阪の新開地が恰《あたか》も初夏のごとく汗ばんでいるのに大いに動かされて刊行したということである。

この大杉の『平民新聞』であるが、一号から三号まで連続して発禁されたが、大阪ではいつも東京の発行日と同じ日に売られていた。その秘密は、久板《ひさいた》卯《う》之助《のすけ》とともに大杉栄の両腕といわれた和田久太郎の活躍にあるので、和田は印刷所で組版ができ上がるや否やその紙型をもって名古屋に飛び、名古屋の同志の横田宗次郎に手渡した。横田という人は愛知新聞の編集長で、彼は自分の地位を利用して秘密裡に刷らせ、それをすぐに平民新聞大阪支局の武田伝次郎の家と、押収された時の用意にと、もう一つの別のアジトへ送っていた。

その送られてきた新聞を小学生の吉三は、五部、十部と学校の帰りに取りに行き、カバンの中に入れて運んだのである。

吉三は親父の直造には、ようこき使われたようである。直造には、ならえとの間に息子が二人いて、長男が真喜三といい、次男吉三の三つ年上である。それが却って年下の吉三がよく用事をいいつけられたのは、やはりそれだけ使い易いし、人と接触する仕事に向いているとみたからではないだろうか――。

吉三は、学校が退《ひ》けて家へ帰ってくると、直ちに映画館へいって、夕方六時ぐらいから晩は映画館の退ける十年半頃まで、看板のろうそくの灯の番をさせられ、親父のハンコのある半額券を友達に売っては小遣いを稼いでいた。何しろ日曜日の映画館は千人余も入るが、週日は至って客が少なく、一日十人ぐらいしか入らない日もあるのであるから。

新世界の入口では夕刊売りにまじって『平民新聞』が売られていたが、これを売っていたのも実は吉三らであった。というのは、直造は新聞を受けとると、小学生の吉三とその友人らに売らせていたからである。その頃、夕刊が一部二厘しか手間がないというのに、直造は定価五銭の『平民新聞』を一部売って二銭の手間賃をくれたから、子供らは喜んで売った。二、三〇部ぐらいじきに売れた。売り終ると子供らは一〇銭もするうなぎの丼を食べ、それから直造のところでタダの映画をみにいった。

それが学校の先生にみつかって、叱られたことがある。「アカの新聞を売るなどとんでもない」と。それを聞くと直造は直ちに、アメリカ時代からの真っ赤なシャツを着て、学校へがなりに行く。「子供が新聞売って何でわるいんやあ!」そのために校長もよう弾圧できなかった。

長谷川市松夫人が街頭でコーヒーを売っていたというのも、この頃のことである。長谷川夫人は帰国するや家計を助けるために、新世界で屋台店を引きながら、まだその頃はさほど普及していないコーヒーを売っていた。そして客の顔をみては、『近代思想』や『平民新聞』やパンフレットをとり出して売り、一人、二人と仲間をつくっていったのである。

この屋台のコーヒー店から朝鮮独立政府上海グループの一人、テイ・ユエイ(日本名高山)も育っていった。テイ・高山は後に上海で水死体となって発見されたということであるが、社会主義同盟の時には日本の社会運動を視察に日本へ潜入し、逸見親子と会っている。ずっと後にわかかったことであるが、大阪農民運動の草分け西納楠太郎もその時の読者の一人であったということである。

かくて大阪の社会主義は、最初十人足らずの非インテリ的労働者の間で育っていったわけであるが、このこと自体やはり大阪の社会主義の特徴をなしていると見える。

だが、社会運動にあってインテリのひ弱さは問題になるにしても、労働者自身のためのインテリジェンスは必要である。維新以後、ことに大正に入って急速に知的集約社会に化しつつある中で、自分たちのための知性と知識を持たないではやってゆけるものではなかった。中でも一番生活に密着してうるさいのが、法律問題である。

為政者は法をもって支配し、法によって裁く。ところが、肝心の支配され裁かれる側の民衆が法に暗いばかりか、さっぱり知識がないのでは損をするばかりである。それで大杉は、労働者のための「法律相談所」を設けたのであるが、これに呼応して大阪でも武田、逸見らによって同じく無料の「法律相談所」の大看板が挙げられた（大正四、五・一九一五、六年頃）。

僕等は社会主義者として斗争《とうそう》の経験から、
法律の何たるやを知っている。
彼等政府や資本家の作った法律で、
彼等を苦しめるのも一つの方法である。
諸君、多いに利用してくれ給え

本　部　武田伝次郎
南支部　逸見直造

この「法律事務所」にはむろん専門の二人の豪傑弁護士がついていて、諸事労働者の法律相談に応じたのであるが、この後直造はこの自分にあった格好の働き場所を得て大活躍するのである。「法律相談所」といっても、単に法律相談に止まらず、会社で指を落したとか、首になっても何の手当てもないといった苦情が持ち込まれると、直ちに直造は会社に交渉に出かけた。当人に代ってもめ事を引受けて解決してやるのである。

これはかのＩＷＷのやり方と同じである。ＩＷＷでは組合に相談しにくる者は、党派にこだわらず誰でも援助した。

### 大阪全市民を巻き込む

大正三年（一九一四）九月、大杉栄はそれまで刊行し続けてきた『近代思想』を廃刊した。『近代思想』は日本の知識青年には大きな刺激を与えてきたが、もはや多く文学青年相手では彼の実践欲が補足しえなかったのである。ついで翌十月十五日には『平民新聞』を発刊、今度は直接労働者に向けて訴えかけていった。

『平民新聞』がつぶされるや、『労働新聞』（大正七年）を刊行し、これも弾圧されると『労働運動』（大正八・十・十）をたて続けに刊行し、執拗《しつよう》に労働者に働きかけていった。

その甲斐あって『労働新聞』を出している時分には、大杉のいう大道飴《あめ》売りの社会主義者渡辺政太郎を中心とする〈労働者のみの一団体〉、「北風会」も生れてくるのであるが、こうした背景には、まず大正三、四年頃からのデモクラシーの流行があり、後に米騒動あり、外からはロシア革命の成功があった。また第一次世界大戦による産業拡大とともに、急激な労働者の増加が、同時に労働者問題を提起しつつあった。

日本の支配者は大逆事件のフレームアップ（frame-up）をもって、強硬にアナキズムを中心とする社会主義を圧死させた積《つも》りであったが、さに非ず、数年ならずして却って社会主義の勃興期を迎えるに至るのである。

こうした一般状況の中で、大阪の逸見直造らの活躍も昇揚期を迎えるわけである。そしてこの昇揚期の中で「法律相談所」を設けることにより、帰国以来いわばアマチュア的活動家であったものが、プロフェッショナルな運動家となってゆくのである。しかもそのプロとしての運動は、一般大衆の市民問題を中心としていったところに特徴がある。

直造の法廷を使っての闘いは数知れないが、大きなところでは、大正五年頃の、大阪電燈会社を相手どっての「過払電燈料金返還訴訟」がある。この闘いは大きく世論を動かし、全市的な注目を集めた。直造は会社支給の電球があまり暗いので、アメリカの弟に電報を打って光力測定器を送らせ調べてみると、当時、電燈料金は光力六Wでいくらといったものが、何と五W以下である。直造はこれを会社の光力の詐取であり、電気料金は払い過ぎであるから料金を返してよこせと迫った。この裁判の判決は、「光力不足にしても、承知した電球を使用しているのだから提訴理由があいまいである」と敗訴した。

するとすぐに直造は、すぐに訴訟内容をあらため、光力不足に基付く「電燈料金値下げ請求の訴訟」に切り替えた。同時に全市に電燈料の不払いを訴えかけたために、新聞は連日この問題を書きたてて応援した。そのため会社は、勝訴にもかかわらずどうにもならなかった。

そこで会社も裁判を延期し、示談の話し合いをしたいと申し入れしてきた。この使者にやってきたのが、大阪の国定忠次といわれる俠客小林佐兵衛の身内のナンバ福の舎弟である。彼は入口まで昔のマントを着てきて、脱ぐと下は首から珠数をかけた白装束姿であった。それで短刀《ドス》を前にして、「逸見先生、手を引いておくんなさい。いうことを聞いていただけないなら先生を刺して、わしも死にます」と口上を述べたものである。

直造はこの男を前にしてたじろぐこともなく、「電燈問題は大阪中の新聞が騒ぎたてていることであって、俺の一存では何ともならない。大阪電灯が全新聞社と話し合って解決案を出してくれたら、私はそれでよい」とうまくさばいた。それで早速大阪電灯は大阪の新聞記者を全部集め、料亭で呑めや唄えの大宴会を催し、やっと八Wで従来通りの値段に据え置くということで妥結となった。

新聞記者団の案で解決したということであるが、実質的には直造の勝ちである。

そのほか裁判闘争で大きく世論を沸き上がらせたものにはもう一つ、大正六年(一九一七)、大阪市に対する「有価証券交換請求訴訟」がある。

大阪市電が五銭から六銭に運賃を不意に値上げして、旧回数券を二週間以内に使用せよと一方的に通告した。市民の憤激に代わって直造が、「旧券でそのまま乗車させよ、または新券と交換させよ」と迫った。「回数券は切手と同じ性質のものである」と主張した。しかしこれは、直造の集めた回数券が一枚一枚バラバラの券であったために、それに目をつけた市側の弁護人である清瀬一郎（後の国会議長）が表紙なしの回数券は無効であると主張して敗訴してしまった。表紙にはそのような旨が条文として記してあったのである。

しかし直造はそれでも敗けていない。直ちに組合の連中の表紙つき回数券を集め、当人の名前を借りて、数日おきに地裁に持ち込んだ。いうなれば裁判のさみだれ戦術である。裁判所の方では、同じ系統の訴訟であるから一括裁判にしてくれと申し入れてきたが応じなかった。そのために市側の弁護人の数を用意せねばならぬわ、費用はかかるわでネを上げてしまった。

そして市民の声が沸きに沸いたところで、直造は「旧券でも市電に乗れるから、乗れ」とビラをまき、直接行動を訴えて、自らも実行した。市側は一旦《いったん》は勝訴したものの、やはり世論とたくさんの人間の直接行動にはどうしようもなく、車掌に黙認の内示をして、トラブルを避けたものである。

こうした直造の運動の取り組み方をみるに、彼はアナキズムの理解者らしく、原則として法律なるものを認めない。法律は支配者がつくるものであって、法律が一つ増えるごとに民衆はそれだけ苦しみが増すだけである。法律なんぞなくに等しくはない。中には法律がなければ斗《たたか》えないなどという者がいるが、それはウソであって、むしろない方が斗いやすい。なまじ法律ができて一定の枠がはめられてしまえば、余計斗いにくくなる。

直造は実際の斗いの中で、そう思っていた。しかしそれならば法律を一切無視するのかといえばそうではないので、「法律相談所」開設の宣言にもあるように、敵の武器をもって敵を撃つのも一法である、と考えていた。つまり法律というものをてんから認めていなくて、しかも都合のいいところだけはこちら側に徹底利用する。反対に都合悪いところは、いかにしてもくぐり抜け、法の適用をまぬがれようというのであるから、直造とケンカになった相手はどうにも始末に困るのである。

直造は、「法律に負けても、負けへん」と胸を張っていた。法的に負けたら負けたで、新たな詰め手を考え出すまでである。

それで大阪で逸見を相手にした会社は、弱ってしまう。しかしその点会社側の弁護士も心得たもので、向こうは逸見直造とわかるや、「相手が相手やから……」と弁護料を他よりも余計に会社からふんだくっていた。そのくせ裁判が長びくや大抵雇い主を説得して、「この辺で手を打ちましょ」と、直造の側に示談の申し入れをしてくるのである。その方が直造を相手にしては結局得策であった。

## 大阪のヤクザは東京と違う

ここまで書いてたまたま逸見吉三の聞き書きが手に入ったので、みてみると祖父喜三郎のことが若干出ている。これをみると、喜三郎という人は美代のむこ養子にきて、万事男まさりの美代のいいなりになっていたと思いきや、事業的にも思想的にもそれなりの関心を持っていた人であることがわかる。その部分を抜き書きすると――

「祖父はなかなか目先のきく人で日本でのこの商売の将来性に見切をつけ、亡命してくる政治浪人を通じて、朝鮮、中国へのランプの輸出増大を考えていた。すでに自由民権運動のシンパであった祖父が、大井憲太郎らを通じて、金玉均グループと交渉をもっていたのは事実であったが、しかし社会主義運動にはまだ全く関係がなかった」(「戦前大阪における社会主義運動の思い出」)

とある。これでゆくと直造の赤い血は単に母美代のみならず、父喜三郎からも受けており当時としてはなかなか開明的な環境を持っていたことになる。あるいは美代の存在そのものが、夫喜三郎の援助と支持あってのことだったのかもしれない。

ところで直造の背景といえばまたして大阪であるが、直造の能力と度胸もさることながら、大阪という土壌における対権力関係そのものが、東京とは余程異なっていたと思えてならない。むろんかつての江戸時代のことではなくて、直造ら近代においての話であるが、こちらが大阪人なら、向こうも大阪人というところがあった。その結果、相争う両者の間に東京人にない独特の人間関係がみえるのである。

吉三は「金余計とりたければテロやれい」とアジっていたそうであるが、直接行動の激しさとえげつなさでは東京に比してはるかに上廻っていたものの、その斗争《とうそう》心の中にはどうしようもない憎悪や対立というものがみられない。最終的には話し合いの通路があった!?

その点は大阪電燈事件のナンバ福の舎弟にもみられるように、ヤクザ(右翼関係)においても同じことがいえた。和田英吉氏によると、「大阪のヤクザと東京のヤクザとではまるで違う」そうである。

「大阪のヤクザは東京のヤクザのように、左翼を目の仇にしない。お前らはお前らで商売をやってんだし、俺らは俺らで商売やってるんだから、お互い仲よくやろうじゃないかといっていた。」女郎の足抜きの場合でも、むろん楼主は暴力団を雇って女を奪い返しにくる。しかしその時分には女はとうに逃がしてあるし、仮に家へ暴力団が押しかけてきても平気である。家の前には巡査が毎日ついていて、平生《へいぜい》は一人、皇太子や天皇がくる時には二人いるから、「あいつらの立ちあいで話聞こうや」と持ちかける。こういう時には、張り番巡査の存在も有益なものである。巡査を前にして、めったにドスを振るうこととともならない。

そうでなくとも二階に組合の斗士《とうし》連中が沢山ごろごろしているから、「ケンカしたけりゃ、うちの二階のもんとやりいな。数でしいな」といってやると、さすがの暴力団も参ってしまい、「そんなら折角きたんやから、何かおみやげくんなはれ」と言い出す始末である。みやげ代りに僅かでも金子包んでやると、それで向こうも得心して引揚げていった。大阪の抗争というのは、大体こんなふうなものである。

吉三さんの話を聞いていて面白かったのは、尾行の話で、追う者と追われる者との間にも完全な人間関係がある。いや、主客転倒で、追われる者が追う者よりも心理的に優位に立っており、逆に面倒みてやるような場面がいくらもあるのである。

吉三に毎日尾行がつくようになったのは、大杉栄虐殺後の福田雅太郎《ふくたまさたろう》大将狙撃事件（一九二四）以後のことであるが、秘密集会なんぞに出たい時には、尾行に、「三時間ほど嫁はんと寝てこいや」

というと、「よそで捕まらんように帰ってきてくれ」と離れていった。どっちみち内緒の会合やる時には捕えてみても喋らんし、自分のメンツに関わらなければ、なるべく互いに仲よくしといた方が都合いいのである。

明日から大演習をやるなどという時には、尾行巡査は「皇族方お見えになるので、みな検束しとけいという命令でている。どこか他府県に一時逃げとくなはれ」といってくる。「お前ほっといてどないして逃げるのや」と聞くと、和歌山、奈良県へいって、向こうの警察に身分帳を渡して自分は引き返していった。そして大演習が終ると、また大阪に戻ってくるのである。

旅行する時なんぞも、尾行がついていると重宝であった。電車賃なんか払わないで済むからである。どこへゆくにも無銭旅行、ある時は東京へ行くのに神戸の港から船に乗って横浜へ着いたが、これが全部タダである。むろん尾行が自弁しているか、警察手帳みせて弁解しているのであろうが、そんなことはこちらの特権として構わんのである。

これも一つには尾行教育であって、日頃「俺のいうことききかん奴には、尾行させへんぞ」とおどかしてある。尾行はどこへでもついてきて、女郎屋へゆけば女郎屋の下で、女と寝ている間中待っているといったふうであるが、尾行がいうことききかんと困らしてやる。焼いも買ってきて、かじりながら毎日二里でも五里でも歩きづめに歩いてやるのである。すると相手はへとへとになって、「もう勘弁しとくなはれ」と泣きついてきた。

その代り可愛がっている尾行には、「今日は生駒《いこま》さん連れてってやる」などと連れ出してやった。当時の尾行の手当てというのは大きくて、警官の初任給一ヵ月十五円（一日五十銭）ぐらいの時に、一日四十銭も手当てがつく。他府県へ出ると二円も三円も手当てが貰える。それで給料が二十円でも尾行手当てが三十円越す月もあるのである。それを知っている吉三は、鉄道の沿線で勘定して郡山から奈良を通って生駒へ行った。すると尾行の巡査は一日八円から十円の手当てがつくので大喜びであった。

ある日、吉三の家へ尾行の嫁さんが裾《すそ》模様の着物をきて、「主人がいつも可愛がっていただいておりまして……」と、丁重に挨拶しにきたというから滑稽である。

こうした大阪の運動家の対権力的関係を、権力との馴れあいととることは優しいことであるが、これが反対に本当の大阪人の斗《たたか》い方であることがわかれば、そこに無限の教訓があるように思われる。東京人の真剣且《か》つ深刻な斗い方は、直接中央権力と向かい合っているということもあろうが、江戸人の気質と同じく、直線的に過ぎてじきに折れ易い。それに反して浪華《なにわ》人のケンカは曲線的であって、犠牲も少なく長続きして効果も大きい。

『社会主義運動半生記』（岩波新書）の山辺健太郎は、若き日の大阪時代を懐古して、「宗旨がかわったからといってけちくさいことを言うのはボルのほうだけであった。私が足袋工場をやめたときも解雇手当てをとってくれたのはアナの連中で、こっちからやめるというのにとってやると言って、靴をはいたまま座敷にどんどん上がっていったら商人上がりの工場主が、びっくりしましたよ。ブタ箱くらい、びくともしない連中ばかりなのです」

と語っているが、そうした思い切った直接行動をとれるのも、終局には山辺も他の箇所で書いているように大阪アナの人のよさというか、人間をまったくは憎み切れない心優しさにあったと思われるのである。

## 大阪の米騒動の発端

先にも述べたように日本の労働者は、大正三、四年ぐらいから徐々に権利意識に目覚めつつあった。そうした動きを反映して、大阪でも、大正四年（一九一五）に労働者団体友愛会大阪支部が設立、翌五年には職工組合期成同志会ができている。

しかし当時の組合運動家の質はまだまだ幼稚極まるもので、西尾《にしお》末広《すえひろ》など資本家との争議の交渉に「モーニングを着ていかんとあかんのか」と心配した話など有名なものであった。むろんほんのひと握りの社会主義者はいるが、これも思想はかなり進んでいるものの、巡査二人くらい従えて却って得意満面とし、「オイ、もっと後ろへ退かれ！」といった調子で、まったく時には自由民権時代の壮士か国士気取りの調子であった時代である。

それが大正七年（一九一八）日本中を湧かした米騒動以来、急速に変化を起してきた。実質的に社会主義運動といえるものが復活するのは、これ以降のことである。それまでは組合運動といっても社会主義と殆《ほとん》ど関係なかったし、京大の学者や知識層ともまったく交流なかったものが、米騒動を介して結びつきだした。

それほどに日本の社会運動に影響を与えた米騒動であるが、大阪でも大規模な騒乱があった。八月十一日から十五日の鎮静に至るまでの延べ参加人員六十万〜八十万人。約五百ヵ所で騒動、検挙者数二千三百人、起訴者五一一名という未曾有の数字を残した。前日十四日には夜間外出禁止令が出、市電も全線運行停止、新聞は記事差止めであった。

この大騒乱の中にあって、当時の社会主義者がどの程度に役割を果したかということであるが、殆《ほとん》ど積極的な働きはなしていないとみられる（当局者側の詳細な調査資料にもそのように書いている）。騒乱中捕えられた社会主義者はなくもないが（東京、大阪各一名）、四六時中身辺を監視されている中にあっては、指導的に動くことなんぞ不可能というのが実情であった。大阪の社会主義者にしても同じである。

しかし米騒動における社会主義者の活動はまったくないかといえば、逮捕された者もいることでわかるように、そうでもないので、ある程度の動きはあった。ことに大阪では、暴動の火つけ役の一端を担っている。

というのは、大阪の米騒動の最中にちょうど大杉栄が来阪中であった。その時の模様は「大正八年一月一日調」の当局側の極秘文書『特別要視察人近況概要』によってわかるのであるが、大杉は妻伊藤野枝《のえ》、林倭衛《しずえ》（画家）とともに野枝の郷里福岡へ金の調達にいったが果たせず、帰途八月十日大阪に立ち寄った。

当日の大杉は「大阪毎日新聞社」の和気律次郎を訪ね、それから同地在住岩出金次郎《いわできんじろう》、武田伝次郎、逸見直造らを自分の旅宿に招き、旅費窮乏の状を訴えて金二十円の金を融通してもらい、翌十一日に野枝を一足先に東京へ帰した。そして十一、十二、十四、十五日と岩出方に寄宿し、十五日の日に岩出、逸見の両者から五円ずつ、京都からきた山鹿泰治に三円提供受けて、十六日に帰京した。

この間の大杉であるが、『近況概要』では、何事もなくてただ視察して歩いた程度のこととなっている。十一日には夜十一時過ぎ岩出、武田とともに暴動を見物すべく外出し、途中、日本橋筋で一巡査と口論し、難波河原において一団の暴徒が一米商を襲って米を廉売せしめている状況をみて帰宅している。翌日十二日も午後九時頃から岩出、逸見らと再び暴動の状況見物に出かけ、西成郡今宮町の貧民部落を一巡して後騎馬憲兵隊に追払われて帰っている。

しかし米騒動当時十六才で状況を見知っているし、父親直造から聞かされている吉三さんの話では、そんな視察程度のものではない。尾行をまいての秘密の行動があった。

大阪の米騒動は八月九日早朝不穏の状況の裡《うち》に一旦《いったん》収まり、十一日夜に至って一挙に爆発するのであるが、この十一日の昼間、ゆかたがけの大杉が「親父おるか?」と家を訪ねてきた。「じき近くにいるから」と吉三が直造を呼んでくると、ふたりは米の問題を話していた。そしてふたりは「釜ケ崎へいこう」と、尾行にはふたりがまだ家の中で話しているように思わせておいて、見にいったのである。だが釜ケ崎の町を歩いてみても、いつもの通りで、さして変化がみられない。米屋の前にも人だかりはない。しかし裏長屋に入ってゆくと、二、三の女が井戸端会議の最中で、その一人が直造を見知っていて挨拶をした。

「あんたらどう思う。沢山のおかみさんたちが米屋をやっつけたこと……」

途端に彼女たちはしゃべり出した。

「一升二十銭の米が釜ケ崎では五十銭になっていまんねん。そいで二十五銭で売れというて談判したろ、みんなで押しかけようというてまんねん。もうガマンでけへんわ」

この言葉を腕組みして聞いていた大杉は、突然直造を促すと、街通りへ出て人力車をつかまえた。そしてそれから人力車を待たせておいての、大阪の新聞社廻りである。

「今釜ケ崎では、米売れ運動が始まっている。売り惜しみしている米屋に二十五銭でありったけみな売れ、と騒ぎ出している。俺は今この逸見君と一緒にそれをみてきた。富山県の火は大阪にも飛んできているぞ——」

大杉一流のハッタリもまじえての煽動である。当時大阪の新聞社にはいくらも社会主義傾向の記者がいて、大阪電燈の時も盛んに書きたててくれたのであるが、この時も大杉の話を聞くや直ちに記事にしてくれた。二時に出る夕刊の赤新聞は大見出して、「釜ケ崎の米屋、二十五銭の値下げで売り出す」とデカデカと組み上げ、街頭で販売した。

そのため三時頃にはもう、今宮町住吉街道の米屋の前に男女三百人くらいの人間が集まって、一升五十銭の米を二十五銭で売れと強談判していた。「うちとこでは二十五銭では売ってはおりまへん。よそへいっておくんなはれ」と米屋が断わるのも最初のうち、恐れをなして二十五銭で一人一升だけと売り始め、そのうち群衆が金を払わずにタダで持ってゆきだすと、もう手はつけられなかった。

「もう米は一粒もありまへん」と断わる米屋に、「あるかないか、そんなら見せてみい」と数十名が店を打ちこわして乱入したのがきっかけであった。数を増した群衆は三隊に分れて七米店を襲い、口々に、「二十五銭で売れ！」と叫びながら米を持ち去っていった。

ちょうどその頃天王寺公会堂で犬養木堂一派の国民党が、米価調節市民大会を開いていたのであるが、大杉はここへ部落解放運動の松田喜一らをやって煽動させた。

「おうい、演説会なんかくそくらえや。二十五銭で米売ってるぞう」

「どこや」

「大阪市内どこでもや」

この呼びかけに超満員の会場は一勢に総立ちになり、どっとばかりに外へ繰り出した。まず通天閣の前に集まって気勢をあげ、それから目的の米屋ばかりか、酒屋、炭屋まで行き当りバッタリに襲い始めた。挙句に、「湊町駅前の住友倉庫には米が一杯つまっているぞう」の声に、わあっと群衆は、住友倉庫に向かって流れ動いていった。しかしその前に住友倉庫前には大阪師団が繰り出されていて近寄れなかったものの、続々と集まってくる群衆は気勢を上げ、他の目標の米屋を狙って殺倒していった。

## 自分は実行派である

住友倉庫前の数時間にわたる群衆の石つぶてと連隊の空砲斉射による抗争が、夜が更けるとともに下火へと向かいだすと直造と大杉はすばやく家に戻った。

直造宅には大杉が来たというので武田伝次郎、金吹道昭、岩出金次郎、吉村於鬼也、山崎正二郎その他が集まっていた。それらと一緒に再び大杉は何くわぬ顔で町へ出かけて行ったのであるが、今度は尾行が二十人もいる。それで大杉は、

「こりゃ、ありがたい。こんなにたくさんで守ってくれるなら、大きに安心だ。諸君！　しっか

りと見物しようではないか」

と、さも嬉しそうに釜ケ崎中を歩き廻った。そして独人《ひとり》ごとのように「ウン」とか「よし」とか「なるほど」と相槌を打っていた。後をついて廻っていた署長が、「先生、もういいかげんにしてこのくらいでお引き取り下さい。何かが起こっても困るし、本部に知れると私の責任になりますから……」としきりとぼやいていた。

それでとりあえず、シンパがやっている旅館河内屋(後の西成警察筋向かい)に小憩することになった。

吉三はその時分はちょうどハイティーンの生意気盛りで、ただ夢中で大人の周辺をうろつきあちこち走り廻っているに過ぎなかった。

吉三が大杉に出会ったのはこの米騒動の時が最初であるが、びっくりして印象に残ったのは大杉が尾行を大喝した時である。一行について尾行の連中がそのまま家に入ってこようとするので、途端に大杉は怒った。

「お前たち、下っておれ!」

すると、その気迫に驚いた尾行連はハッといって二十メートルほども後ろに飛びすさっていった。その大杉のドモリ声が威厳に満ちていて、吉三は今も忘れられない。

その夜、更に山崎正二郎の家に移っての座談会では、大杉はこの米騒動がこれからの大衆運動の道を切り拓《ひら》くもとになること、この後若干の反動が起こってももう大衆の盛り上がる力は押えきれぬこと、われわれは本腰入れて一層大衆の中に入り込み、斗《たたか》いの先駆とならねばならない、今日ほど自分は確信を得たことはない、などの感想を述べた。

みんなも米騒動を目のあたりにして興奮覚めやらず、口々に威勢よく意見を並べていた。

直造はこの米騒動を機会に、中心的「要視察人」になるのである。「要視察人」の法的意味あいはよくわからぬが、ただし言動によって、

(1) 急進的ニ無政府主義ノ実現ヲ期スルモノ
(2) 労働組合主義ヲ以テ無政府主義ノ実現ヲ期スルモノ
(3) 漸新的ニ無政府主義ノ実現ヲ期スルモノ
(4) 在米無政府主義者ノ一派

——等の六区別区があり、しかも各々「甲、乙、丙」の三ランクがあって、甲は前科のある危険分子とされていた。直造は「大正七年五月一日調」に入っていないが、米騒動を経た「大正八年一月一日調」には、(1)(2)(3)項の「上記各派に関係ヲ有スルモノ」の中心人物の一人として記してある。因《ちな》みに大阪で挙げられてあるものは、

大阪　岩出金次郎（甲号）
同　武田伝次郎（同）
同　若林藤蔵（同）
同　逸見直造（同）

——の四人となっている。

同年の全国の要視察人は九〇一名、そのうち中心人物百三十名あまりの中に加わったのである。

これの理由といえば、来阪中の大杉との不穏不審な言動にあることは明らかである。

ついでに直造と大杉との間柄についていえば、お互いに陽的人間で太っ腹な点や人情派で実践的なところが似通っていて、ウマがあったようである。それで大杉は直造がプロアナキストでないにも拘《かか》わらず、来阪すればいつも直造を訪ねていた。

のみならず直造は大杉よりも年上にも拘わらず尊敬していて、十二日の暴動見物の折には同行の者に大杉を指して、「俺の親分や」といっている。全体として大阪の社会主義者はアナキスト、サンジカリスト含めて、互いに空気はなごやかであったが、米騒動前後から武田伝次郎、岩出金次郎、逸見直造の三グループに別れていた。このうち直造を中心とするグループが一番大杉に近くて、大杉が出した色々な新聞や雑誌の大阪支社は、必ず直造の方で引き受けていたのである。

しかしそうでありつつも直造は、同年九月二十四日、米騒動問題に関し検事の取調べを受けて、「自分は大杉のような空想的論者ではなくて、実行派である」と陳述しているのである。そのことを記している『特別要視察人近況概要』の逸見直造の項を全文書写してみると、次のようにある。

逸見直造（甲号、紙函製造業）ハ大正七年六月中自己ノ借家賃ノ値上セラルルヤ、資産階級ノ専恣横暴ヲ矯正スル為一般貧者ノ執ルヘキ一種ノ範ヲ示サソトテ訴訟ヲ提起セリ。逸見カ同年八月中滞阪中ノ大杉栄（甲号、東京在住）ヲ屢々訪問シ、尚同月十二日ノ夜大杉及岩出金次郎（甲号、時計商）等ト共ニ外出シテ米価問題ノ暴動ヲ見物シタルコト等ハ前項ニ記スル処アリシカ、暴動見物ノ際逸見ハ同行中ノ知人ニ対シ得意気ニ這ハ（大杉ヲ指ス）自分ノ親分ナリト語リヌ。同月十五日大杉ノ出発ニ際シ金五円ヲ提供シ、同年九月九日右ノ米価問題暴動事件ニ関シ判検事ノ家宅捜査ヲ受ケ、更ニ同月二十四日検事ノ取調ヲ受クルニ際シ、『自分ハ大杉ノ如キ空想的論者ニアラスシテ実行派ニ属ス』ト述ヘタリト云フ

この直造のいう「空想的論者」「実行派」を如何《いか》ようにとるかということがあるが、前者は思想家、理論家、後者は現実派、大衆派と解すれば、それはそれなりに納得がゆく。周知のごとく大杉栄は幅の広い人で（当時アナ・ボルがそれほど明確に対立していなかったせいもあるが）、大正九年（一九二〇）十月には自ら上海に乗り込み、コミンテルンの極東ビューローから資金を貰ってきて、アナ・ボルの共同戦線（同年、「日本社会主義同盟」結成、翌年第二次『労働運動』刊行）を敷くような性格の人であったが、それでも直造の眼からみれば自分とは違うところがあった。

大杉と直造とは資質が似通っているといっても、片方は筆紙でたべるインテリ、他方は労働者（生活者）である。その両者の如何《いかん》ともし難いその差は、そのまま運動の面にもにじみでてきたことは当然である。直造は直造で、自分なりに貧民の十銭、二十銭の大衆活動家の中にしか生きられないと思っていたことの現われが、「実行派」の言葉となって口をついて出たものであろう。

またそうした直造のプロパーな大衆活動を促すべく、住宅問題という大きな問題が直造の肩にのしかかってきたし、一方労働問題は労働問題でプロフェッショナルな人員が育ちつつあった。

その現われとして大正八年（一九一九）三月には、関西で始めて社会主義新聞としてサンジカリズム系の『日本労働新聞』が岩出金次郎らによって創刊された。同年、天王寺区伶人《れいにん》町に高野岩

三郎を所長として、大原社会問題研究所が設立されている。ついで翌九年九月には荒畑寒村《あらはたかんそん》らが幹事となって小思想団体「ＬＬ会」というのができ、京阪神における日本社会主義同盟結成のきっかけをつくっている。

当時の関西の社会主義者の統一機関紙として『関西労働者』が発刊されたのも、大正九年から十年にかけてのことであった。

### 住宅問題に火をつける

こうして直造が、住宅問題を中心とする市民問題に専念できる条件が着々整いつつあったわけであるが、いくら直造が奮闘努力したとはいえ、なぜにああも運動が大きく展開したかについては、やはりそれなりの客観的な社会的地盤というものがあったわけであり、そのことについて先に触れておこう。

大阪で急速に住宅問題が社会問題となるのは大正八年（一九一九）くらいからであるが、維新来全体としての人口の都市集中化傾向と経済の万年インフレ傾向にあって、東京、大阪のような大都市にあっては常時（今日に至るまで）住宅問題が数多しとせねばならない。明治四十年（一九〇七）、大阪で森近運平《もりちかうんぺい》が出していた『大阪平民新聞』（第五号）によると、北区上福島の自宅で読者会、茶話会なるものを開いて、その席上、「前号から本紙印刷人となった武田君が、〈借家人同盟の最も緊急なことを説く〉」としており、四十一年初頭には、北摂池田町の家主たちの不当な値上げに対し、幅広い糾弾運動（同地住民や侠客長田亀吉らと結ぶ）も行なわれている。

しかしそれもやがて弾圧され、以後は「冬の時代」となるが、直造らが「法律相談所」を開設してからは、労働問題と同時にしきりと借家問題も持ち込まれ、その方面の活動もしていたのである。大正八年頃になって俄《にわ》かに件数が増えてきたのは、住宅自体の絶対量不足に依《よ》るものであった。近頃は住宅問題というと日照権など新たな問題も加わっているが、当時の住宅問題は絶対量不足という最も原始的な問題ゆえに深刻であった。

住宅問題は失業問題とともに、大阪市民の二大社会問題となっていたのである。

その原因は主として二つあって、第一に産業の異状なる発達に伴う農村人口の急激な都市集中化と労働者階級の生活の向上化の問題がある。当時大阪市内外の人口は一年間に約十万人の増加であったのに対し、家屋の増加は約五千戸であったというから住宅難の状況は推して知るべしである。他方、第一次大戦による一時的景気は労働者の衣食住を高め、住の面では狭苦しい二階借りから平家生活に移りたいという欲求が多くなった。

第二の原因は貸家が少ないからといって、そう急に多数の増加をみるものでもないが、大戦による物価上昇によって、建築材料と地価が驚くほど高騰し、積極的に建築投資をしようとする家主が少なくなった。そのために一層住宅払底《ふってい》の現象を招いた。その頃の統計によると、一世帯平均人口四・五三人として、一家屋に一世帯ずつ住むのを普通の状態とすれば、大阪全市で五万二〇八一世帯の過剰を生じたといわれる。

これによって労働者は、一歩一歩交通に不便な市外へ移り住まねばならなかったわけであるが、こうした生活者の痛手にさらに輪をかけて追いうちをかけたのは、住宅不足につけ込む悪家主と悪辣《あくらつ》極まる不正周旋業者のやり口であった。悪家主は数度にわたり家賃を引き上げるのみならず、敷金を増加し、法外な権利金をとり、また高額で雑作を買い取らせたり、家の明け渡しを要求して借主に迫った。

家の明け渡しなど、サラリー生活者ならまだしも、十年、二十年かかってようやく顧客を得るようになった商店にとっては、単に契約期間が切れたからといって簡単に他に店を移転できるものではない。そこでいやが応でも家主対借家人の紛争が多くなり、訴訟裁判が起こり、借家人運動の増加をみるに至った。

その一部を挙げると、大正十年（一九二一）一月十六日には中之島公会堂で住宅調節共安会が旗上げし、三月九日には市外豊崎町で大阪借家人同盟が設立されている。さらに別の賀川豊彦ら提唱する大阪借家人同盟が借家人の法律相談、借家争議仲裁、借家紹介等を事業内容として、二月三日に中之島公会堂で借家人大会を開いている。もはや家主対借家人の関係は単に個人関係に非ず、資産階級対非資産階級の関係と目されるようになってきたのである。

しかし十年以降も借家人団体は増え続けて、十四年には敵《かな》わじと家主の同盟までできるのであるが、その大半は十人代から多くて数百人の小団体であり、しかも斗争力《とうそう》は弱い。それに対して格別大きく、且《か》つ激しい行動力を持っていたのが逸見直造の借家人同盟であった。最盛期には五千人以上もの同盟員を擁し、大正八年（一九一九）頃には毎月数十件の紛争が持ち込まれ、直造は東奔西走の忙しさであった。

一つには大正四、五年末の「法律相談所」の実績もあることだし、この数をもってしては事実上大阪の借家人団体といえば、逸見の同盟を意味するまでに至った。普選運動の中で、鐘防の武藤山治《さんじ》が秘かに直造に立候補の意志を確かめに来た、というのも無理はないのである。

直造の同盟のそうした華々しさは、公的な記録も認めていて、『明治大正大阪市史』（大阪市役所編纂第四巻）にも「社会問題及社会施設」の項に記載している。

「次に最も異彩を放ったものはアナーキズム的傾向を帯びた逸見直造の借家人同盟で、これは一月十日大阪府警察部の許可を受けて成立したものである。二月十四日中之島公会堂で演説会を開き、逸見は凶漢のために傷つけられたが、臨席の警官が袖手《しゅうしゅ》傍観していたというので之に対する決議をだして閉会した。」

文中の直造が暴漢に襲われた現場は、吉三さんがみていたそうである。いつもの通り吉三が入口玄関で受け付けを担当していて、「ちょっと演説聞いてくるでえ」と会場内に入ってみると、ちょうど親父が悪家主攻撃の演説の真っ最中であった。そこへパァッと荷扱い用の手かぎを持った二人の男が壇上へ駆け上がってきて、いきなり直造の頭をめった打ちにした。

むろんすぐに弁士控え室にいた主催者の連中も飛んできて、大混乱となり、直造がどこにいるのやらわからんくらいの人だかりになった。

後でわかったことであるが、この直造を襲った二人の暴漢は部落民であった。大阪市内の端に日本一の未解放部落があって、そこの明け渡しを要求されているみじめな借家人の面倒をみたので、家主が恨みを持って暴漢を差し向けたものである。部落民といえども靴や太鼓の皮革商は金を持っていて、職人を住まわすために貸家を持っている。その職人を首切るために、家を追いたてたのである。

奴隷の王は王よりももっと悪いというべきか、もともと直造は部落民の側についているのに、部落の中の王は部落の解放を助太刀しようとする実行者を許さないのである。そのために直造は手かきで襲われて負傷した。

幸いにして傷は左程でなく、直造はすぐに病院にかつぎ込まれたものの、二、三日してもう退院し、頭は包帯で一杯にぐるぐる巻きのまま裁判所に通っていた。

警察は抗議に出会って仕様なく、二人のうち一人だけ逮捕したのであるが、出所してからはその男はヤクザ仲間ではいい顔になって、「俺が中之島公会堂で逸見直造をやった男や」で飯が喰えたそうである。

## 巧みな創造的戦術

借家人同盟の事務所は浪速区水崎町（中山太陽堂裏）にあったが、毎日十人ぐらいの人が入れかわり立ちかわり出入りしては、主として借家問題についての相談をしていた。

何しろその頃は労働者に対しては何の保護法もなく、借家人の方でも訴訟しても民法第六〇六条に、「家主が借家人を追いだしたい時には三ヵ月前に予告せよ」という一項目がある以外、何の保護法もない時代である。それで直造は顧客弁護士はもとより、社会主義系弁護士として著名な布施《ふせ》辰治《たつじ》や山崎今朝弥《けさや》らともタイアップして必死になって住宅問題、借家人問題に取組んでいたのであった。

ただし直造の法の考え方は前にも述べた通り、法は悪なりの立場であるから、なければなくにしくはないと考えている。体裁のいい保護法などなくても構わないので、なければむしろ自由勝手な、様々な斗争《とうそう》のテクニックを編み出すことができる、としていた。だから彼は大正十一年（一九二二）に初めて借家人保護を取り入れた借地借家調定法ができた時には、反対していた。

しかし一部の純情型アナキストと異なるところは、すでに法律がある以上はその法律を存分に使って合法斗争を行ない、こちらに有利ならば拡大解釈はおろか、曲解、誤解解釈してでも利用する立場であるから、世間では裁判狂といわれるまでに訴訟を起こした。

とにかく彼は毎日何かの件で、裁判所に通うのだそうである。裁判所に行く時には、体の前後に「借家人同盟」の看板をかけてゆく。法廷では弁護士の側にくっついていて離れない。そのうちに、弁護士に代わって発言する。初めの間は裁判官もそれをとがめて注意していたが、次第に黙認のかたちとなり、しまいには弁護士を越えて、「逸見君、君の意見はどうかね……」と問い出したというからおかしい。

直造とすれば、例え違法であろうと違法を続ければやがて慣習法的令法になる、と考えていたのであろうか。とにかく最終的には支配者、権力者に打ち勝つことだけが目標であったのである。

借家問題のゲリラ戦法は、色々あった。彼自身、充分体験を積んだ後に（大十一・五・十）『借家人の戦術』（発行所借家人同盟大阪市南区水崎町七一九）という「一部三拾銭」の本を書いている。

その骨子は、要するに家賃を供託することによる引伸ばし戦術にあった。三ヵ月、四ヵ月はおろか、半年、一年家賃をためられたのでは、さすがの悪家主もネをあげた。いいかげんのところで妥協して、供託金の半分は移転料として渡すから、移ってくれなどということになった。

直造の資金源というのは、これであった。一ヵ月仮に十円の家賃でも三十軒あれば、三百円、十ヵ月溜って三千円もの金になる。これを裁判すむまで供託しておいて、最後には供託家賃の半分を頂いてしまう。その中から借主の同盟費（月十銭、年がけ一円）を、この次いつ貰えるかわからないので、一年分なり二年分なり一遍に収めさせておくのである。そうすれば、借主、同盟の両者儲けということになった。

そうでなくとも仮に家賃半年分五十円滞納したとしても、家主がこれを弁護士にかけて追い出してもらおうとすると、弁護士料に五十円払わねばならないし、その他に印紙代だとか何とかで四、五十円すぐかかる。そんなに払わんならんもんならいっそ裁判をやめて、逸見と妥協しまひょ――となった。

しかしそんなふうに家主が折れてくれば折れてくるで、今度は直造の方も一方的に家主を敵視しているわけでもないので、今後五年間家賃値上げせんと、家賃の三つや四つ滞っても訴訟なんぞ起こさんという条件で、家賃を滞納させない方法を教える。家賃の集金を一まとめに借家人に任せて、向こうから月々に届けさせる。その代り慰労金として、借家人に五パーセントくらい提供する。それを積立て、年一回行楽に使ったり、不時の滞納者に当てる。

そうすればまずまず家賃は滞らないだろうし、それでも滞れば同盟で負担する。そんなふうに説得されれば、悪家主もハイハイということを聞かざるを得なかった。

しかしそれでも攻撃を仕掛けてくる家主はいる。

そういう場合のテクニックは、仮に強制執行令（当時は仮執行はなかった）が出ても、予め名前の一字や番地を誤記しておくのである。相手はまさか意識的に一字誤記してあるとは気付かないで、そのまま転写した令状を持ってくる。これこの通り令状があるから、借主にハンコ押してくれと迫る。しかしその時に、名前の一字や番地が違うからハンコを押すことはできんと断わるのである。

そういわれた執行吏は法の厳正の手前、強制執行することもならず、スゴスゴとまたもときた道を引返していった（執行直前に家の名札を他人の名札に変え強引に頑張ることもある）。

また実際に執行となっても、簡単に応じない。直造は毎日裁判所へ通っているから、自分の件が何月何日執行予定であるか聞いておいてある。そしてその日になると、組合員十人ぐらい動員して頑張っているのである。組合の猛者《もさ》連中が十人もいれば、いかな執行吏が強制執行しようと思ってもできるものでない。公務執行妨害だからとか何とかいっても、恐れるような連中ではないのだから――。

この現代語でいえば「坐り込み《シイットイン》」を、大阪では「へたり込み」というのであるが、和田英吉も同盟の直造に頼まれて、へたり込みに行ったことがあるそうである。

相手は道頓堀の粟おこしを売っているお菓子屋であるが、夜、吉三ら四、五人でにぎりめし喰いながら、へたり込んでいた。そこへ五、六人のヤクザ連中が木刀持って殴り込みをかけにきたが、その暴力団の中にフィクサー笹川良一《ささがわりょういち》がいたそうである。当時笹川は道頓堀界隈をとり仕切っている黒田という大親分の若手の子分だったのである。

他の強制執行妨害の珍妙な戦術には、病人戦法というのもある。これはどうするのかというと、医者の絶対安静の診断書をとった病人を入口の玄関の間に寝せておくのである。執行者がくれば、医者の診断書をみせて、「これこの通り、病人は絶対に動かせません。今日はお引き取り下さい」と出る。病人は本当の病人連れてきてもいいし、釜ケ崎辺りで「誰か頼めへんかあ」といえば、いくらでも人が集まった。そういうのにアスピリンを少し余計に飲ませて、発熱させて寝せておくのである。

そうするとおかしいことに、家主が今日は治ったろうか、と毎日自分の貸家におそるおそる様子伺いにきた。その間中、仮病の病人が玄関の間で寝ているのである、こうなると、病人と大家とのガマン比べみたいたものであった。

えげつないやり方では、家主の息子の学校の校門の前でビラをまく。ビラには、「あなたの学校の○年○組の○○○君のお父さんは、借家人裁判で借家人を放り出そうとしている。借家人が十年も二十年も商売一生懸命して、信用つけてようようこれからだというのに追い出そうとしている。そんな悪いことする人ほっといてええやろか！」といったような文句が書いてある。

そうすると、大家の息子は周りの級友からなじられて、泣いて家へ帰って父親に話す。つまり厭がらせ戦法であるが、小学生の息子に泣きつかれてさすがの悪家主も息子ふびんで、「もう止めとくなはれ」と借家人同盟の事務所に泣きついてきた。

直造の「法律に負けても負けへん」というのは、そういうことであった。

しかし日頃の直造は息子吉三に、「いくら金になるいうても、妾さん、人の財産横領するために頼むような仕事手伝うたらあかん。困っている人みて、そやったらと斗争《とうそう》方法考えだすのや」といい聞かせていた。

しかも感心するのは、訴訟を自分だけが請負うのではなく絶えず組合の連中に応援を求め、関係者にはどうやって勝つかを法廷に足を運ばせて見学教育させていることである。対外的にもビラをつくったり、大きなタテカンを立てたりして事件の経過を逐一知らせている。当時、まだ巡査をしていた三田村四郎（後の共産党指導者）は直造の付近に住まいしており、途中このタテカンを読んでは署へ通っていたのである。

## 「早う芝居やりおれ！」

こんなふうだから、直造には警察の尾行がつきっきりであった。家の前には、張り番の小屋が設けられていた。尾行も最初は二人、しまいには十人もの人数がぞろぞろついて歩いた。

それにもかかわらず、一向へこたれることのない直造は、「借家人同盟」の看板をかくれみのに、社会主義宣伝をしていった。大阪を中心にして京都、奈良、神戸、さらには徳島、岡山と何百回となく演説会を開いている。初めは月一回ぐらいのテンポであったが、段々数が多くなり、週一回となり、時には土、日とたて続けにやったりする。いわば直造は世上裁判狂であったが、演説狂でもあったわけである。

この演説会の模様については、先の『明治大正大阪市史』に大正十年、借家人同盟が発足した当時の実状を記載している。

（二月）同月十五日にも亦翌三月十五・十六日にも天王寺公会堂で演説会を開いたが、其都度解散を命ぜられ検束者を出した。二月十七日には京都で大会を開いて解散され、十九日広島で開く筈の演説会も会場主の違約により中止し市中を宣伝した。又二十八日には神戸市で住宅問題演説会を開き翌四月二十一日には本市で示威運動を行ったが、警察当局は社会主義的たるを危んで宣伝を中止せしめ解散を命じた。

同二十三日には市内大正座に於て演説会を開き、五月十日にも市内不動寺で前同様住宅に関する演説会を開き、同十六日には天王寺公会堂で借家人同盟大演説倉を開くことになっていたが、開会に先だって司会者逸見直造は検束され、この演説会に出席すべく東京より下阪した赤瀾会の人々も大阪へ着くや否や会根崎署に検束され、かくて演説倉は流会となった。斯くこの同盟は極めて鮮明な旗幟の下に演説会・示威運動其他で全国的に宣伝的に努めたのであるが、常に当局の壓迫に遭い、結局所期の目的を達し得なかったものの如くである。

翌十一年に於ても各所に運動を断続し、宣伝ビラの撒布・演説会の開催に努め、六月には大阪市外北長柄に支部を設けて鶯塚説教所にその襲会式を挙げた。

住宅問題を攻撃する地盤は、いくらでもあった。

というのは、さすがの住宅の絶対量不足も大正十一年（一九二二）を境に下降の傾向をみせ始めるのであるが、十一年に入るや経済界の不況で、今度は借家人の経済的負担能力が低下し出したからである。産業の不景気により労働者は失業する者あり、帰農する者あり、同居生活を余儀なくされる者ありで、住宅の需要そのものが減少するとともに、現入居者は容易に家賃が払えないということになってきた。

資本家は家賃収入の有利さに目をつけて家屋に投資したものの、工業投資と違って容易に回収できないので、世の中が不景気だからといって家賃は下げようとしない。そのため住宅費は一般生活費中余りにも大きく、二割以上も占める結果となったのである。

したがって住宅問題は十年以降却って深刻な問題となり、次の表に示すごとく、借家争議は年々激増する一方であった。

| | |
|---|---|
| 大正十一年 | 七五件 |
| 〃十二年 | 五二四件 |
| 〃十三年 | 五三七件 |
| 〃十四年 | 七三八件 |
| 〃十五年 | 一二四七件 |

この頻発する争議の大半の原因が、家屋明け渡し、家屋賃借継続、家賃値下げである。中でも

家賃の支払延滞による家屋明け渡しが急速に増大していることは、不況の深刻さの表現に外ならなかった。かくて家主側は家屋明け渡し、延滞家賃の支払い等の請求をもって迫り、借家人は家屋賃借継続、造作買取り、家賃値下げ等の要求をさげて相互に対峙し、抗争を続けていた。そうした話題騒然中の演説会であるから、各所で受けたわけである。

ただし演説会といっても、今日のようにタダで聞かせるのではないのである。米が一升二〇銭する時代に、二〇銭もの入場料をとってやる(これもIWWのやり方を真似たものである)。それでいてどこの会場も満員であった。しょっちゅう回数をやっている地元大阪でも、常時千人もの人数が集まった。同盟の設立会の時には、弁士として大杉も出るというので、四千人もの人が集まった。それだけ直造の出る演説会は人気があったのである。恰《あたか》も浪曲興行並みである。徳島へ行った時には、「早う芝居やりおれ――」と声がかかった。

直造は何事も、少人数でこちょこちょやることが好きでなかった。演説会の日までには、その地区の風呂屋、散髪屋に自分の写真入りの「借家人同盟の逸見直造来たる!」のポスターを貼り廻す。そして当日になると会場の駅に出迎えの人数をよこさせて、一緒に同盟の大旗をかかげてやったデモる。出演弁士は東京から有名弁士も来たが、会社を追い出された若い組合員も練習してやった。「検束されて新聞に名前が出れば、ハクがつくやないかい」といった調子であった。

聴衆も半分、検束騒ぎが面白くて来ている。

「空とぶ鳥は自分のねぐらをつくる。
　地を這う動物も巣をつくる。
　人間は何で家をつくれないのか。
　家は人間が住むためにある――」

と、次第に調子が上がっていって、絡局まともな家に住めないのは政治が悪いせいである。などとやりだす時分には「弁士中止！」の声がかかる。それでも続けていると、警官が右から左から飛びかかる。同盟員がまたそれをさまたげる。といった喧騒になる。聴衆はワアッとわく。こうなれば聴衆はもう、二十銭ぐらい払ったってちっとも惜しくない。十分面白さを堪能して、帰途についた。

趣向を変えたやり方では、住宅問題の模擬裁判をやった。そのポスターの写真があるのでみると、出演弁士は次のようにある。

裁判長　　天下公平　野田律太
家主弁ゴ士　二松三吉　小西武夫
借家人弁ゴ士　鯰野貞次　大矢省三
証人　　借家人同盟　能見好三　逸見直造

野田律太は後に日本労働組合評議会の委員長になった人であり、大矢省三はやはり社会党の代議士になった。二人ともその頃は総同盟内の、戦後の青年行動隊ともいうべき「野武士組」の中心メンバーであった。会社を首になって失業している連中は、直造のところへやってきて借家人同盟の仕事を手伝い、生活の資を得て、同時に活躍の場としていた。

以前の映画館前での八百長ゲンカによる社会主義教育と同じように、ここでも模擬裁判のやりとりを通して、大衆になじみ易く、わかり易く、住宅問題を教えていった。しかしこうした大活躍とはいえ過労が、直造の肉体を徐々に蝕《むし》ばんでいった。

## 直造避妊具をつくる

これまでのように直造らの斗《たたか》いを眺めてくると、私には改めて彼らが単に度胸がよかったというよりは、大阪人としての権力感覚そのものが異なっていたように思う。

権力は問題であるより、初めから問題にならぬところがあった。それは歴史的にもそうであって、何しろ大阪では商人の力が強くて、新年に当って、まず蔵屋敷の御留守居役が両替屋へ若党仲間を連れて挨拶にあがり、その後両替屋が回礼に行くような土地柄である。幕末の大阪では、大阪城の城代《じょうだい》家老が居住する二の丸まで見物人が入っていったというから、いかに大阪が平民の都市であったかがわかろう。

そうしたお上をないがしろ(?)にした習わしは明治以降もずっと続いており、ことにアナキストに受け継がれて、お上の経営する留置場へ放り込まれたり、裁判にかけられることを何とも思わないような風習をつくり上げていった。吉三なんぞ、「退職金は留置場でとるようにせにゃあかんのや」と組合員をアジっていたのである。

のみならずお上をないがしろにすることは、時の権力への潮笑《ミスティフイケーション》あるいは戯画的《カリカチュア》行動とも結びついてしまう。例の山辺健太郎の回顧録には、大正期の大阪の面白いアナキストがでてきて、マーちゃんこと中尾政義《なかおまさよし》なんぞというのは、神聖なる（?）法廷においてフリチン姿になっているのである。その昔、裁判所の法廷には廷丁《ていてい》という（今の看守）うるさいのがいて一々注意するのであるが、ある日中尾はすっ裸かの上にオーバーコートを着て行った。すると案の定、廷丁はオーバーを脱げという。中尾が「寒くて仕様ないから、着ててもええやないか」といっても聞き入れない。それで二、三の押し問答の末、中尾が「よっしゃ、脱いでやる」とばかり、オーバーを脱ぐと下はすっ裸かであったのには、法廷中みんな大笑いであった。

直造の留置、法廷感覚もそんなようなものであったと思えば宜しい。彼らは直接中央権力と向かいあっている、東京人の運動家の謹厳さや悲壮感からはまったく解放されていた。そこに斗《たたか》いを持続できる秘密の一端があったと思われる。

話は前後するが、大正九年（一九二〇）という年は、大阪でも社会主義運動が本格的に復活し、それが労働組合運動と組織的にも結びつき出したという意味で、記念すべき重要な年であった。その具体的形としての社会主義同盟には、社会主義者の側ではアナキスト系が、組合運動の側ではサンジカリスト系が何れも先頭になって活動した。そうした盛り上がりの過程で、短かい生命（三、四号）ではあったが『関西労働者』が誕生してきている。

社会主義同盟設立（大正十二、九）に先立っては、五月二日（日曜日）に東京上野公園で日本最初のメーデーが開かれている。大阪でも東京に対応して行なわれたが、その日の直造を壊しく回想している人がいるので引いておこう。

第一回全国メーデーが近づく。日本の労働者にもいよいよメーデーが実施されたのだ。この一日だけが許された私たちの祭典である。……メーデーのスクラムは四列縦隊に組まれ、腕と腕が鎖となって連《つな》がり、延々一里（四キロ）もつづくメーデー。黒旗を先頭に、私たちアナーキスト連盟の同志の列が集合地帯の中之島公園から天神橋、さらに南へ一直線、松屋町筋を往き、天王寺公園に向って進む。

逸見氏の家はその広い松屋町筋にある。あと二、三丁も南行すれば、市電天王寺公園前に出る。スクラムは終結地に近づくと、益々意気がたかまる。松屋町筋ではどの商家もバケツに水を用意して道路に出し、あせだくの労働者にのませる。逸見氏の家でも四斗樽が三杯、バケツも多数出して砂糖入りの氷水をのませる。この水は特別にうまい。デモ隊の労働者が列をはずしてこの甘い冷水にのどをうるおす。

いつの間にか直造氏が、向う鉢巻で若い衆といっしょに、茶碗やグラスに氷水を入れてやる。「よいしょ」「さあ、のめ」まるで五、六人の若い衆と家族も交えて直造氏の家の前は、メーデー参加者の黒山が築かれる。長列が乱れてもここでは警官隊の乱暴もおこらない。所轄戎署員もおだやかである。直造氏の威光のせいであろう。

メーデーに参加している直造氏が、いつの間に氷水の接待をはじめたのか、まるで考えるすきもなく、一瞬、労働者をいたわっている風景なのである。（『新過去帳覚書』中本弥三郎）

直造の面目躍如たる文章である。

社会主義同盟は翌年五月に解散命令が出され、八月には暁民共産党の結成をみるのであるが、アナとボルの論争対立がかなり進んでいる時期に、直造らはその論争の外にたって両者の調定に努力していた。アメリカの労働界をみてきた直造とすれば、まだ育って間もない日本の労働界の分裂的状況が情けなくて仕様なかったのである。それでまだ十七、八の吉三の青白い革命論に対してこう言っていた。

「わいはアメリカでエマ・ゴールドマンの話を聞き、ＩＷＷのストもみてきた。それからすると日本の革命運動は五十年遅れている。今日本の労働組合は三万人といわれているが、その中、海員、鉄道、兵器官業、タバコ等の組合は、ストをやらない条件で組合が結成されている。それを除けば日本の組合は、たった一万人足らずの人数ではないかい。内輪ケンカなんかしているヒマに、もっと仲間をようけつくらなあかんのや」

その仲間をつくる運動のためにこそ、自分はあると考えていたのであろう。それは労働運動史にあわせてみれば、なまじ特定のイデオロギーを持つことより大事なことであったには違いない。その意味では彼をアナキストというよりは、もう少しソフトな表現でリバータリアン（カミュ、シモーヌ・ヴェーユ、マルチン・ブーバー等）と呼ぶべきなのかもしれない。

大衆活動家としての逸見直造はまた、この時三月五日、来日したサンガー夫人の説にも積極的に賛同している。

サンガー夫人はニューヨークに生れ、小学校教員、看護婦として貧民街で働くうち、多産が多く貧困を招いていることを知り、避妊法を教えて産児制限の運動を始めた。しかしアメリカでは法律で避妊を禁止しており、キリスト教精神にもそむいていたため、投獄されるなどして各方面の迫害を受けた。にも拘《かかわ》らず、ゴールドマンらの協力を得て運動を進め、世界各国を遊説して廻った。その世界遊説行脚の途次、日本にも立ち寄ったのである。

むろん日本でも当局の干渉を受けた。しかしサンガー夫人を支持する進歩派は歓迎し、大阪でも常に貧民と接触している直造は、夫人の説に賛成するだけでなく、実際に産児制限運動を試みている。その頃の日本にはまだ避妊具などはなかったのであるが、直造は早速夫人の著書を読んで、ゴムのペッサリーや金属のスプリングつきの子宮口閉鎖の器具などをメーカーに頼んでつくらせ、そしてそれをまた組合の奥さん方に売らせることで、生計の一助にさせていた。

## 人助けに堕胎まで行なう

しかし社会的には産児制限を主張した直造ではあるが、金づくりのうまい自分には制限は必要ないとしてか、当人が死んでからよそにつくった子供がぞろぞろでてきた。

泉府中の宮下小政との間に一男一女、奈良県平群村出の水原ハルエとの間に二男一女、正妻なにらえとの間の子供二人も入れて、計七人の子供を設けているのである。

この間の事情を吉三さんに聞いてみると、直造は艶福家には違いなかったが、映画館時代の看板描きの嫁はんで、お妾さんを世話するのを副業にしているのがいて、それが次々と新口の話を持ってきたのだそうである。大阪ではこういうのを〈ちょうちんやのおばはん〉というが、おばはんは貧乏人の出戻り娘で、器量のよさそうなのをみつけてきては金持ちの旦那に取り持ちしていた。

その頃お妾さんの「相場」は三十円、女工の月収の倍くらいにはなった。そして一人世話すると、〈ちょうちんやのおばはん〉は女の方から一割チョンと天引きして稼ぐ。お妾さんはお妾さんで、他にいい口の話があれば、またおばはんと相談づくで旦那を乗り換える。昔のこうした世界は意外とドライなものであった。

小政とハルエもそうした事情でできた女であるが、五人もの子供をつくっているところをみると、他の女と違って余程気に入っていたということであろうか――。

一方ならえの方であるが、先述した通り小政が死ぬや、「二人口も三人口も同じや」と小政の子である三郎を自分の息子と同じように育てた人であるから、しっかりしている。大体昔の女は夫が妾を持つのは男の甲斐性ぐらいのことは聞かされているから、夫が浮気したからといってもそう驚きやしない。そうでなくても、ならえは自分の人力車製造の父親の行状で散々この道に関して体験させられていた――。

その意味では直造の大衆活動は、女性関係を含めて妻ならえに負っていたことになる。

大衆活動という点では、吉三も中々のものである。今風に大衆活動だの市民運動だのというと、何か他在的で、意識的なものを感じさせるが、そういうことではなくて、本人のもともと素質的なものである。吉三さんは戦争中町の町内会長を勤めていたということであるが、つまり社会主義者以前の子供時代にスラム街のガキ大将であったように、大人になっても、社会主義者の肩書きをはずしても、町の世話やきとして大いに通用する人柄であったということである。

このことは一見何でもないようで、大事なことがらのように思われる。今日の社会主義者にあっても、一度は社会主義をはずしてなおかつ自分がどの程度に〝社会主義者〟であり得るかを検討してみるべきであろう。

戦争中の町内会長時代には、例えば夫が出征中の町内の奥さんがお腹が大きくなったりすると、自分で堕胎まで引受けてやっているのである。もっともこれは借家人同盟時代からやっていることであって、堕胎件数数十人もあるというからまさに驚きである。

吉三がこの方面の知識を持つに至ったのはむろん親父譲りで、サンガー夫人の説に影響されてのことである。

そうでなくとも身の廻りで、「結婚してもいないのにお腹大きゅうなった、どないしたらいいでしょう」などという相談が持ち込まれたら、何とかして助けてやらねばならない。初めは父のアメリカ時代の友人で小児科と産婦人科の医者をしている人のどこへ連れていったが、次々と頼みにゆくものだから、医者の方もそのうちに、「警察に摑《つか》まったらこわい。やり方を教えてあげるから、自分でおやんなさい」といい出した。

それで練習のために、今日は堕胎するという日に見に来いというので、見学しにいった。医者の側《かたわ》らで、先生と同じ白衣着て、恰《あたか》も助手のようにピンセットかガーゼを持って、立って目前の堕胎の模様を眺めているのである。

当時はもちろん法律上、堕胎が禁止されている時代である。むろんそんなことする奴がいないからであるが、しかし医者は禁止されていても、素人が医学上の知識を得て、自分の嫁はんとか、娘にやっても罰するとは書いてない。その限りでは、吉三の堕胎は合法的であった。ただしお金貰ったらダメ。無料でしてやる。

その代り、二ヵ月か三ヵ月経ってから、二人を呼び出し、女の方には「体にさわりないか」と聞き、「今度また妊娠したらいかんから、こんなんせい」とペッサリーとかリング（その頃は薬屋に売っていた）をつけることを教え、性交前には泡のたった石ケンにホウサンちょっと混ぜて、ねばねばした奴をヴァギナに塗れば、妊娠率が少ないことを聞かしてやる。

そして女を帰した後、男の方には、「どうや、ゲン直しに女買いにゆこうや」と、十円ほど金こさえさせて女郎買いにゆく。これが堕胎の報酬といえば報酬であった。

一度そういうことを始めてみると、世間には誰の子やらわからぬ子を生む女が多いかを知らされた。三ヵ月に一人はやってきた。ルートはむろん借家同盟の借家争議で世話になった人のような、安全な関係だけであるが、それがたまりたまって数十人の件数になったという次第である。

吉三の女助けといえば、現在の奥さんも女助けによって得たものである。

吉三は戦争が押しつまってくるや、日本にも革命起きるんやないかと思っていた。それでその時に備えて大それたことは考えていなかったが、せめて嫁はんだけは貰わんとおこうと思っていた。それが昭和十一年（一九三六）、子供時分の友達で親子揃ってバクチ打というのがいて、親父が死んで自分の妹を売ろうとした。それで「俺が解決したる」と妹を逃がして、組合の事務所に隠しておいたところ、兄貴が妹を誘介したと警察に届け出た。

すると警察は喜んで、事務所へ妹を連れ出しにきた。

しかしその前に妹には、二十四才以前で自由入籍できないので、「俺の嫁はんになって俺と寝ているというとけ」と聞かしてあったので、その通りいった。「十九や二十で、まだ未定年やないかい」と警察は迫ったが、「籍なんかどうでもよろしい。夫婦《めおと》には変わりないんやから――」と頑張ったので、とうとう警察もそれ以上干渉できず引揚げていった。

この友達の妹がそのまま吉三の許《もと》に居坐ったのが、後の女房ということである。

## 釈放後のあっけない死

吉三さんは「労働運動、思想運動というても、こんな具合に生活の内容にまで触れてゆくのが運動の仕方だった」といわれる。働いている生活者と肌をすり合わせてゆくような運動、今風にいえば〝スキン・シップ〟のディープ・ボランタリィが直造らの運動の土台《ベース》をなしていたのである。

しかしまだ四十代前半の直造は、大正十年（一九二一）頃から、からだの不調を訴え始めた。頑丈な直造は、過労のせいだろうとタカをくくっていた。それが大正十一年に朝鮮へ借家問題で飛んで行って留置され、帰ってきて、再び翌大正十二年八月の盛りに投獄され、出獄して一ヵ月足らずの裡《うち》に、急拠あの世へ逝ってしまった。

投獄の背景はあまりに活発な「借家人同盟」の動きに、この辺で痛めつけておけという当局の配慮であったが、直接的には社会主義者のリストに載っている某の裏切りによるものである。某は金がないままに借家人のところへ行って同盟費を払えといって、その集金した金で遊んでいたのであるが、いよいよ生活がつまってきて特高のところへ行って相談した。

その結果、借家人が某と逸見の両方に謝礼として支払った供託金を、逸見が某に渡さず横領したという芝居を仕組んだのである。警察はその男一人の証言では信頼性が乏しいから、借家人に強制して証言を書かせた上で直造の逮捕に踏み切った。直造の家は箱屋で儲けているわけだし、供託金による謝礼は当人が供出するといわねば絶対受けとらぬことにしていたのであるが、まんまとヒッかけられてしまった。

もっとも直造は、入獄中といえども仕事が忙しいからと休んではいない。警察に留置される時には、書類の一杯つまったカバンを持って入り、毎日、一時間ぐらい特別に出してもらっては仕事を続け、また戻っては、ブタ箱入りしていた。

どうやら震災の混乱も収まり、上京して騒ぐ恐れもなくなったということで、直造が釈放されたのは九月末である。出獄した直造は、以前にまして忙しかった。なぜならその頃、ちょうど有名な梅毒薬の有田音松（有田ドラッグ）が、電車の停留所近辺の便利な土地をみつけてはそこらの中の家を買収していたからである。有田音松の執拗さは猛烈なもので、「借家人同盟」の直造としては、血みどろの争いを行なっていた。その忙しいさ中の十月二十三日、中央公会堂地下で大《おお》矢省蔵《やしょうぞう》と食事をとっている最中急逝したのである（享年四七歳）。

父親の死のあまりのあっけなさに吉三は、投獄中に毒を盛られたのでは……と、大阪の大学病院で死体の解剖をしてもらった。その結果、死因は心臓弁膜閉鎖とわかったが、事前に病院側は遺体の立派な体格に、全部解剖させてくれと許可を求めていた。息子の吉三は「オチンチンとキンタマだけは残しておいてやあ」と申し入れ、直造の遺体はその通りの体になって、病院から車で戻ってきた。

十月二十五日、幅広い直造の活動を反映して、大阪の全労働団体と全社会主義者による合同葬儀が営まれた。その盛大なることは冒頭に述べた通りで、恰《あたか》も叔父逸見東洋の葬儀にも似通っていた。東洋の葬列の写真は今残っているのでそれをみると、延々五丁も続く葬列の先頭には、財閥の住友・鴻池両家の名札もみえ、その後には人力車の隊列を率いてのデラックス版葬儀となっている。直造の場合も同じで、その日ばかりはアナもボルもなく、およそ五百人の同志が集まった。

葬儀委員長には、木本凡人《きもとぼんじん》がなった。

この木本凡人という人も大阪の市民運動では特記さるべき人で、直造と知り合ったのは、大正十年（一九二一）頃である。木本は、自分のやっている青十字社主催で、天王寺公会堂で「住友財閥」攻撃演説会を開いたことがある。その時逸見親子と山田正一らは、市内に貼り廻されたポスターをみて早速聞きに出かけた。

この演説会の主催者木本凡人は、当時社会主義者ではなかったが持ち前のヒューマニズムから、住友が不当に私有地化して大別荘を建てている茶臼山を解放せよと迫っていたのである。その演説を聞くなり、直造は待ってましたとばかり飛び入り演説を申し込んだのであるが、演説会は開会してじきに解散を喰ってしまい、一蓮托生《いちれんたくしょう》で木本夫婦も逸見親子も共にブタ箱に放り込まれてしまった。

留置場の中で直造は木本夫婦を説得して、社会主義同盟に加わらせた。

そんな関係で、木本凡人が葬儀委員長を引き受けた次第であるが、他にアナキストの武田伝次郎の他、関西組合同盟の阪本孝三郎、総同盟の野田律太《りった》、マルキスト系の九津美房子《くつみふさこ》（後に三田村四郎の妻となる）らが各派代表委員となって、文字通り全社会主義者、労働者、運動家の合同葬ということになった。その人民葬儀の盛大さについて大阪の新聞が特報したことは、冒頭において述べた通りである。

ところで直造に死なれて途端に困ったのは、むろん息子の吉三である。当時まだ二十才になったばかりというのに、父親の築いた運動の全責任が自分の肩にのしかかってきた。到底父の力量には及ぶべくもなかった。それでも係争中の借家問題については、俺が責任持って解決したるとみようみまねで面倒みた。

しかし彼の気持ちは、父親生存中にすでに多分にサンジカリズムの傾向に心魅かれていて、その辺が親子相似していて相異なる面でもあったのである。

大正十一年（一九二二）九月三十日、大阪の天王寺公会堂で開かれた労働組合総連合の結成大会は、周知のように組合同盟会の自由連合論と総同盟の中央集権論とが真正面から激突。遂に当局から解散を命じられた。いわゆる「アナ・ボル論争」のクライマックスといわれるものである。

この当時、自連側の気持ちとしては各組合の自主性をあくまで守ろうとする考えはあっても、組合運動を決定的分裂や対立に持ってゆく意志はなかった。

山辺《やまべ》健太郎もいっているように、偏狭なセクショナリズムは絶えず強権的ボルシェヴィキの側から持ち出されたものである。

しかし無強権、自由社会思想をとるアナキズム、サンジカリズムの側にも次第にセクショナリズムの様相が濃くなってきた。もともと外国では社会主義プロパーとしてのアナキズムと、労組運動としてのサンジカリズムは別々のものであるが、日本では主として大杉栄によってアナルコ・サンジカリズムという形で融合化していた（真実はどちらかに身を寄せることを迷っていたというべきだろうが）。それでも実体内容の違った両者（一方は思想と革命、他方は実践と斗争《とうそう》というべきか）が完全に和解すべくもなく、むしろ差異が濃厚になってきていた。

その中にあってまだ十九才の吉三は、単なるアナキズムの思想にとどまり得ず、やはり組合運動に足場を持ち、そこでアナキズムの理論を実践化してゆく道を選んだということは、彼の素質や環境からいって極めて必然的なことであったとせねばならない。吉三はこの十一年九月には新《しん》谷《たに》与一郎らと関西紡績労働組合を組織したり、他の組合運動とも積極的に関係を持ったりしてアナルコ・サンジカリズムの斗士《とうし》となっていた。

それで父親の直造が検挙された時も、実は東京芝協調会館で開かれる機械連合労働組合の大会に出席し、且《か》つ関東労働組合同盟会、関西労働組合同盟、それに無所属系組合を集めての、「全国自由労働組合」を結成するために上京していて、大阪にはいなかった。そこへ突如関東大震災（大正十二・一九二三）が発生し、這這《ほうほう》の体で東京を脱出して、中央線を廻って一週間がかりで大阪へ帰ってみると、今度は父が検束されて家を空けていたという次第である。

### 俺は金とる名人やでえ

アナルコ・サンジカリストとしての逸見吉三の運動歴は華々しく、それだけで大阪の労働運動史の特殊性を現わす態のものである。

所属は昭和十二年（一九三七）頃までは大阪自由総合労働組合にあり、全国組織としては全国労働組合自由連合会に加盟して、自ら関西連合会の代表者を勤めていた。全国自連は全国で数万人、大阪総合労組は最盛期には五千人、解散間際でも二千三百人いたから次から次と問題が組合へ持ち込まれた。組合員ばかりでなく、非組合員も工場で腕を落したりしてやって来た。

吉三さんは自ら、「俺は金とる名人やでえ」といわれる。そういうケガしたような労働者がやって来ると、警察へ届けていたいので、まず警察へ告訴する。それだけでも効果があり、大低は有力者を頼んで「逸見さん、頼む」と妥協しにきた。妥協してくれれば適当な額をとってやって、組合費を一年分とか二年分とか収めさせる。組合費はせいぜい五十銭か一円だから、二年分貰ってもせいぜい二十円ぐらいのものである。

これは親父直造のやり方と同じである。問題を解決してやっては被害者から組合の分をもらって資金をつくり、相手の会社側からは絶対貰わない。いわば労働者のもめごと引受業である。組合員も小なりといえども争議で鍛えられた奴ばかりなので、動員力がある。何かといや、三十人や五十人すぐに集まる。それで総同盟でも、逸見一派といって運動面では一目置いていた。

まったくその直接行動の鋭さにおいては目を見はるばかりのもので、彼らはよその組合の大会でもワアと押しかけてゆく。一人引っぱられると、みな引っぱられるまでやる。巡査とぶつかれば、あらかじめ旗竿の旗に印刷用の真黒なインキを塗っておいて、その上に赤でA（アナキズム）と書いてあるのを振り廻して派手に応戦する。旗に触れた巡査は顔や手が真黒になってしまう。それで巡査も、「アナキストどもを検束する時は、気ぃつけいや」とあらかじめ打ち合わせていた。

全員留置戦術というのは、例えば会社が争議の交渉にも応じようとしない時には、社長の家なり事務所なりを徹底破壊して、全員逮捕されてしまう。そしてその晩にはみなで大暴れすると、署長もやかましくて敵《かな》わんから、組合の役員だけ出して会社側と交渉してこいという。それが目当てである。会社側も警察署長命令で争議交渉に来たとあっては、応待しないわけにゆかなかった。これで被留置者の勝利が決まったようたものである。

吉三はかねて大杉が、「何人集まったら運動始めるなんていうのはダメだ。マラテスタはたった二十五人からあんな大きな斗争《とうそう》起こした」と言ったのに教えられて、労働者にも三人でも五人でもいいから、組合の旗上げせいと煽動していた。すると旗を早く上げすぎて、組合のできんうちに解雇されるのがいた。そうなれば押しかけていって、一年について退職金二十日分くれと交渉する。二十日分あれば、一円五十銭の給料取りで、月三十円、十年いれば三百円だから半年は喰えた。その間に新しい職を探すのである。

それで中には組合を利用した、解雇手当て専門の奴も出てくる。どこか会社へ入るなり、その日の朝早く組合へ「オルグ用のビラくれへんか」と貰いにきて、会社の門の前で通勤してくる労働者たちにまく。そうすると会社は直ちに首にするが、例え三日勤めていても解雇手当てを二週間分払わねばならないから、差引き首で得することになる。その余った金でぶらぶら遊んでいて、また就職し、ビラをまき、解雇手当てをとるのである。

そんな奴でも、やっている間は三人でも五人でも現実に組合員つくってくるから、吉三らは「構わん、やれい」と援助していた。

大阪アナ系労働者の斗争《とうそう》は、争議の際には会社の社長の息子をパシっとひっぱたたいて、社長に恐怖心を起こさせてでもとるといった、えげつないものであったが、それだけ当時は労働者の人権が無視されていたということでもある。労働者を勝手に首切る、退職金は出さない、交渉にゆけば警察につかまえさせるというのでは、残る手段は実力しかなかった。

その最も戦斗《せんとう》的分子が、吉三らアナキズム系の労働者たちであったのである。

昭和六年（一九三一）の大阪アルミ争議の時には、忠臣蔵みたいに七、八十人で夜襲をかけ、大門を「ヨイセ、ヨイセ」とぶち破り、邸宅内に押し入って家人《かじん》が大騒ぎになるのも構わず、戸具からたんす、火鉢に至るまでめちゃくちゃに破壊してきた。この討入りでは「前科のある奴だけ、責任とろう」ということで、吉三は未決ともに一年半入獄していた。

また映画館のトーキーの機械も、随分つぶしてやったそうである。

というのは、吉三は映画館を手伝っていたから映画関係に知人が多く、「映画演劇人同盟」というのに加わっていた。それが時代が移ってトーキー時代になるとともに、仕事が増えてきた。弁士不必要で、次から次首が切られたからである。一流の弁士も知っているのが沢山いたが、それらを含めて毎月五十人、百人と首が切られたのである。それも田舎はなかなか進まないが、大都市はどんどんトーキー化し、弁士は街頭に放り出された。

それでヨーロッパ資本主義初期頃の労働者による機械破壊と同じように、「撮影室へ押し入ってトーキー機械を破壊するのであるが、時に撮影室ごとぶち壊すこともある。ぶち壊すといっても撮影室となると大変である。爆発すると危ないから、室《へや》のセメント壁は三十センチにも厚くしてある。それで（どういう意味か？）映画を写す穴から水を一升びんにつめ十本も流し込み、建設工事用のニューマチックを持ってきてバリバリ破る。

破ってゆくと、セメント壁の中はただレンガだけ積んであるのではない。内部にはでっかい鉄板がもう一つ壁になっていてこれも破らねばならない。それで大勢で苦心惨胆して、小さな撮影室を破るのに丸二日もかかったそうである。

むろんこれも器物破壊で起訴される。それで破るとすぐに、「金集めるさかいに誰か入る奴いないかあ」と入獄希望者を募る。「よし、じゃ俺が入る」という奴が出れば、後の面倒はみることにして当人に責任を負ってもらうことにした。

しかしこうした激しい実力行動も、昭和も七、八年頃から次第にやれなくなった。

昭和一桁《けた》過ぎて十二年（一九三七）ともなると日中戦争が始まり、官憲の労働運動圧迫も極に達した感じであった。精力的に働いた運動家もどしどし転向してしまい、大衆的に思想を伝える余地もなくなった。それでも大阪で最後まで残っていたのは、中間派左派の総評議会、今の解放同盟の水平社、市電の従業員組合、それに吉三らの組合であったが、それらも遂に産業報国会への吸収合併ということで落城して、吉三も運動から手を引いた。

昭和十四、五年頃から四年程は吉三は古本屋をしていた。本は戦時物資として集めているよせ屋へ行って、その中から売れそうな本をひっこ抜き、一貫目五十銭ぐらいで買ってきて、それを二、三円で売るのである。中には何十円もするような掘り出し物もあった。

戦争中は、仲間の紹介で、日本航空という飛行機会社の道具係りをしていた。

そこへ敗戦である。

例え与えられたものにせよ、一切が民主主義の世の中である。昭和二十一年（一九四六）八月、いち早く総同盟が再結成されたのに次いで、産別会議も同月結成、十二月には日労会議（日本労働組合会議）が結成された。この日労会議は戦前のアナキスト相沢尚夫《あいざわひさお》が書記長となり、逸見吉三を争議部長として、再び労働界では突出した動きを示し始めるのである。

## 今日も見習うべき特性

かく大阪における逸見親子二代あるいは三代にわたる社会革命のための歴史を眺めてきて、改めて感銘受けざるを得ない特殊性は、

一、生活者への同胞的愛情
二、自分ら自らの直接的行動
三、狡滑なまでの知的アイデア

——ということではなかろうかと思う。

むろん彼ら自身、その在り方において欠点なしとはしない。しかもそれが現実の場面に応じてあるいは変形し、屈折した形を取らざるを得ないのはやむを得ないことである（所詮例外なしの法則などというものは絵空事に過ぎない）。しかし三代にも渉《わた》ってのこの人間史の中で、同胞への情の厚さ、直接行動の鋭さ、アイデアの巧みさはどうしようもなく刻明に浮かび上がってくるのを、認めざるを得ないだろう。

改めてその事実を問えば、摂政官ヒロヒト狙撃事件の難波大助《なんばだいすけ》が出かける前に大阪で逸見の家を訪ねて金二十円也を置いていったそうである。その金を使うことなくしまっておいた吉三は、ギロチン社事件の入獄者に揃いの浴衣をつくってやって、差入れしたという。その話を聞いた和田英吉氏は、「本人はあまり長く持ってりゃ小遣いに使っちゃうだけだから……、と何でもなげに語っていたが吉っちゃんの思いやりには感心しましたネ」と洩《も》らしていた。

ついでに和田氏は吉三と一緒に留置された時のことを回想して、「あの日頃大阪弁で口当りのいいしゃべり方をする吉ちゃんが、本気で、顔色変えて怒ったのには驚いた」とも言っておられた。それは他にもうひとり向かい側の監房に背中の曲がった、仲間には爆弾しょって歩いてるんやないかと冷やかされていた山田正一が入っていたのであるが、巡査がこれに殴りかかろうとした。その途端、状況をみていた吉三が血相変をえて、巡査に「そいつは普通の人間の体やないんだぞうッ」と怒鳴って止めさせた。

「鉄格子の中に入っていてどうにもならないのに……、そういうところはまったく親父譲りでしたね」とこれにも和田氏しきりに感心してひとりで肯いていた。

直接行動の鋭さにおいては、もう今更述べるまでもなかろう。

ただしこのことに付け足せば、親子とも間接を排した直接行動家であったといえども、人命殺傷のテロを行なわなかったし、否定していたことである。このことは非常に今日的意味合のあることで、彼らは例えばイギリス百人委員会がとる「非暴力直接行動を争いの基調とする」の新宣言や、W・R・I（戦争低抗者インター）ローマ大会の「非暴力直接行動こそ、人民固有の原理であり、方法である」という表明と同じ姿勢を持っていたのである。

そのことは殊《こと》に吉三の体験において明瞭であり、彼は大杉の個人的復讐である福田雅太郎《まさたろう》大将狙撃事件に金を出したというだけで巻き添え喰って、求刑八年の判決を受け、大正天皇死去、昭和天皇即位で、実刑二年数ヵ月獄中で暮している間につくづく感じたことである。

そのことについて吉三は、

「私が入獄していた二年余りのあいだに、外部の社会主義運動も労働組合運動も、急速にすがたをかえていた。……アナーキズムやアナルコ系組合の勢力は、以前とちがってひじょうによわまっていた。入獄中に私は、個人的テロリズムのばかばかしさや、大衆運動の分裂主義のあやまりをふかく反省させられていたが、出獄後の運動の実態をみて一そう自分の正しさを確信させられた」（「戦前大阪における社会主義運動の思い出」）

と語っているのである。

最高権力にある者の暗殺《テロ》を計ることとの反動が余りにも大きいことは、すでに大逆事件において経験ずみのことであるが、大杉虐殺後の和田久太郎、村木源次郎、中沢鉄、古田大次郎らのテロリズム実行において一層明白であった。テロの発覚ごとに関係者はいうに及ばず、直接無関係の者までが捕われ、弾圧された。

ことに、昭和十年（一九三五）十一月の高田農商銀行事件に次いでの芝原淳三射殺事件は、日本無政府共産党の全国一斉検挙を呼び起こした。これが結局、大阪でもアナキズム運動のとどめをさしたようなものであった。この当時大阪にいた若い元気なアナ系の者は、殆《ほとん》どこの無政府共産党事件でマークされてしまったので、事件の後大阪で運動を受け継ぐべき青年分子がいなくなってしまったのである。一方、テロ派のリャク屋（掠奪）としての堕落振りもまた目にあまるひどいものであった。彼らはリャクった金をまるで遊興の巷《ちまた》で浪費していた。

それで吉三は、「明治、大正、昭和と、運動の極左的なあやまちを何べんも見たり聞いたりしてきた私は、戦後に火炎ビン斗争《とうそう》がはじまったときには、『またやったか』と感じたものだ」（同前）とも回想しているのである。吉三とすれば直接そのようには語っていないが、「今日においては非暴力直接行動こそ最高の斗多方法」としておられるものと推則する。

余談ではあるが直造は小学生の息子に、天長節等の祭日は学校へ登校させなかったという。天皇家の祭りは天皇家だけでおやりになればいいので、われらには関係ないというのである。それで吉三は祭日の日にわざわざ学校へ行って、みんなに映画のタダの券を配って、全員引き連れて自分の館の映画を観にいったこともある。非暴力直接行動とはそうした日常世界の、ほんのささいな中にも潜んでいるのである。

ただ行動力があるばかりでなく、絶えず斗《たたか》い方の新しい戦術を生み出している。その方法の巧みさにおいて、斗争の技術家ともいうべく達者なものであった。尾行ひとつまくにしても、例えばここでまこうという箇所へ来ると、巡査にフンドシか古シャツでも入った空《カラ》カバンを持たせておく。すると向うは大事なカバン預っているのだからまさか逃げやしまいと思って、いわれた通りカバンを持って待っているのであるが、その間にかねて約束の家の裏木戸からズらかってしまう――といったやり方をとったりするのである。

真に巧妙且《か》つ老獪《ろうかい》なる戦士であった。

しかもこの同胞的愛情、非暴力直接行動、知的方法の三者は決してバラバラに在るものではなく、実は三者互いにつながっていることを思わねばならない。即《すなわ》ち愛情において戦斗《せんとう》的であり、同時に非暴力であり、知性的である。強権による革命は、必ず強権の政府を生み出す。無強権の自治を目指す以上、その手段として無強権であらねばならない。その無強権革命の手段として、その底に人間愛を秘め、創造的戦術に裏打ちされた「非暴力直接行動」こそ現代最高の方法であるはずのものである。

もとより、「非暴力直接行動」といっても、どこまでを暴力とみなすか？　器物破壊すら暴力とみなすとなると、非暴力の意味合もかなり変ってくることになろうし、さらにこのような方法によって本当に革命が達し得るか否かとなると、未だ不明というより仕方ないが、それにしてもなお現在考えられる限りでの最も有効な手段であると判断される。

もともと市民＝住民、あるいは労働者＝生活者なるイメージは、相互扶助と直接行動（ふきそうじから食事まで）と創意工夫の象徴制を持っている。そうした市民あるいは生活者の最も刻明なイメージと、逸見三代の流れに横たわる資性とがモロに合致していたのである。その意味でマスコミの場を遠く離れて、埋もれている逸見直造が今掘りだされることは、まったく現代的意義のあることと思われる。

# 和田栄吉・正進会の暴れん坊

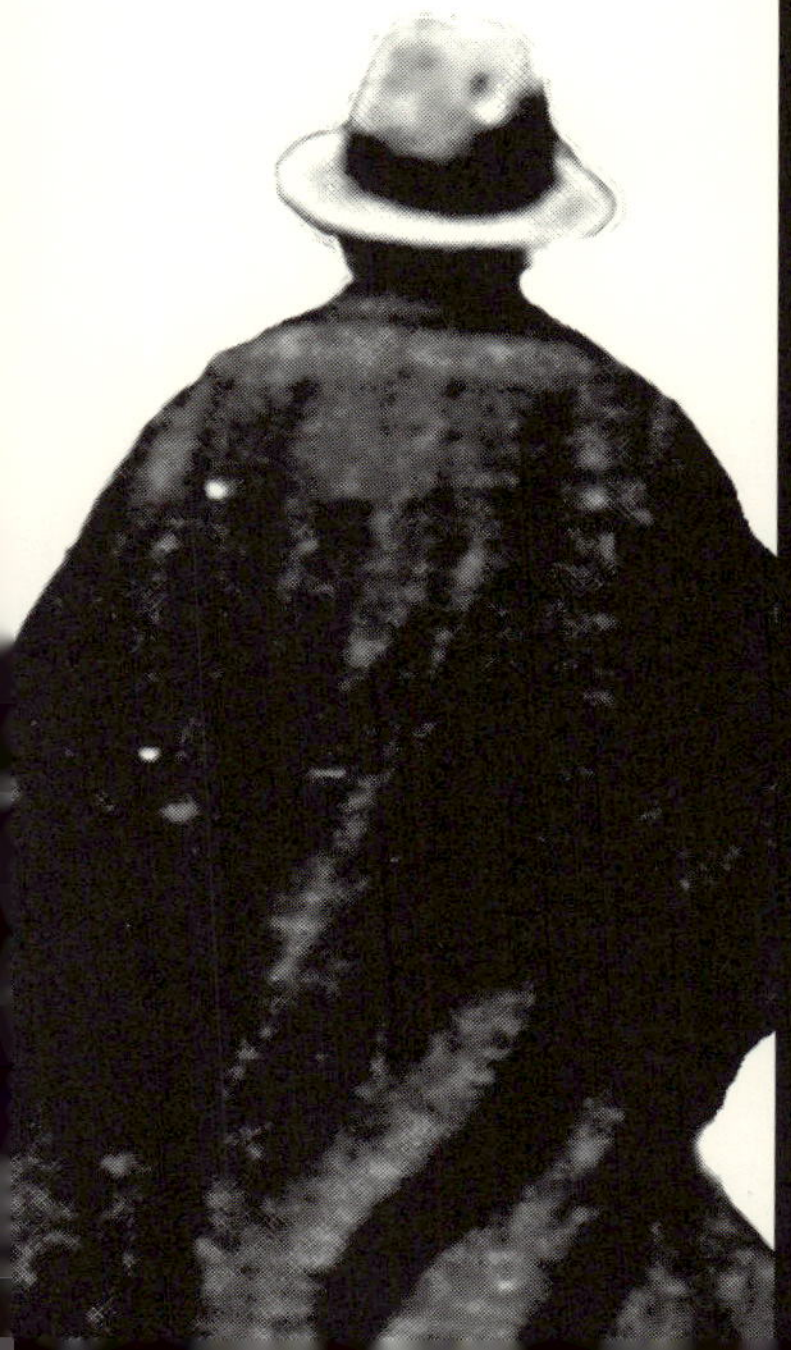

## 侠徒を手なづける

和田栄吉《わだえいきち》は毎年のことだが七月の声を聞くと、この月が無事に過ぎ去ることを毎日祈るような気持ちでおくるという。なぜならば、それは昭和十二年（一九三七）のいわゆる通州《つうしゅう》における邦人の虐殺事件に直面して、危うく一命を救われたからに他ならない。その和田を救ってくれた中国人は、徐世亜という印刷工で、和田が満洲（現在の中国東北地方）の子弟八百万人分の教科書を受注していた際に使っていた人物である。この徐世亜は生れつきヤクザのようなところのある男で、流れ流れて満洲に来たものらしい。何しろ、けんかが好きで満洲のいたるところで嫌われ者となっていたようだ。年は和田と同じくらいであったが、彼が印刷工としては大したことはなくとも、偶然なことから機械の組み立てをさせると抜群の才能のあることを知って重用していたものである。

この徐世亜が七月二十七日の正午頃、和田の所へやって来て、しきりと北京なり天津なりへ離れるようすすめた。和田が不審に思って理由を尋ねると、当人は「心壊了」（心の悪い）の中国人がたくさんいるようになったから、ここにいてはダメだと言う。「お前はどうなんだ」と尋ねたところ彼は、「自分は中国人だからここにいてもいい、先生は日本人だからいけない」と答えた。そのとき和田の心に何かピンとひらめくものがあって、月末までに北京へ行こうとすぐに決心した。

二十八日の午後三時頃になると徐世亜は、一台のボロ自動車をもって迎えに来て、しゃにむに和田を自動車に乗せて北京へ送っていった。北京に入ると知り合いの料亭に宿をとり、徐とも別れたのであるが、その晩になって彼は驚くべき事実を聞かされた。

もともと彼はあまり酒を飲む方ではないが、たまたま近所の王府井《ワンフーチン》の白宮というキャバレーに行くと、そこへ中国服をつけた長身の日本人が現れた。見るとそれは、満洲以来知り合いの特務機関の男である。その男が和田を物陰に呼んで話したのによると、つい五時間ほど前に通州に保安隊の反乱が起きて、三百名余りの居留民の大半が虐殺された。それで今、北京と天津の中間にいる部隊が鎮圧のためにトラックで強行中であるというのである。話を聞いて和田は慄然《りつぜん》とした。このとき初めて徐世亜の言った言葉の意味が解けたのである。

中国の保安隊というのは、グレン隊やヤクザの集団のようなものらしく、徐世亜はいち早くその情報を耳にしたらしい。それですぐさま和田は通州の県外に連れ出されたのであるが、この事件における和田の思いとは別に、私は和田の人門的実力といったものに、ある種の感銘を受けざるを得ない。

かつて毛沢東は、井岡山蜂起の際に王佐、袁文才らの匪賊《ひぞく》を説得して紅軍《こうぐん》に協力させたと言われるが、そうしたアウトローをも手なづける力は、とても通常のインテリにはあり得ない能力と言わねばならない。この毛沢東のありようにも似て、和田の能力もまた評価されねばならないだろう。ただし和田のヤクザの世界にも通じるきかん気の胆力、細民への共感、反権力志向は生れながらのものであったと言うべきである。

和田栄吉は明治二十七年（一八九四）二月十日生れ、今年（一九八三年）八十八歳、足はややなえてきたものの今も矍鑠《かくしゃく》として東京の世田谷区瀬田の地に住まいしている。生国は長野県、父親は信越線が開通する以前は、牛に引かせて海の魚を運んで商いをしていたという。ところが、鉄道開通後道楽者の親父は、市場へ入らなかったので商売ができなくなった。そこで仕方なく魚屋をやめて仕出し屋を始めた。しかし畑違いのこの新商売はうまくいくはずもなく、生活は次第に貧に傾いていった。

しまいには学校の授業料さえ払えなくなった。その頃は小学校でも授業料をとられていたのだ。長野県は全国の教育県とされているが、税金の取り立ての激しい土地であった。小学校の授業料は一ヵ月五十銭、弟と妹がいたため、三人分の一円五十銭を要した。それを、みんなのいる教室で「和田〇〇！」と呼んで取り立てるのである。しかし、家には銭が無い。それで長男の栄吉は、「オレは兄だからおふくろから貰ってくる。弟や妹のところへは行くな！」とかばったものの、やはり持っていくお金など無い。授業料を持っていったり持っていかなかったりするうちに、学校もだんだんやかましくなってきた。栄吉自身にしてもきまりが悪いので、次第に学校へ行くのがイヤになり、とうとう学校をやめて上京してしまった。小学校はまだ終えない、五年生頃のことである。

この小学校時代には、彼の気質を表わすかっこうのエピソードがある。近所の家でメリヤスか何か売っている人がいたが、その家の小さな娘とは仲が良かった。ところがその家が、差し押さえをくらうハメとなり、役人がやって来た。その際に執達吏《しったつ》は、他の家財と一緒に娘のカバンを持っていこうとしたので、栄吉は怒って差し押えの車の上に乗り、荷物をみんな車の上から放り出してしまったということである。

## 俺のバクチは物理的

小さな正義感・和田栄吉は、上京すると株屋の小僧となった。月給五円也で、すでに小学校時代から独り立ちしていたことになる。小学校は卒業しないで出て行ったので、六年生の授業は夜学で学んで卒業することができた。

彼はこの株屋で人の心理を知ること、金をつかむこと、遊びを覚えることなどの様々な人生を学んだ。株の店へは田舎からいろんな人たちがやって来る。その人たちは自分の不安な心理を反映して、栄吉のような小僧にでも相談を持ちかける。そういう場合、栄吉は客が十人来れば五人の人に買えと言い、残りの五人の人に売れとすすめた。株には強気と弱気があって、要するに買うか売るしかないのだから、半分の人に買えと言い、半分の人に売れと言えば、半分は必ず当たった。当たった人からは、小遣いを稼ぐことができた。

田舎から株をやりに来る人は、株屋の近辺の飯屋《めしや》かしろうと下宿へ泊まっている。午後四時の相場が終わると、栄吉は、「気配状」を持ってその客が泊まっている宿へ持っていかされたが、その際にも用足しの駄賃だとして客は二円三円と小遣いをくれた。それらの小遣いを残しておき、自分でも株をやったので、十六、七歳の時、当時の金で二千円もの大金を手にすることができた。第二次桂内閣ができた時には（一九〇八）、株がいっぺんに十五円も上がったり下がったりしたので、子供といえどもそれ程の大金を入手できたのである。学校の先生の月給が五十円ぐらいの時の話である。

その大金を懐にして十七歳の時、編入試験で仏教系の京北中学へ入った。そのことについては彼はあっさりと、「これからは中学ぐらい出ていなきゃと思って……」と言っているが、和田には不良を自称しながらどこか本質的に知的志向の性格があったと見られる。しかし、結局中学は卒業できなかった。その大金を彼は毎日湯水のように贅沢に使い、わずか二年でみななくしてしまったからである。

金がなくなると彼は、当時小石川にあった共同印刷の印刷学校へ入った。これが彼の生涯を決したともいえるので、仮に株屋時代に彼の性格をなすものが植えつけられたとすれば、印刷界は生涯の目標（あるいは手段）を与えた場所ともいえる。印刷学校に学んでいて、そのうちに彼は、新聞社の〝子供〟に雇われることになった。〝子供〟とは、編集と工場との間を行ったり来たりする給仕のような職業である。記者はそのものズバリ「子供！　子供！」と呼んだので、通称的にも〝子供〟と呼ばれていたものである。

ただし栄吉は昼間の身分は子供でも、夜になると大人になった。編集部でバクチの相手をしたからである。新聞社は『万朝報』といって、かつて樋口一葉の愛人だった半井桃水《なからいとうすい》やその他の人たちがいたが、仕事が終わると皆編集室の中でバクチを打っている。この大人達の遊びの仲間に加わることによって、彼はまたしても小遣いには困るようなことがなかった。バクチに対して大いに自信をつけたのである。

和田はバクチの話となると、急に目を輝かせ熱を帯びて話し始める。「花札いじらせたら、本職のヤクザよりもオレの方がうまい」と昂然《こうぜん》と胸をはって言う。四十八枚の花札をチャーッと切ると、どこに松があるか、桐があるかわかるのである。「カンではない、インチキではない。物理的にわかる」「……?」「ライターやらガマ口の口金やらみて判断する……」のだそうである。

当時バクチ場は貧民窟には必ずあった。和田がよく行った賭場は、芝の浜町（今のモノレールの駅の下の所）の貧民窟。ところがこの賭場では、バクチの親分に迷惑がられた。親分は敷島という元相撲取であるが、和田に向かって「あんたが来ると、コレ（手で帽子のひさしのマネをする）が来るから」というのである。「あんた悪いことしたのか?」と言うから、「そうじゃない」と答えた。労働運動を始めてからは、始終尾行がついていたから、当然バクチ場へも尾行はついてくる。その巡査はいつも貧民窟の小路の入口にある駄菓子屋でがんばっていた。それでしまいには「これを持って帰ってくれよ」と、和田は親分に小遣いを渡されて帰ってくるのだった。

そうでなくとも彼は、小遣いぐらいは黙っていても稼げた。和田は銭が無いとなると、黙って賭場に腰かけている。そうすると相手は「栄さん今日は張らないのか?」というが、「もう少したら張るよ」と答えてなおも張らないでいる。そのうちに黙って見てられちゃあ向こうもインチキできないので、二円か三円くれて「帰ってくれよ」と頼むのである。

バクチでは、当時人気作家の久米正雄《くめまさお》の女房の金をたんまりまきあげたこともある。久米の女房はもと新橋の芸者であるが、同志の和田久太郎とふたりで鎌倉の住居へ遊びに行ったところ、「花札をやろうよ」と言われた。久米はそれを聞いて「よせ、よせ」と止めていたが、結局やる事になり「八八は面倒だから、簡単な坊主めくりをやろう」と和田は促し、わずか二時間ほどの間に四十円も稼いでしまった。

「その金で新橋で久さんと二人でスキヤキを食べたのを覚えている」と、さも愉快そうに和田は話していた。

## 大杉栄らの回想

ところで、和田がアナキズムなるモノと接し始めたのは、大正七年（一九一八）の米騒動の騒然たる雰囲気の中でのことであった。同年の八月、富山県に発した米騒動は、以後一道三府三十二県に及び、東京でも各地で民衆が立ち騒いだ。当時銀座界隈には数多くの新聞社があったが、激昂した民衆がこのあたりでも騒いでいたのである。

その際、読売新聞社にいた栄吉は、面白半分に見に行ったところ、間違えられて築地警察の所でパクられてしまった。お昼頃には釈放はされたものの、その間殴られたりもして、これが以後和田の数十回にも及ぶ留置場への入り初めとなった。

大杉栄《おおすぎさかえ》は、例のトルコ帽みたいなのをかぶっているので目につきやすく、銀座でも時折見かけたが、同年初めて新富座の前で大杉が荷車の上に立って演説しているのを見た。警察は周辺を見張っているものの、群集が大勢いるので手を出そうとしない。

一方、自由演歌師の添田唖蟬坊《そえだあぜんぼう》も盛んに活躍していた。彼が見た時には、木挽町《こびきちょう》のやまと新聞の前の所で聴衆を集めて歌っていた。しかし、和田が前に引っぱられた警察の者がやって来て、演歌をやっちゃあイカンとかなんとか言う。そこへいきなり飛び込んできたのが朝日平吾という政友会の院外団員で、後に鎌倉で安田財閥の安田善次郎を刺した男であった。彼はその時ふたのあるバケツを持って来て、和田にすぐ近くの天ぷら屋の前まで持って行けと指示した。和田が言われた通り運んで行くと、中には石油が入っていて、朝日はそれを交番にかけて焼いてしまった。

言ってみれば、和田は最初に思想に共鳴したというよりは、そうした騒然たる活気そのものに魅かれて、急速に当時の最も先駆的な思想であるアナキズムに近付いていったのである。彼は、「俺はヤクザじゃないけど、神田から小石川にかけての不良だった」と言っている。小石川には千人もの労働者を擁する砲兵工廠《こうしょう》があって、その労働者の中の不良少年組に彼は属していたのである。

しかし先にも言うように、和田には妙に知的な好奇心があり、月に四円か五円もの高い月謝を払って神田橋のアテネ・フランセへ通っていた時期もあるのだ。

文士の請演会があると、よく聞きに出かけた。ある時和協学堂（?）で文学の公演があった。三宅雪嶺《せつれい》や奥さんの三宅花圃《かほ》が出ていて、話は難しくてよくわからないが、聞いていると何となく気分がいいのだ。やがて、当時盛んに評論を書いていた茅原華山《かやはらかざん》が登壇して話し始めた。夏の暑い時期だったので、彼は新聞記者の用いるザラ紙をポケットから取り出して汗をふいていた。それを見た栄吉が「これで汗をふきなさい」と手ぬぐいを持って行ったところ、後で茅原に「お前さん何してんだい」と尋ねられた。「オレは不良少年だ」と答えたところ、「それならオレの所へ遊びに来ないかい」ということで、以来茅原との付き合いができた。

その頃茅原は、『第三帝国』というタブロイド判・六ページぐらいの雑誌を出していたが、和田は遊びに行っているうちに手伝いをさせられる羽目になり、原稿取りなどにも行かされた。いわゆる〝新しい女〟と知り会えたのも、この時のことである。当時平塚明子は二十何歳かで、栄吉はすっかり小僧扱いされた。後に富本健吉の奥さんとなった尾竹紅吉《おだけこうきち》はわりあいに体の小さな、きれいな人であった。湯島の天神様の方に紅吉の家の茶室みたいなのがあって、そこでよく集会が行なわれたから、紅吉や大杉ともしばしば接する事ができた。

大杉栄の妻の伊藤野枝《のえ》は、神近市子《かみちかいちこ》よりも女っぽい人であった。神近はいかにもお姉さんぶっていて、「大杉に向かってもそうだったから、嫌われたんだろう」と和田はみている。

野枝をめぐっては、興味深い推察も持っている。大杉は茅原を評して「バカ原」などと文章に書いているが、それは茅原をやっかんでのことだというのだ。

「もともと、大杉は口の悪い男だが、何もあれほどまでに毒づくことはないだろう。その理由は、当時野枝が茅原の『第三帝国』の編集を手伝っていたためだろうと俺は読んでいるんだ」

大杉についても当然色々と思い出がある。『労働運動』が発刊されるや、彼は本郷白山にあった『労働運動』の事務所に、和田久太郎、近藤憲二、川口圭介、延島英一、村木源次郎らと一緒に泊まり込んでいた。大杉といえば無政府主義であるが、平生《へいぜい》、大杉は少しもそうした思想的なことは口にしなかったらしい。原敬《はらたかし》首相が殺された時は、安成二郎と二人で事務所へ来ていたが、安成はいろんなことを言ったけど、彼はあまり語らない。ただ、「殺したのは十八歳の少年じゃないか。少年であることが印象的だね」とつぶやいていたのみであった。

大杉は誰が見ても労働運動の大スターであったが、ただ闘争のみの人であったわけではない。むしろ闘いには慎重であって、平生も怠りがない。ある日、仲間同士十二、三人と高尾山へピクニックに行ったことがあるが、山で、桜のステッキを売っているのを見ると、大杉は、和田久に「あのステッキを二、三十本買ってきてくれ」と頼んだ。「何する？」「何するったって、家に二、三十本あったっていいだろう」と言うので、結局彼の言う通りに買って帰って、事務所に置いておいた。そのうちに浅草の花屋敷で、映画をやっていた右翼にこちらから殴り込みをかけたことがある。その時印判天《しるしばんてん》に腹掛けをかけ、高尾山から買ってきたこのステッキをてんでに持って押しかけたそうである。

大杉栄、伊藤野枝と共に、殺された橘宗一少年もよく知っている。逗子の海水浴場で、宗一少年を抱いて一緒に泳いだりもしている。少年は大杉の妹のあやめさんの子供であるが、あやめさんは名前の通りの人柄で宗一少年もおとなしい子供であったという。

## 第五回メーデーの総司会者

アナキストとしての和田栄吉、というよりアナルコ・サンジカリストとしての和田は、印刷工の組合である正進会の指導者の一人として活発な運動を広げてきた。

大正十年（一九二一）春の『労働運動』によると、「正進会には闘士が多い。ことに突進的勇者が多い。その労働者としての実感から得た、アナキズムの思想は学者や智識階級や指導者連などの権威を、全く三文の価値も無からしめる。……労働組合同盟会中の最急進団体である」と書いているが、まさに和田も最急進分子の一人であったわけである。この正進会は、もともとが大正八年（一九一九）にできた革進会に発しているが、その当初においても彼は参加していた。その際に東都十六新聞のゼネストを行なったというのが、彼の何よりもの誇りの一つである。

革進会は、創立間もなくの八月一日、国際的動向を受けて八時間労働制、最低賃金制、それに週休制を要求してストを起し、東京市民は八月一日から四日までの四日間、東京夕刊新聞以外一枚の新聞も手にすることができなかった。当時は新聞が唯一のマスコミの機関だったから、その点を考慮に入れれば事態の深刻さが窺われようというものである。時の大正天皇もその事に気付いてか、「近頃新聞が来ないようだが……」と語ったともいわれ、経営人も緊張の度を増した。この間三日間、日本橋の袂《たもと》にある常盤木《ときわぎ》倶楽部という貸席を借りて本部としていたが、その際和田は受付を担当していた。

争議団本部には、各界の人々が訪れた。中でも井上剣花坊《けんかぼう》、坂井久良岐《くらき》、近藤飴ン坊などの川柳グループが、陣中見舞として金十円也を届けた事を記憶しているという。近藤飴ン坊という人は、もと印刷工であった。

大正十年、第三次『労働運動』が発行されてからは、彼は大阪へ飛んだ。当時彼は下中弥三郎の『労働週報』を発行していたのであるが、大阪を担当していた和田久太郎が上京してくるというので、代わりに出かけたものである。これが結局彼に幸いした。『労働週報』を離れ大阪へ移ったことで、彼はあやうく一命を救われたのである。なぜなら『週報』の後を引き継いだのは平沢計七であるが、彼は周知のように震災のおりに亀戸警察署で虐殺されてしまったからである。

大阪には一年あまり滞在し再び東京へ戻って来ると、やはり正進会の中心幹部として働き続けた。大正十三年（一九二四）五月一日、大杉亡き後の第五回メーデーにおいては、総司会者も勤めている。当時はアナ・ボル論争が盛んな折でもあり、メーデーの司会者がアナキスト側から選ばれたということは、一つの事件であったと言わねばならない。

ただしこれには背景があって、最初は労働総同盟の松岡駒吉がもと友愛会の会長、鈴木文治を推薦していた。それに対して和田・延島や労働総同盟に属していた山本懸蔵が「とんでもねえ」と怒って反対した。すると妙な事に次の会合の際、松岡はすんなり自分の主張を引き下げて、「鈴木自身も取り消したいと言っている」と申し出た。そこで山本が「去年関東大震災で一番被害を受けたのは、市内の中小印刷労働者だから、印刷組合から司会者を出したらいい」と提案した。山本はボル派であったが、アナ派とも仲が良かったのである。山本の提案をうけて、やはり印刷工組合の信友会代表の延島が賛成し、結局正進会代表の和田が「年長者だから……」という理由で決まったものである。

ところが、これには今も言うように背景があった。その前年、関東大業災があって戒厳令が布かれ、これまで労組には来たことのない憲兵が私服で出入りするようになっていた。第五回メーデーも当然干渉され、警視庁の方からは何も言ってこないが、警備司令部の方からは、司会者は誰がやるんだと電話がかかってきたのである。この電話を耳にして総同盟の連中はふるえ上がった。大きな労組の芝浦労組などでも、なり手がない。そこでアナ系統の和田が選ばれたという次第である。

メーデー当日には一万余の参加者を前にし、和田栄吉は高らかに開会を宣言した。ただしメーデーが終わるやいなや、彼はすぐに大阪へ逃げ出した。なぜなら、警察の方から「和田さん、あんた二週間ほど行方不明になってくれませんか?」と伝えてきたからである。「あんた方は私たちを弾圧する側だと思ってるだろうが、少なくとも我々の方へ誰それを殺せなどという命令はこない。亀戸でやれって命令を下したのは、習志野から来た見習い士官ですよ。それでやった。あんた司会者をおやりになるなら、メーデーの最中はやらないが、後は保証できない。だから隠れて下さい」と言うのである。

村木源次郎、和田久太郎の二人が四十円足らずの金をつくってくれたので、大阪の関西自連の坂本孝三郎の許《もと》に、ひと月ほど秘密に遁《のが》れていることにした。

### 監獄はわが大学

和田栄吉の話しぶりからすると、印刷工としての彼には大阪の水が合っていたらしい。想い出も数々あるし、学んだ事も多い。

第三次『労働運動』のために大阪に住むようになった頃の話である。大阪の南に戎橋警察というのがあった。天王寺の坂を下った角の所にあって、大通りに面した玄関の下が留置場になっていた。地下室留置場である。だから風などは少しも入らない。しかもコンクリートに直射した日中の暑熱は、夜中の十二時を過ぎても冷めないので、狂おしいばかりの暑さである。そのうえ夜半になると、南の繁華街に働く白粉《おしろい》臭い女達が酔っぱらって大勢入ってくるので、その嬌声と熱気と脂粉《しふん》の香で息詰まるような感じの留置場であった。

和田はこの留置場に尾行巡査をまいたというだけの理由で、二週間ほど入っていたことがある。そのとき監房の中で一番先に彼に口をきいたのは、五十歳くらいの落ち着いた感じの男であった。この男はスリで捕まり、彼より十日ほど前から入っていたものであるが、和田に向かってこう言った。

「書生さん、あんたはこういう所には馴れていなさるようだから御承知かと思うが、念のため御注意申し上げる。留置場にいる時は、コンクリートの壁に背中をつけて坐らないようにすること、壁と背は、たえず四寸以上の間隔をおくようにすることです」

この忠告をその時は和田もたいして気にもとめなかったが、その後共産党の連中などで、二十九日の拘留をむし返された者がたいてい胸をやられているということを知って、実はありがたい忠告だったと知らされた。コンクリートの壁にピッタリつけて、ひと月もふた月もいたら脊椎を冷やしきってしまうのは当然である。以後は、この男の言にしたがって、留置場ではいつも壁から五寸離れて坐ることにした。

またこの男は（横浜の生れで山田友と名乗っていたらしい）、他にも和田に面白いことを教えてくれた。紙でこよりをつくり、それを利用して指先ほどの小さいわらじや草履を編むのである。少し熟練すると手ぬぐいから抜いた糸で、ないまぜの縞模様の鼻緒をすげたりもする。これは毎日の留置場での退屈しのぎにもってこいの作業であった。

和田がこのようなわらじや草履の作り方を覚えたのはこの時が初めてであるが、しかしこうしたものの存在はかなり前から知っていた。その頃はまたいわゆる遊廓というものの全盛時代であったが、品川遊廓にある青楼《せいろう》にいた一人の女がそれを見せてくれたことがある。彼女は財布の中に、いつも草履の形をしたものを入れていた。こうした種類の女の財布の中に、枕絵が入っているのは珍しくないが、そのときこよりで作った小さな草履が入っていたので記憶に残っていたのである。

彼女は、笑いながらこう言った。

「これは、監獄の中でこしらえたものだそうです。監獄の中にいる人も出たい出たいと毎日考えている。私たちもこの廓を出たい出たいと願っている。それでおまじないだといって、あるお客さんがくれたので大事にしているんです」

和田は留置場の中でわらじと草履の作り方を教えられて、その時のことをまざまざと思い出した。そしてこのような苦界に働く薄幸な女達の心情を思って、感傷的にさえなったものである。この戎橋署では二週間の間に、わらじを二足と草履を一足こしらえた。やがて二週間の拘留を終えてシャバへ出た和田は、この一心不乱に作った作品をもって芝居裏の遊廓へ行き、女たちに与えて歓待されたことである。

わらじ作りといえば、とんだ所で効能を発揮したことがある。東京の浅草の象潟《きさかた》署へ入った時のことである。場所柄、監房はヤクザや不良でいつも満員であった。和田はそこへ山谷の日染煙突争議の応援で、引っ張られて十日ほどいたことがあるが、中に昔の牢名主を気取った奴がいて、毛色の変った和田に何かとつっかかってきた。和田は相手にならず、三日目からこのわらじ作りを始めた。すると、牢名主を気取っていた奴の態度が変わってきた。そしてついにはすっかりおとなしくなってしまったのである。

彼は和田がわらじをつくっているのを見て、この世界の大先輩と思い込んだらしく、いかにも滑稽なことであった。

例の第五回メーデー後、大阪に逃れていたひと月ほどの間には、箏曲《そうきょく》を勉強した。箏曲は東京よりも大阪の方が盛んである。今日でも箏曲の中の地唄は上方歌だそうである。和田は株屋時代には、三味線やどどいつを習い、踊りも覚えたのだが、大阪ではさらに箏曲が加わったわけである。

大阪では、どこの馬とも知れない和田を見ても、周辺の者は何とも言わなかった。東京人は物見高いが、大阪人は自分の損得に関係ないことについて、よけいなことは一切言わない。その意味では東京人よりもよほど始末のいいように思えたそうである。

この在阪中には、ギロチン社の中浜哲とも付き合った。彼が捕まる直前にも、一緒に酒を飲んだりしていたという。中浜の愛人も知っている。彼女は天王寺駅の旅館の酒場にいたが、和田に向かって「あの人、悪いけど私なんかダメなのよ。普通の女じゃダメなのよ」と悲しそうにうちあけた。よく聞いてみると、中浜は肉体的にはインポテンツだったそうである。

**度胸人生は今も……**

和田栄吉の八十八年を生きてきた回想となると、様々なことどもがあたかも織物のごとく次々に紡ぎ出されてくる。

作家有島武郎《ありしまたけお》との交際も、忘れられない思い出である。有島の存命中、彼は有島の家で居候していたことがある。そのきっかけはある日のこと、大杉と連れだって歩いている時に、「有島が、夜の夜中にでも金もらいがドンドン戸を叩いてやって来るものだから、原稿も書けやしないとこぼしている。お前しばらくあそこで泊ってやってくれんか」と大杉に頼まれたためである。当時有島武郎の大きな屋敷は四谷の下六番町の所にあって、いわゆるリャク屋（掠奪）の連中が、アナキズムに共感を寄せる有島に金をたかりに来ていたのである。和田は、つまりそいつらの追っ払い役に雇われたというわけだ。

追っ払い役といっても、全く銭をやらないわけではない。人によってこれは五円やる奴、十円やる奴と、和田がいちいち判断しては手渡していたのである。ある夜中、ダダイスト詩人の高橋新吉もやって来た。表からいきなり石を放ってきたものだから、てっきりスパイだろうと思って外に出てみると、そこにボロボロの汚い袴をはいた高橋が立っていた。かなり酩酊《めいてい》しているようである。

「何しに来た！」とどなったら、有島が降りてきて「まあ静かにしてくれ」となだめた。

和田が怒って、「こんな野郎、ぶんなぐってやろうか！」と言うと、その時高橋が吐いた理屈が面白いのである。「オレが酔っぱらってきたのは、先輩に対して失礼かもしれん。だけどオレの酔っぱらった原因はあんたにある」。有島が驚いて、「どうしてですか？」と聞くと、高橋はしゃあしゃあとして答えたものである。「あんた、この間十円くれただろう。その十円があったからこそ酒が飲めた」。
当然のこと、情死した『婦人公論』の記者波多野秋子もよく知っている。体の大きなきれいな人で、亭主が横浜あたりで通訳しているとのことであった。その亭主が新橋の芸者を愛人に持ったので、秋子は、ちょうど女房に死なれたばかりの有島と関係ができたのである。ある日、和田が、「足袋は何文はくの?」と聞いたら「変なこと聞くんじゃないわよ」と叱られた。おそらく十文ぐらいの足袋をはいていたのではないか。有島の所へ来る時はいつも真っ白な足袋をはいてきていた。その後望月桂と二人で信州の岡谷に行き、有島と合流するはずであったが、ちっとも来ない。その後大阪の逸見吉三の家で新聞をみたら、彼らの心中記事が出ていたので驚いてしまった。

——このように和田栄吉の半生を眺めてくると、和田という人は人間的にはアナキストというよりは、一個の自由人、あるいはエピキュリアンであることがわかる。しかも自分が生きる上では、彼は決して妥協しない。全国遊説のため南は九州から北は北海道まで、各地の主な留置場には全部入ってきたといっているように、彼は強烈な意志の持ち主である。いうならば、和田は反逆的エピキュリアン(享楽主義者)とでも評されようか——。

体は小柄であるが人一倍の胆力を持ち、自ら死地を五回もくぐったと言いながら、どこか妙にかわいらしいところがあったり、茶目っ気があったり、感傷的だったりするのである。有島の所にいた時も、間もなく、「なんだか人のかせぎを取るようで悪くて、大杉に話してやめさせて貰った」と告白している。

その後昭和十年（一九三五）頃彼は、満洲へ渡った。何しろ一年の三分の一も留置場に入っているようなありさまでは、家の生活も成り立たないので、当時満洲にいた下中弥三郎を頼って渡海したものである。ただしその直接的なきっかけは、いかにも彼らしくて面白い。同年、満洲国皇帝の溥儀が来日したのであるが、その時随行してきたのが川島芳子である。その川島の配下にジョージ・丸山という不良少年がいたが、これがもと和田が木挽町あたりで暴れまわっていた頃の子分であった。その丸山が「どうです満洲へ来ませんか」と促したので彼は満洲へ渡ることにしたのである。

満洲では下中弥三郎に従い冒頭で述べたように、新民印書館なる印刷業を営んでいた。そんな所へ来る日本人はだいたい日本でも食いつめた、海千山千の奴らばかりである。夜になるとバクチはするし、昼は酒を飲んでけんかをする。そのかわりまわりでいくら銃声がしようが、逃げ出さないような連中である。

昭和十七、八年頃には印刷工場は一応完成して、日本人が二百人、中国人が約千人ぐらいいるような大会社になっていた。彼は、その現場の一切を取りしきっていた。

そうした従業員の中の一人にヤクザ上がりの徐世亜がいて、昭和十二年（一九三七）の通州事件の際には一命を助けられたというわけである。

やがて敗戦となり、和田は日本人の引き揚げの面倒を最後までみて、再び日本へ帰ってきた。

「あん時はね、ふだん大和魂などと言っているようなのが、いくじがなくてね、敗戦までは僕のすることにつっかかっていて、敗戦となると急におどおどしてしまいやがった。僕は馬賊にマンドリン銃を背中へおっつけられても、どうせ射ちゃしまいとタカをくくって、平気で相手と話したりしたけれど……」

和田のこの度胸と意気軒昂さは、今もなお衰えることがない。各地で行なわれるアナ系の集会には顔を見せて、時に青年たちにハッパをかけたりなんぞしている。

「この間サッコ・ヴァンゼッティの映画を、ロードショーで高いので観なかったというのがいたから、『それでお前はアナキストか』と、どやしつけてやった」などと語っているのである。

＊和田は栄吉が本名、第四次『労働運動』の発行人の届けの時、警視庁が勝手に栄太郎としたので、以後栄太郎も名乗っている。

〔補遺〕 わが夢はリバータリアン

『日本番外地の群像』解説より

## 人物の選定と分類はこうだ

かつて私には添田唖蟬坊、獏与太平、武林無想庵、大泉黒石、宮嶋資夫、逸見直造、山岸巳代蔵、梅原北明、岡本良一、松尾邦之助らを扱った『日本ルネッサンスの群像』(一九七七)なる書があるが、私自身のこれまでの足跡と気質上において、こうした人物を核に拡大していけばよかろうと判断したのである。

とすると、これは奇人であるにしても、むしろ「ケタはずれの人物」という意味合の人々ということになり、メインタイトルは『日本番外地の群像』、副題は〝リバータリアンと解放幻想〟ということになった(編集部註・補遺収録にあたり一部抜粋した)。

リバータリアンということであれば、これら人物群中その名に最もふさわしいのは、高田保、新居格、西村伊作あたりではなかろうか。このうち新居格は自身近接思想としてアナキズムを論じていたこともあるが、自身はまったくの自由人である。この三人くらいを核にして、左方に萩原恭次郎、菊岡久利、宮嶋資夫、生田春月、松尾邦之助らのアナキスト兼業者、右方には稲垣足穂、金子光晴、宮田文子らの自由人群、上方には武者小路実篤、西田天香らの理想主義者、下方には辻潤、武林無想庵、深沢七郎ら虚無思想の流れがあったとみることができよう。

――このような人物群に接して、ただちに思い浮かぶのは、ここ数年来文化人類学の方面で人気のある異人論、マージナル・マン（境界人）、ノマド（遊牧民）であろう。

マージナル・マンとは、通常の秩序、コスモスの周縁の部分にある人間の意であり、いずれも内部人間であることができず、いわば内部と外部とを行き交いする種類の人である。周縁部をさらに離れていけば、内的秩序とほとんどかかわりを持たない、自分の属する少数者集団、もしくは自己のみの判断によってさすらうノマドとなる。

マージナルの奇人たちは、中心すなわち権力からより遠いことによって、苦悶の日々もあるが、無支配の非権力的で自由な人間群たらざるをえない。しかしこれらの人々はノマドと接触する部分はあるにしろ、ノマドとはいえないだろう。彼らは現実逃避の志はあっても、むしろ逃避できず（富士正晴のように、外見的には隠者の様相をとっていても）現実に勇敢にコミットする一個の生活者なのである。

それではこれらの人々がいったいどのようにして生まれてくるかであるが、これは実に難しい問題である。世に「天才学」なる分野があるが、「奇人学」となると、学会でもまったく問題にされていないようである。

私には当人の出自、生い立ちに多くの関係があると思える。DNA的血脈までさかのぼれば、家系にもの狂おしい系譜を持つ坂口安吾や文字通り旅行商人の家に生まれた林芙美子、放浪の演歌師の息子添田知道がおり、精薄児の山下清や芸妓の家庭に生まれた高橋鐵などそれぞれに出自の翳《かげ》を宿していよう。

出自はともかく、彼らを眺めていて比較的見やすいというか自然とみえてくるのは、分類別、タイプ別の枠組である。ただし類別化といってもさまざまなタイプ化が考えられるが、一見してわかるように、ここには詩人、作家が多い。総数五十人余りのうち、過半数が文士および詩人である。文士をさらに拡大して文筆業ということであれば、山崎今朝彌や宮田文子のような実践者を含めて、ほぼ全員が文筆家であるともいえる。

逆にいえば、文筆とは本来的に物狂おしい精神を秘める所業なのであろう。まして文学とは、本来的に秩序にあって秩序の周縁部にしか生息しえない種類のジャンルである。

しかもそれら文筆家にあっても、さまざまなパターン、系譜が見えてくる。

フランス文化系の人々が結構いる。西村伊作、松尾邦之助、宮田文子、武林無想庵、平野威馬雄といった人々である。いうまでもなくフランスは個人主義の国柄、日本のようなジメッとした湿度の高い、単一共同体的世界においてはこのような人々はどうしたって異人、異邦人的存在たらざるをえない。

つぎは芸術系——これは芸術家であることによってフランス系とも重なるが、稲垣足穂、金子光晴、伊藤晴雨、竹久夢二など美神に魅せられた人々がいる。彼らは美において純粋化されることで、大衆的人気に関係なく、おのれ自身は秩序外の孤独な存在たらざるをえなかった。

芸術家たらざるとも、すべて純粋精神においては異人たらざるをえないのであって、あらゆるジャンルにおける純粋人が秩序からはずれていくことになる。宗教人も同じ運命にある。だが徹底した宗教人は、すでに秩序とかかわりあいのないノマドであるとすれば、ここにある人物はやはりマージナルな存在であり、辻潤、小野庵保蔵、西田天香、中西悟堂といった人々がそれに相当しよう。

さてこれらの人々の生活ぶりをみるに、無頼な存在が多いことである。彼らの多くが大杯を傾け、異性にとらわれ、時に修羅乱闘の場面まで引き起こす。それというのも所詮は自己の解放への足掻きによるものであるが、奇人は一般的なイメージとして、なによりも生活という外見において奇人となる。

ただし生活外見といっても、紳士型というか、むしろより徹底した秩序志向型の人間として奇人である場合がある。その典型は、内田百閒みたいな人で、彼は自己流の秩序を構築し続けることで奇人であった。これを求心的なエラン・ヴィタール型奇人とすれば、ここに登場する人物は反対の反秩序を積極的に表現する遠心的なエラン・ヴィタール（求心）型奇人が多く、いわば当人の血の気の多さによって奇人変人となっている。

いわゆる奇人ぶりというものは、本来後者型のものであろう。したがってここにあげられた番外地奇人の多くが躍動的なエラン・ヴィタール型であるが、実は、それは必然的にそうなったという面があるにしろ、私とすれば、むしろそのような人物を意識的に選択しているところに、リバータリアンのリバータリアンたる意味合をもたせているつもりである。

## 奇人輩出の社会的条件は何か

ところでどうやら奇人という存在には、奇人輩出のための、なにがしかの社会的条件というものがありそうなのである。

さしづめ社会主義社会には、奇人が出そうにもない。現代資本主義社会にも、奇人はいないのでは？　……つまり奇人の出やすい時期、出にくい時期というものがありそうである。その意味では私が選んだこの種の人物は、一言でいえば、黒々とした情熱を抱く大正期ロマン派の一統ということになり、大正期は奇人の一大産出期であった――。

ただここに明らかにしておかねばならぬことは、大正人物というのは、大正生まれという意味ではない。大正の思潮に衝撃を受けた人々という意味である。

人間のもっとも思想的な刺激を受けやすい年齢を二十歳から二十五歳とみて、ここではかりに二十三歳平均としておくと、本書に登場する人物の半数が、その青春期に大正（一九一二〜二六）を得ていることが証明されている。その意味では、いわゆる大正期というものをなめてはいけないのである。

大正といえば、これまでだとすぐさま吉野作造のデモクラシーに、志賀直哉、武者小路実篤らの「白樺派」と相場が決まっていて、なんとなく明治と昭和にはさまれた、ふやけた時代というイメージがあった。しかしそれとても後に触れるように実は大変なイメージ違いなのであるが、大正を社会的な方面から考察すると、実は大変な動乱の季節であった。

僅々《きんきん》十四年間に、第一次世界大戦（大三）、ロシア革命（大六）、米騒動（大七）、関東大震災（大十二）という世界的、日本的規模の大事件を四度も迎えている。それらの事件の大きさからしても、鋭敏な知識人への影響の度合いが推し計られようというものである。

それをもう少し具体的な精神的経緯としていうと、大正の直前と幕開きには、平塚らいてう・伊藤野枝らの『青鞜』（明四十四）、大杉栄・荒畑寒村らの『近代思想』（大一）の発行があった。そしてその終幕には、辻潤らの『虚無思想研究』（大十四）、吉行エイスケの『虚無思想』（大十五）発行がある。この両端をつないでみると、大正という年月の上にまぎれもなく黒々とした一本の線が浮かび上がってくることになる。

この黒線上に、大正の放埒《ほうらつ》無頼《ぶらい》ともいうべき数々のエネルギーが往来した。詩史上に著名な、高橋新吉・萩原恭次郎・岡本潤・秋山清・小野十三郎らの『赤と黒』『DAM DAM』『弾道』などにおける苦悶と叫喚が生まれたのもこの線上だし、中沢哲・古田大次郎・和田久太郎・木村源次郎らの反逆と復讐の大正テロリズムを生み出したのも同じ線上にあった。

ことに死者九万人、全焼家屋四十五万戸の関東大震災の影響は大きく、知識人に大きなショックを与えた。谷崎潤一郎などはかえって「これで東京はよくなるぞ」と快哉《かいさい》を叫び、菊池寛は「自分は一念発起して武者小路のごとく百姓をしたい」と真剣に考えていた。

とりわけ衝撃を受けたのは、アナキストおよびアナ系の文学者で、彼らは大杉栄の死とともに自暴自棄に陥り、文字通りアナキスティックな喧騒と反抗の叫喚をあげざるをえなかった。

その溜り場の一つになっていたのが、小石川白山上にあった書店南天堂である。ここへ辻潤や宮嶋資夫、萩原恭次郎、壺井繁治、小野十三郎らがしげしげと通い、議論を沸騰させ、踊ったり歌ったり、たまに誰か異分子が紛れ込んだりするとじきに乱闘騒ぎとなった。有名にならない前の林芙美子なんかも時々現れてテーブルの上にひっくり返り、「さあ、どうともしておくれ！」とやけっぱちになって淡呵をきっていた。

これら一切の状況が、番外地人物の番外地的生活といわずして何であろう。

簡明にいうならば、大正はいわば明治の反動期である。明治の〝全体〟に対する〝個我〟の時代であった。ただし〝個我〟といっても、今日的なひよわで矮小なものではなく、それは爆発にも等しい、初源的な個我として粗野な活力を蓄えていた。

その頃の社会主義雑誌『新社会』で、山川菊栄が「近頃の文芸かぶれの青年を左の五種に大別する」としている。

第一種は、ベルグソン生かじりの創造屋。第二種は「俺は」「俺の」「俺に」と年中俺づくしの独り言をいって、感激耽溺《たんでき》している自己崇拝家。第三種は、安価な人道主義の水同様の手製の酒に陶然としているセンチメンタルなトルストイアン。第四種は、働き盛りの身でいながら、年寄りの声色を使って世の中に愛想を尽かしたようなことをいうノラクラ者の幻滅屋。第五種は、個人と社会とを別々に考えて個人主義の看板を掲げ、怪しげな草の庵《いおり》に昼寝している世捨て人の若隠居——。

山川菊栄は新時代の展望者気取りで、それらの層を否定的に観じているが、その後の事実はむしろ山川の意に反して、今日省みらるべきはむしろ彼女の指摘する五種類の人間といえる。彼らの名はリバータリアン。日本の真のルネッサンスは、この期にあったといって過言でないはずである。

その意味で鋭利な視角による大正期の再考察がなされねばならないのであるが、考えてみれば大正期自体が境界の扉的存在である。大正期総体において、明治の出口であり、昭和の入口であったという見方もできる。しかしこの期の最も特徴的な思潮に、大杉栄らのアナキズムがあった。アナキズムこそ大正期に奇人を簇生《そうせい》させた主要な原因であることが、今日忘れ去られているか、もしくは故意に伏されている気がする。

アナキズムの定義となると、これはアナキスト自身にも容易に答ええないであろうが、対比していえば、マルクス主義の客観主義、理論主義発想であるのに対し、むしろ主観主義、現実主義的な立場に立つ。人間の奥深い解放をもって生命とする思想である。その意味では主義というよりは傾向ともいえる存在であって、かつて文芸評論家の臼井吉見は「文学と一番なじみやすい思想はアナキズムである」という言い方をしたことがあるが、まさしくそのような位置にある。

抑圧された内面の解放の思想という意味では、より本能に近い存在であり、本能の爆発という点では誰しも既成の秩序を超える奇人たらざるをえないだろう。ここに選ばれた人々はその大半がなんらかの意味でアナキズムと接しているか、さもなければ同じ血の匂いを感じさせる人々である。こんな人物がなぜここに……と思えるような人名もあろうが、わかっていただけるはずである。

そういえば「神秘的半獣主義」を唱えて、大杉に〝偉大なる馬鹿〟と呼ばれた岩野泡鳴もまたこのアンソロジーに入れて決しておかしくはないのである。

大正期には、これら以外にも数多くの雑誌があった。このような雑誌の簇生自体において、人間解放の時代の様相を示しているが、ここに掲げた雑誌群にあっては、その各々の雑誌の執筆人が互いに交錯しており、そこに同じアトモスフェアに棲息している模様がみえてくる。いわゆる人脈というものが明瞭に浮かび上がっていて、各々がどこかで、赤い糸によってつながりあっている親戚的存在であることがわかる。

それら社会運動専門職としてのアナキストではない、自由と抵抗の番外地人物——すなわち〝リバータリアン〟たちを一纏《ひとまと》めに研究する価値は充分にあるのだ。

## 自由解放と社会的な効用をみる

こうした精神を知って、おそらく読者がただちに思い浮かべられるのは、これまでのダダイスト、ニヒリスト、無頼派、新戯作派、アウトサイダー、最近ではノマドといった精神状況の一群ではないだろうか。山川菊栄の言にもあるように、実際的にもダダやニヒリズムは大正期の産物であった。

しかし私は、リバータリアニズムはそれらをみな含んでいて（総称をなしていて）、なおかつ別種のもののように思える。

余談であるが、私は最初副題としては三つ考えた。一つは〝大正ノマドと解放幻想〟であり、他は〝アフランシと解放幻想〟、そして〝リバータリアンと解放幻想〟である。

しかし検討していくうちに、先にも述べたようにノマド論流行ではあれ、彼らは単なる放浪孤独のノマドではありえないことにすぐ気がついた。私の基本的な趣旨からいえば、リバータリアンとはどこかで社会的、建設的な存在なのである。

趣旨からいえば奴隷状態からの解放を意味する〝アフランシ〟が最も適当であるが、アフランシは日本ではまったくといっていいほど知られていない無名の言葉でしかない。

アフランシに対し、リバータリアンもほぼ同様の位置にあるが、言葉（ネーミング）としてはすでに世界的に市民権を得ているのでこちらの方をとることにした。

ところでこの〝リバータリアン〟なる人物の中身であるが、戦後の日本文学では、無頼派にルビをふって、〝リベルタン〟としている。ここでいうリバータリアンもむろんリベルタンと同じ語義をもつ単なる〝自由人〟の意味合である。しかし字引を引いていただければわかるが、リバータリアンは〝アナキスト〟と出てくるはずである。そこが異なる。しかし辞書の上ではアナキズムとあっても、実際にはまた異なり、リバータリアンの半分しか意味していない。

なぜならこのリバータリアン（リバータリアニズム）という言葉には、一定の歴史的な経過があって、まず最初のいいだしっぺは有名なアナキズム啓蒙紙『レビスタ・フランカ』の創刊者であるセバスチャン・フォールとされている。フォールは当時アナキズムの宣伝が禁じられていたので、カモフラージュのために用いたとか、テロ行為を主体とするアナキズムのあまりにも悪しきイメージを避けるために本来の意味合をもつ新語をつくったなどといわれている。

その意味ではリバータリアンは確かにアナキズムの別語かもしれないが、その後リバータリアニズムの語は相対的に独立していった。従来のアナキズムより、またアナルコ・サンジカリズムより、より広範なニュアンスをもち、実践的というよりはむしろ、知的な意味内容をもつ内容に変化してきた。

具体的にリバータリアンとされる人物名をあげるとすれば、イギリスの詩人で美術評論家のハーバート・リード、フランスの文学者で実存主義者として知られているアルベール・カミュ、同じくフランスの女流哲学者シモーヌ・ヴェーユ、ユダヤ系のドイツ人哲学者マルチン・ブーバー、現代ではアメリカのポール・グッドマンらを指す。

これらの人々に共通する点は、いずれもアナルコ・サンジカリズムなり、スペイン市民戦争なりに関心をいだき、スターリン独裁政治に反抗した人々であるが、それは一言でいえば〝自由〟の名においてなされたといってよいであろう。あらゆる現実の検証が〝自由〟の一点においてなされるわけで、それを私はこの書でさらに拡大解釈してとっているわけである。

それゆえにリバータリアンの自由の概念は、マルクス主義者のそれとは様相を異にする。有名なイギリスのハーバート・リードは、つぎのような豊かな自由の概念を語っている。

「自由とは必然についての知識であるとマルクス主義派はいっている……。この定義にともなう唯一の不都合はそれがあまりに偏狭すぎるという点である。その殻をくちばしでやぶるヒヨコは、自然の必然について知識などもっていない。ただみずからに自由を保証するようなやり方でふるまう自発的な本能があるだけである……。われわれは自発的な発展を許さなくてはならない……。またエンゲルスとマルクスがフリーダムとリバティを根本的に混同していることも注目されるべきである。彼らがフリーダムによって意味しているものは、政治的な自由《リバティ》つまり経済環境への人間の関係にすぎない。しかしフリーダムとは生の全過程への人間の関係なのである」

つまり自由の基礎はむしろ無自覚的な自然の生活、いわば子供の遊戯のような状況に置かれているのだ。

したがってリバータリアンはアナキストの側からすれば、あるいはアナキストではないかもしれないが、仲間うちのシンパ存在であり、時に行動派、社会派アナキズムに対し、思想派、個人派アナキズムとして捉えられたりもする。

このような人々であればこそ当然のこと、最初から社会的効用をもたざるをえない。彼らは一様に社会の通俗的秩序の反抗者であり、何よりもそうした通俗的秩序を強制する権力にソッポを向き、反逆を続ける。

先に動かしようのない位置としての出自の問題を取り上げたが、出自という点で、ことに注目したいのは、ここに二人の混血児《ハイブリッド》作家が入っていることである。ロシア人との混血児である大泉黒石、フランス人との混血児である平野威馬雄は、一部の共同体というよりは日本人に対する周縁人、アウトサイダーたらざるをえない存在としてある。

しかしリバータリアンの反逆性においてはどこかに余裕があり、むしろミスティフィケーションというか、ユーモアさえ感じさせる面がある。大杉栄には・『悪戯』という小さな本があるが、文字通り彼にはどこか芝居っ気があり、おふざけの世界があった。芝居っ気があり、おふざけがあることで、より大衆との接点を濃くしていた。その辺は生真面目一辺倒のマルキストとは少々異なる。

梅原北明の抵抗のありようなどその典型的なものであろう。彼は『グロテスク』を発行する際に、「世の中を茶化してやろうと思った」という表現で創刊の理由を述べている。茶化す——それは右であれ左であれ、要するに硬化した世界に対する何よりもの溶解剤であった。そのような余裕とユーモアの精神において、戦争に対してもうまく（ずるく?）立ち回っている。

辻潤となると一層徹底していて、晩年は尺八を吹いて門付《かどづ》けして歩いた。時々酔っぱらっては、街頭でなにやらわけのわからぬ喚《おら》び声をあげていたが、戦争に突入するや周囲の耳にも明瞭に聞き取れる声で叫んだ。「センソー、ハンターイ」

リバータリアンの生においては、より自己に密着しているがゆえに、あるいは今風ないい方をすれば、パーソナリティに基付いているがゆえに原則的には転向というものがありえない。それ自身でしかないことによって、転向は意味がないのである。かりにその人が一時的に他に席を移動しても、再び回帰することになり、回帰した場所がつまりリバータリアニズムということになるのである。

スティルナーの『唯一者とその所有』によれば、権力政府において最も恐れるのは、対立する相手の党派や思想家の一群ではない、個である——というが、人類は個において反権力の平等存在となる。個が歓迎されないかぎり、平等はありえない。個において自由と解放が初めて誕生する。個――つまりあらゆる価値観念、思想から解放された裸形の人物（アフランシ）がリバータリアニズムの核心にある。

## 人間交流の共生体が必要だ

ところでアナキズムを別の言葉でいい換えれば、現実の「よき生活」の追認的な理論ということになる。ここで現代的な生活スタイルの問題が浮かび上がってくるわけであるが、総じてライフスタイルの変更こそ、未来を暗示してやまないのではないか。私など、大量虐殺としての革命でもなく、体制のより強化としての改良でもなく、自己と相手との関係変更、つまりはライフスタイルの変更こそ現代アナキズムの要諦《ようてい》のように思えるのだが、それはそれでよしとして、繰り返せばリバータリアンは現実の生活様式に満足できない一個の生活者であることによって、ライフスタイルの変更者であるとみることもできる。

それゆえに振り幅が大きく、そこには無数のアナーキーでバラエティある表現がともなう。サトウハチローや中西悟堂はよく裸になっているが、ヌーディズムもまたリバータリーアンのものである。菊岡久利の文章によってみても、彼らの仲間には京都の千本組のようなやくざ組織から、浅草のカジノ・フォーリーのような芸能界まで含んでいる。

そのライフスタイルの中心的な存在に共生体志向がある。

リバータリアンは、よりアナキズムに近ければ近いほど、そうした理想社会志向をもっていた。

当時はクロポトキンの〝相互扶助説〟が流行っており、誰しもどの程度かに共生体イメージに侵されて（?）いたのだ。遊び一つにしても、金はあるものが出し、他はなくて平然としていた。それが理想性と重なっているように錯覚できた時代である。あのように数多く雑誌が出た背景にも、一種の共生体志向をみることが可能である。

それでは個人主義者としてのリバータリアンがなぜ共生体志向を持つのか、ということであれば、それは簡単明瞭なことであって、個なるがゆえに全を求めるとしかいいようがない。個において人間の心からの交流を求めていた。埴谷雄高のいうようなセックスの世界も、個が溶解されて全に近付く過程である。個の溶解において通俗の固定世界から遠ざかり、居候、置候《おきぞうろう》の存在も可能となる。

このような共生体志向は、共産体志向とは異なる。いわゆる共産体にあっては、体質的な臭いが濃いものであるのに対し、共生体は基本的には精神共生体の意である。個人と個人の心の通い合うところ、共生体が生まれる。それは必ずしも物質的条件を必要としない。

しかし権力は逆である。権力は必ず暴力を伴い、暴力は物質の富を背景とする。権力は個人の抑圧を前提にするものである以上、富を問題とせざるをえない。富が権力や争いを生むとするならば、いっそ山岸巳代蔵（山岸会）や西田天香（一灯園）のいうように、富を否定するのがいい。これは現在においては驚くべき発言かもしれないが、大正期においては真剣に考えられ実践されていたことなのである。

現に有島武郎は、北海道の刈太の農地を小作民に無償で与えてしまった（有島は渡欧した際、当時ロンドンに在住していたクロポトキンと会っている)。

そもそも財産とは、プルードンのいうように、他人の労働の収奪であるとすれば、財産のあることに後ろめたさを感じざるをえないだろう。ましてみずからの力で得たのでもない、親の財産の相続とあれば、真実に敏感な文学者にあっては、良心の呵責に耐えざるところである。岡本潤などは、一万円(もちろん当時の、ではあるが)ほどの親の財産を受け継いだことで、なんとはなしの罪の意識を持ち、早く使ってしまおうという衝動にかられていたと語っている。

その結果、一灯園や山岸会のような従来の家庭の単位を超えての多人数で協力しあう、親和と創造の新しい生活体が生まれるのであるが、ここでまた問題が起きてくる。

辻潤は「俺たちだけならなぁ……」とつぶやいていたそうであるが、まったくそのとおりであって、他人を抑圧することを知らないリバータリアンが集まれば、それがすなわち無支配の自治共生体となるはずのものである。

そのような共生体にあっては、自己は解放されているがゆえにもはや奇人ではありえない。創造的少数者は永遠に必要存在として残るとしても、これまでの奇人の番外地は番内地となる。もはや奇人は必要がない。しかしここにも問題が生じるのは、そのようにして出来上がった共生体が容易に封建的な小さな国家に変じて、個を抑圧することである。

ここにおいて、再び人間の解放の問題が登場せざるをえない。山岸はそれを思想や修行だけに頼るのではなく、人種の改良によることを思いたった。ここで簡単に解説しておくと、山岸は鶏の優秀な品種改良家であったことから、同じ姿勢をもって人間の品種改良を思い立ち、これによって急速に理想の人類社会が達成できるとした。その結果百万人のエジソンを、一千万人のシャカ、キリスト、カント、マルクスにまさる人々を生み出せるとしている。

そうなると改良の実践そのことにおいて、大前提とならねばならないのは個人倫理（即社会倫理）ということになるのであるが、山岸はそんな生ぬるいものじゃとても駄目なので〝無我執〟世界の必要を説いている。

――番外地人物の時代と思想的背景はだいたい以上のようなことであるが、このような人物を他に挙げるとするならばまだまだいくらもあろう。

例えば歌人の安成二郎は大正五年に「文学村の三奇人」という小文を書いているが、そこには安成貞雄、坂本紅蓮洞《ぐれんどう》、中村孤月の三人を挙げている。坂本は本書にも見えるが、他の安成貞雄はみずから〝与太大王〟と称し、名刺に「翻訳鑑定所長、高等幇間」なる二つの肩書を刷っていた。中村孤月は、〝〈新しい女〉の箱屋〟（「青鞜」グループの用心棒」といった意）として名前を売った。

私はこのアンソロジーを編むについて、容易に手に入る単行本を扱うまいと決意した（しかも直接関係者のみの証言蒐集《データ》である）。ところがそうなると、本の方にいいものがあるのに、そこから抄出することができず、大いに悩まされたことである。その意味では、リバータリアンの幾人かをはずさざるをえなかった。例えば作家加藤一夫、詩人岡本潤、諷刺画家・エッセイストの辻まことなどがそうである。ただ岡本潤といえば、彼の著書に〝ひんまがった自叙伝〟の副題をもつ『罰当たりは生きている』（未来社）がある。この書は現在にあって、大正期のアナ系文士の動きを知るには、最適な本となっている。これら一群の人物の思想と流れを知りたい方は、ぜひご一読願いたいものである。

これらのうちには、今日からみればマイナークラスの文士にすぎない者がいるだろう。しかしそこがむしろリバータリアンのリバータリアンたるゆえんでもあり、マイナーであるところにこの種人物の詩と真実があった。たとえ文芸史上に名前はみえなくとも、その歴史上の閃光は永久に消えないはずである。

●『日本番外地の群像』（思想の海へ19、社会評論社、一九八九年）

本書の各章は、以下の作品よりそれぞれ収録した。
第1章～第7章
『日本ルネッサンスの群像』（白川書院、一九七七年）
第8章
『住民運動の原像』（共著、ＪＣＡ出版、一九七八年）
第9章
『夢はリバータリアン』（社会評論社、一九九一年）

玉川信明（たまがわ・のぶあき）

1930年富山市旅篭町に生まれる。竹内好に師事。
著作に『評伝　辻潤』（三一書房）、『エコール・ド・パリの日本人野郎』（朝日新聞社）、『ぼくは浅草の不良少年』（作品社）、『開放下中国の暗黒』（毎日新聞社）、『我が青春、苦悩のおらびと歓喜』（現代思潮新社）、『夢はリバータリアン』、『和尚の超宗教的世界』、『異説　親鸞・浄土真宗ノート』（以上、社会評論社）など多数。2005年、当セレクションの完成を待たずに急逝。


**大正アウトロー奇譚《きたん》**
**——わが夢はリバータリアン**

玉川信明セレクション　日本アウトロー烈傳《れつでん》　5

2006年2月20日　初版第1刷発行

著　者：玉川信明
発行人：松田健二
発行所：株式会社 社会評論社
東京都文京区本郷2-3-10　☎ 03(3814)3861　FAX 03(3818)2808
http://www.shahyo.com
印刷：スマイル企画＋互恵印刷＋東光印刷
製本：東和製本

# ラジニーシ和尚

この書は私個人の人生上の問題はあれ、これだけガッツのある天才的宗教家を世に紹介したいという思いばかりのものである。これだけの神秘的で偉大な人物を日本の知識人たちはまったくと言っていいほど、無視し、マスコミ上にも取り上げられないというのは、知識人の怠慢というより悲劇である。
思い起こせば、私は私の人生の転機をつくってくれた『評伝辻潤』執筆の際にも、その動機は日本知識人への義憤であった。その意味では今回も同じ印象を持ち、心の底では、義憤というより抗議のような思いでこの和尚論を書いた。

『和尚の超宗教的世界』より

社会評論社刊
**玉川信明■作品紹介**
**(2001-2004)**

# 親鸞

僕は結局物書き人生の仕事を担うことになったのであるが、書きたい本を次々クリアしてゆくその間にも、親鸞本へのこだわりは変わりはなかった。そして大衆受けをねらったような奇人変人の伝記ものなどを一通り片づけてから、いよいよ自分の残された人生の残り寿命のことも考え、徐々に本格的な宗教ものに移っていった。
四、五十冊も読んだ頃のことであろうか、僕はためいきをつき、長年愛してきた親鸞に別れを告げなければならないことに気づいた。いったんそのように思い込んでみると、反転して、浄土真宗と親鸞の正面からの批判本を考えざるを得なかった。そして疑問をまとめてみると、その方向でちゃんと執筆可能であることに気付かされた。

『【異説】親鸞・浄土真宗ノート』より

＜ 2001年4月刊

**和尚の超宗教的世界**

トランスパーソナル心理学との相対関係

本体2,000円＋税

2002年2月刊 ＞

**和尚、禅を語る**

本体2,000円＋税

**玉川信明**
**和 尚《ラジニーシ》ガイドブック**
**全4巻**

＜ 2003年2月刊

**和尚、性愛を語る**

エッセンス集

本体2,000円＋税

2003年12月刊 ＞

**和尚、聖典を語る**

エッセンス集

本体2,300円＋税

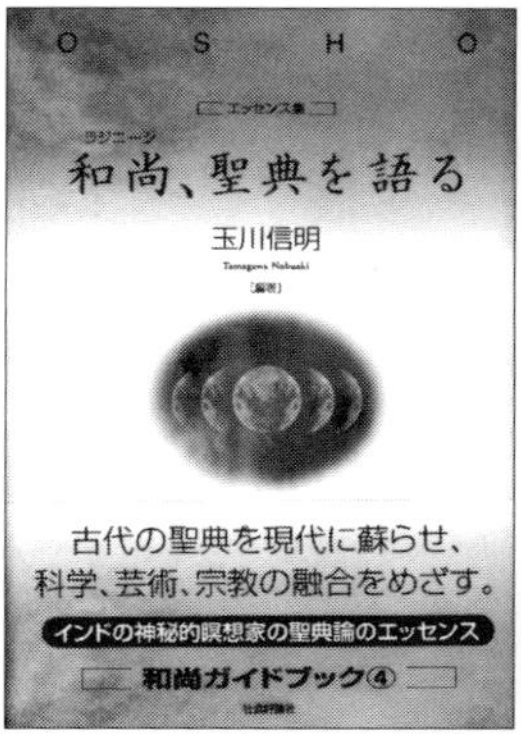


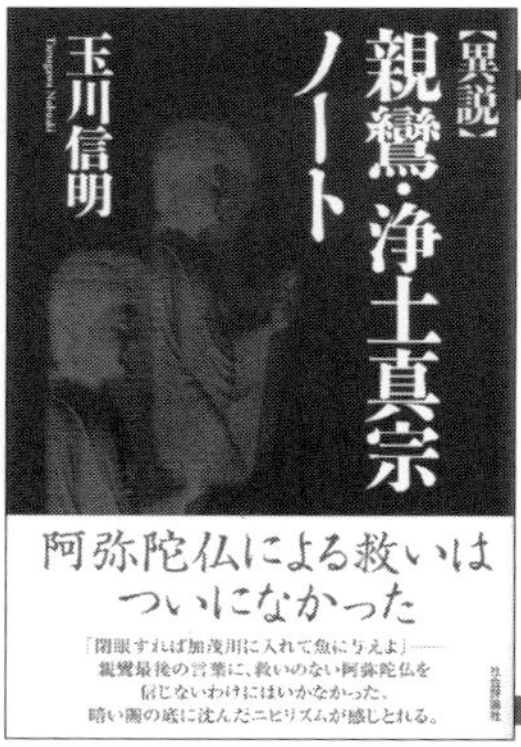


＜ 2004年4月刊

**【異説】親鸞・浄土真宗ノート**

本体2,600円＋税

阿弥陀仏による救いはついになかった。親鸞は半僧半俗の二重人格者だ、多極から他極に移った浄土真宗、仏教研究諸家による浄土教批判の3部で構成された、異説親鸞論。